图书在版编目（CIP）数据

我的求学之路 / 季羡林著. -- 天津 ：百花文艺出版社，2014.1(2022.1 重印)
ISBN 978-7-5306-6412-4

Ⅰ. ①我… Ⅱ. ①季… Ⅲ. ①季羡林—生平事迹 Ⅳ. ①K825.4

中国版本图书馆 CIP 数据核字(2013)第 312155 号

我的求学之路
WO DE QIUXUE ZHI LU
季羡林 著

出 版 人:薛印胜
责任编辑:徐福伟　　装帧设计:张振洪 刁子勇
责任校对:曾玺静
出版发行:百花文艺出版社
地址:天津市和平区西康路 35 号　邮编:300051
电话传真:+86-22-23332651（发行部）
+86-22-23332656（总编室）
+86-22-23332478（邮购部）
网址:http://www.baihuawenyi.com
印刷:三河市同力彩印有限公司
开本:880×1230 毫米　1/32
字数:214 千字
印张:12.375
版次:2014 年 1 月第 1 版
印次:2022 年 1 月第 3 次印刷
定价:49.80元

如有印装质量问题,请与三河市同力彩印有限公司联系调换
地址:河北省三河市黄庄镇赵家庄同力彩印
电话:17710717619

目录

第三辑 留德十年

附录

自传(代序)

季羡林,生于1911年8月,原籍是山东省清平县(现改归临清市),家庭是农民。父亲和叔父幼丧父母,家里贫无立锥之地,被迫逃到济南谋生。经过艰苦奋斗,叔父终于在济南立住了脚。我于七岁离开父母往济南依靠叔父,在那里上小学、初中和高中。1930年高中毕业,考入北京国立清华大学西洋文学系(后改外国语文系)。1934年毕业,获文学学士学位,回济南任母校山东省立济南高中国文教员一年。1935年被录取为清华大学与德国的交换研究生。是年秋赴德,入格丁根(Göttingen)大学,学习梵文、巴利文、吐火罗文等。1941年获哲学博士学位。1946年回国,任北京大学教授兼东方语言文学系主任。建国后任原职。1956年当选为中国科学院哲学社会科学部学部委员,同年加入中国共产党。1978年兼任北京大学副校长、中国社会科学院与北京大学合办的南亚研究所所长。1984年,研究所分设,改任北京大学南亚东南亚研究所所长。

从中学时代起,我就开始学习着写一些东西,也曾翻译过一些欧美文学作品。上大学后,念的是西方文学,以英文为主,辅之以德文和法文。当时清华大学虽然规定了一些必修课,但是学生还可以自由选几门外系的课。我选了几门外系的课,其中之一是陈寅恪先生的“佛经翻译文学”。这门课以《六祖坛经》为课本。我从来不信任何宗教,但是对于佛教却有浓厚的兴趣。因为我知道,中国同印度有千丝万缕的文化关系。要想把中国思想史、中国文学史搞清楚,不研究印度的东西是困难的。陈先生的课开阔了我的眼界,增强了我研究印度的兴趣,我学习梵文的愿望也更加迫切了。

1935年我到了德国。德国对梵文的研究是颇有一点名气的,历史长,名人多,著作丰富,因此具有很大的吸引力。外国许多梵文学者是德国培养出来的,连印度也不例外。我到了德国,入格丁根大学,从瓦尔德施米特(Waldschmidt)教授学习梵文和巴利文。他给我出的博士论文题目是关于印度古代俗语语法变化的,从此就打下了我研究佛教混合梵文的基础。苦干了五年,论文通过,口试及格。以后,瓦尔德施米特教授应召参军,他的前任西克(Emil Sieg)教授年届八旬,早已退休,这时又出来担任教学工作。这位老人待人亲切和蔼,对于我这个异域的青年更是寄托着极大的希望。他再三敦促我跟他学习吐火罗文和吠陀。我今天在这方面的知识,都是他教导的结果。我毕生难忘我的德国老师们。

在德国十年,我主要致力于语言的研究,对于印度古典文学很少涉猎。

但是回国以后,情况有了很大的变化。我喜欢的那一套印度古代语言,由于缺少起码的书刊资料,不管我多么不愿意,也只能束之高阁,研究工作无法进行。在科学研究方面,我是一个闲不住的人。现在干些什么呢?我徘徊,我迟疑,结果我就成了一个“杂家”。有什么饭,就吃什么饭;有多大碗,就吃多少饭。这就是我当时的指导思想。于是,我研究印度史,研究中印文化关系史,研究印度佛教史,翻译和研究梵文文学作品也成了我的主要工作。

对于中印文化关系史的研究,我很早就有兴趣。在德国求学时期,遇到有关资料,我随手札记。回国以后,既然研究印度古代语言和吐火罗文有了困难,我就更加注意搜集中印文化关系史的资料,写过一些文章。50 年代中期以后,集成了一个集子,名之曰《中印文化关系史论丛》,1957 年由人民出版社出版。80 年代初,我把这个集子进行了改编,把有关印度古代语言的,用德文、英文和汉文写成的论文,编成了一册,名之曰《印度古代语言论集》,1982 年由中国社会科学出版社出版;把原有的有关中印文化关系的文章和 50 年代以后新写的与此有关的文章编在一起,名之曰《中印文化关系史论文集》,1982 年由三联书店出版。

至于翻译,50 年代初,我翻译了一些近代德国作家的作品,其中有托马斯·曼的短篇小说等等。翻译最多的是安娜·西格斯的短篇小说,已经集成了一个集子《安娜·西格斯短篇小说集》,由作家出版社出版。从 1957 年起,我陆续翻译、出版了古典梵文名著《沙恭达罗》、《优哩婆湿》、《五卷书》、《十王小传》(选译)等等。从 1973 年起,翻译印度两大史诗之一的《罗摩衍那》。这一部书在印度文学史上和世界文学史上都占有极其重要的地位,对南亚东南亚各国有很大影响。有很多印度各种语言和国外许多语言的译本。它对中国也有影响。蒙、藏和新疆地区,以及云南少数民族地区,都有罗摩的故事。《西游记》中孙悟空的形象也显然受了它的影响。但是却一直没有汉文译本。在过去,翻译这样一部规模巨大的史诗，对于我这个行政工作和社会活动都非常繁忙的人来说，简直是无法想象的。但是，当时所谓文化大革命还没有结束，我头上被戴上的那一大堆可怕的帽子，一顶也没有摘。我被命令到一座学生宿舍和系办公室合在一起的大楼里，去看守大门，传呼电话，分发信件。后来不知怎样一来，我又成了教师，教一点英文。总之，我是靠边站，除了上面说的那些杂事之外，什么事情也不管。这真是一个难得的好时机，我从1973年起，用了五年的时间，终于把这部长达二百多万字的巨著译完。这使我感到十分欣慰。1980年，人民文学出版社出版了《罗摩衍那》第一册，到1984年完全出齐，共八巨册。

与中印文化关系史有关的工作，我也做了一些。主要是同一些同志共同校注了唐玄奘的《大唐西域记》，中华书局于1985年出版。陕西人民出版社于同年出版了《〈大唐西域记〉今译》。同年，广西漓江出版社还出版了我翻译的《家庭中的泰戈尔》。现在正写一部《糖史》。

吐火罗文的研究，由于缺少资料，已经中断了多年。1981年起又收拾起来。因为在1975年新疆吐鲁番地区出土了一批吐火罗文A（焉耆文）《弥勒会见记剧本》残卷。我受新疆博物馆的委托解读这些残卷。经过一段时间的努力，进度比我预想的要快得多，从1982年起，我在国内外一些杂志上用汉文和英文发表了一些论文。将来准备把全部残卷整理成一部书出版。

有人可能认为，搞一些枯燥的语法现象同艰深的宗教理论，会同文学翻译与创作有矛盾。也许是因为我在两方面都搞得不够深，我倒没有感到有什么矛盾，反而觉得有利于脑筋的休息。换一个工作，脑筋就好像刀子重新磨了一样，顿时锋利好用。五六十年以来,我就是这样搞下来的。我不但翻译文学作品,自己也从事创作。少年时代大概也写过诗。从高中起就专写散文,迄今未断。已经出版了四个散文集:《天竺心影》,1980年,百花文艺出版社出版;《朗润集》,1981年,上海文艺出版社出版;《季羡林选集》,1980年,香港文学研究社出版;《季羡林散文集》,1986年,北京大学出版社出版。第五个集子《万泉集》也已出版。个人回忆录《留德十年》也在排印之中。

从上面叙述中可以清楚地看到,我这一生是翻译与创作并举,语言、历史与文艺理论齐抓,对比较文学、民间文学等等也有浓厚的兴趣,是一个典型的地地道道的"杂家"。我原以为,我成为"杂家"是被环境逼出来的。现在看起来,似乎并非如此,我真好像是有一些"杂家细胞"。现在环境早已改变了,而我仍然是东抓西抓,还乐此不疲,这事实我能否认掉吗?我早已年逾古稀,至今仍无改变的迹象和意愿,我恐怕将以"杂家"终了。

1988年4月15日写完

1992年4月补充重抄

第一辑

回忆校园生活

1930年，季羡林毕业于山东济南高级中学，时年十九岁。

我的童年

回忆起自己的童年来，眼前没有红，没有绿，是一片灰黄。

七十多年前的中国，刚刚推翻了清代的统治，神州大地，一片混乱，一片黑暗。我最早的关于政治的回忆，就是“朝廷”二字。当时的乡下人管当皇帝叫坐朝廷，于是“朝廷”二字就成了皇帝的别名。我总以为朝廷这种东西似乎不是人，而是有极大权力的玩意儿。乡下人一提到它，好像都肃然起敬。我当然更是如此。总之，当时皇威犹在，旧习未除，是大清帝国的继续，毫无万象更新之象。

我就是在这新旧交替的时刻，于1911年8月6日，生于山东省清平县(现改临清市)的一个小村庄——官庄。当时全中国的经济形势是南方富而山东(也包括北方其他省份)穷。专就山东论，是东部富而西部穷。我们县在山东西部又是最穷的县，我们村在穷县中是最穷的村，而我们家在全村中又是最穷的家。

我们家据说并不是一向如此。在我诞生前似乎也曾有过比较好的日子。可是我降生时祖父、祖母都已去世。我父亲的亲兄弟共有三人，最小的一个(大排行是第十一，我们把他叫十一叔)送给了别人，改了姓。我父亲同另外的一个弟弟(九叔)孤苦伶仃，相依为命。房无一间，地无一垄，两个无父无母的孤儿，活下去是什么滋味，活着是多么困难，概可想见。他们的堂伯父是一个举人，是方圆几十里最有学问的人物，做官做到一个什么县的教谕，也算是最大的官。他曾养育过我父亲和叔父，据说待他们很不错。可是家庭大，人多是非多。他们俩有几次饿得到枣林里去拣落到地上的干枣充饥。最后还是被迫弃家(其实已经没了家)出走，兄弟俩逃到济南去谋生。文化大革命中我自己"跳出来"反对那一位臭名昭著的"第一张马列主义大字报"的作者，惹得她大发雌威，两次派人到我老家官庄去调查，一心一意要把我"打成"地主。老家的人告诉那几个"革命"小将，说如果开诉苦大会，季羡林是官庄的第一名诉苦者，他连贫农都不够。

我父亲和叔父到了济南以后，人地生疏，拉过洋车，扛过大件，当过警察，卖过苦力。叔父最终站住了脚。于是兄弟俩一商量，让我父亲回老家，叔父一个人留在济南挣钱，寄钱回家，供我的父亲过日子。

我出生以后，家境仍然是异常艰苦。一年吃白面的次数有限，平常只能吃红高粱面饼子；没有钱买盐，把盐碱地上的土扫起来，在锅里煮水，腌咸菜，什么香油，根本见不到。一年到底，就吃这种咸菜。举人的太太，我管她叫奶奶，她很喜欢我。我三四岁的时候，每天一睁眼，抬腿就往村里跑(我们家在村外)，跑到奶奶跟前，只见她把手一卷，卷到肥大的袖子里面，手再伸出来的时候，就会有半个白面馒头拿在手中，递给我。我吃起来，仿佛是龙胆凤髓一般，我不知道天下还有比白面馒头更好吃的东西。这白面馒头是她的两个儿子(每家有几十亩地)特别孝敬她的。她喜欢我这个孙子,每天总省下半个,留给我吃。在长达几年的时间内,这是我每天最高的享受,最大的愉快。

大概到了四五岁的时候,对门住的宁大婶和宁大姑,每到夏秋收割庄稼的时候,总带我走出去老远到别人割过的地里去拾麦子或者豆子、谷子。一天辛勤之余,可以拣到一小篮麦穗或者谷穗。晚上回家,把篮子递给母亲,看样子她是非常欢喜的。有一年夏天,大概我拾的麦子比较多,她把麦粒磨成面粉,贴了一锅死面饼子。我大概是吃出味道来了,吃完了饭以后,我又偷了一块吃,让母亲看到了,赶着我要打。我当时是赤条条浑身一丝不挂,我逃到房后,往水坑里一跳。母亲没有法子下来捉我,我就站在水中把剩下的白面饼子尽情地享受了。

现在写这些事情还有什么意义呢?这些芝麻绿豆般的小事是不折不扣的身边琐事,使我终生受用不尽。它有时候能激励我前进,有时候能鼓舞我振作。我一直到今天对日常生活要求不高,对吃喝从不计较,难道同我小时候的这一些经历没有关系吗?我看到一些独生子女的父母那样溺爱子女,也颇不以为然。儿童是祖国的花朵,花朵当然要爱护。但爱护要得法,否则无疑是坑害子女。

不记得是从什么时候起我开始学着认字,大概也总在四岁到六岁之间。我的老师是马景功先生。现在我无论如何也记不起有什么类似私塾之类的场所,也记不起有什么《百家姓》、《千字文》之类的书籍。我那一个家徒四壁的家就没有一本书,连带字的什么纸条子也没有见过。反正我总是认了几个字,否则哪里来的老师呢?马景功先生的存在是不能怀疑的。

虽然没有私塾，但是小伙伴是有的。我记得最清楚的有两个：一个叫杨狗，我前几年回家，才知道他的大名，他现在还活着，一字不识；另一个叫哑巴小(意思是哑巴的儿子)，我到现在也没有弄清楚他姓甚名谁。我们三个天天在一起玩，洑水，打枣，捉知了，摸虾，不见不散，一天也不间断。后来听说哑巴小当了山大王，练就了一身蹿房越脊的惊人本领，能用手指抓住大庙的椽子，浑身悬空，围绕大殿走一周。有一次被捉住，是十冬腊月，赤身露体，浇上凉水，被捆起来，倒挂一夜，仍然能活着。据说他从来不到官庄来作案，"兔子不吃窝边草"，这是绿林英雄的义气。后来终于被捉杀掉。我每次想到这样一个光着屁股游玩的小伙伴竟成为这样一个"英雄"，就颇有骄傲之意。

我在故乡只待了六年，我能回忆起来的事情还多得很，但是我不想再写下去了。已经到了同我那一个一片灰黄的故乡告别的时候了。

我六岁那一年，是在春节前夕，公历可能已经是1917年，我离开父母，离开故乡，是叔父把我接到济南去的。叔父此时大概日子已经可以了，他兄弟俩只有我一个男孩子，想把我培养成人，将来能光大门楣，只有到济南去一条路。这可以说是我一生中最关键的一个转折点，否则我今天仍然会在故乡种地(如果我能活着的话)，这当然算是一件好事。但是好事也会有成为坏事的时候。文化大革命中间，我曾有几次想到：如果我叔父不把我从故乡接到济南的话，我总能过一个浑浑噩噩但却舒舒服服的日子，哪能被"革命家"打倒在地，身上踏上一千只脚还要永世不得翻身呢？呜呼，世事多变，人生易老，真叫作没有法子！

到了济南以后，过了一段难过的日子。一个六七岁的孩子离开母亲,他心里会是什么滋味,非有亲身经历者,实难体会。我曾有几次从梦里哭着醒来。尽管此时不但能吃上白面馒头,而且还能吃上肉;但是我宁愿再啃红高粱饼子就苦咸菜。这种愿望当然只是一个幻想。我毫无办法,久而久之,也就习以为常了。

叔父望子成龙,对我的教育十分关心。先安排我在一个私塾里学习。老师是一个白胡子老头,面色严峻,令人见而生畏。每天入学,先向孔子牌位行礼,然后才是“赵钱孙李”。大约就在同时,叔父又把我送到一师附小去念书。这个地方在旧城墙里面,街名叫升官街,看上去很堂皇,实际上“官”者“棺”也,整条街都是做棺材的。此时“五四”运动大概已经起来了。校长是一师校长兼任,他是山东得风气之先的人物,在一个小学生眼里,他是一个大人物,轻易见不到面。想不到在十几年以后,我大学毕业到济南高中去教书的时候,我们俩竟成了同事,他是历史教员。我执弟子礼甚恭,他则再三逊谢。我当时觉得,人生真是变幻莫测啊!

因为校长是维新人物,我们的国文教材就改用了白话。教科书里面有一段课文,叫作《阿拉伯的骆驼》。故事是大家熟知的。但当时对我却是陌生而又新鲜,我读起来感到非常有趣味,简直是爱不释手。然而这篇文章却惹了祸。有一天,叔父翻看我的课本,我只看到他蓦地勃然变色。“骆驼怎么能说人话呢?”他愤愤然了。“这个学校不能念下去了,要转学!”

于是我转了学。转学手续比现在要简单得多,只经过一次口试就行了。而且口试也非常简单,只出了几个字叫我们认。我记得字中间有一个“骡”字。我认出来了,于是定为高一。另一个比我大两岁的亲戚没有认出来,于是定为初三。为了一个字,我占了一年的便宜,这也算是逸事吧。

这个学校靠近南圩子墙，校园很空阔，树木很多。花草茂密，景色算是秀丽的。在用木架子支撑起来的一座柴门上面，悬着一块木匾，上面刻着四个大字："循规蹈矩"。我当时并不懂这四个字的含义，只觉得笔画多得好玩而已。我就天天从这个木匾下出出进进，上学，游戏。当时立匾者的用心到了后来我才了解，无非是想让小学生规规矩矩做好孩子而已。但是用了四个古怪的字，小孩子谁也不懂，结果形同虚设，多此一举。

我"循规蹈矩"了没有呢？大概是没有。我们有一个珠算教员，眼睛长得凸了出来，我们给他起了一个绰号，叫作 shao-qianr(济南话，意思是"知了")。他对待学生特别蛮横。打算盘，错一个数，打一板子。打算盘错上十个八个数，甚至上百数，是很难避免的。我们都挨了不少的板子。不知是谁一嘀咕："我们架(小学生的行话，意思是'赶走')他！"立刻得到大家的同意。我们这一群十岁左右的小孩子也要"造反"了。大家商定：他上课时，我们把教桌弄翻，然后一起离开教室，躲在假山背后。我们自己认为这个锦囊妙计实在非常高明；如果成功了，这位教员将无颜见人，非卷铺盖回家不可。然而我们班上出了"叛徒"，虽然只有几个人，他们想拍老师的马屁，没有离开教室。这一来，大大长了老师的气焰，他知道自己还有"群众"，于是威风大振，把我们这一群不知天高地厚的"叛逆者"狠狠地用大竹板打手心打了一阵，我们每个人的手都肿得像发面馒头。然而没有一个人掉泪。我以后每次想到这一件事，觉得很可以写进我的"优胜纪略"中去。"革命无罪，造反有理"，如果当时就有那么一位伟大的"革命家"创造了这两句口号，那该有多么好呀！

谈到学习，我记得在三年之内，我曾考过两个甲等第三(只有三名甲等),两个乙等第一,总起来看,属于上等;但是并不拔尖。实际上,我当时并不用功,玩的时候多,念书的时候少。我们班上考甲等第一的叫李玉和,年年都是第一。他比我大五六岁,好像已经很成熟了,死记硬背,刻苦努力,天天皱着眉头,不见笑容,也不同我们打闹。我从来就是少无大志,一点儿也不想争那个状元。但是我对我这一位老学长并无敬意,还有点儿瞧不起的意思,觉得他是非我族类。

我虽然对正课不感兴趣,但是也有我非常感兴趣的东西,那就是看小说。我叔父是古板人,把小说叫作"闲书",闲书是不许我看的。在家里的时候,我书桌下面有一个盛白面的大缸,上面盖着一个用高粱秆编成的"盖垫"(济南话)。我坐在桌旁,桌上摆着《四书》,我看的却是《彭公案》、《济公传》、《西游记》、《三国演义》等等旧小说。《红楼梦》大概太深,我看不懂其中的奥妙,黛玉整天价哭哭啼啼,为我所不喜,因此看不下去。其余的书都是看得津津有味。冷不防叔父走了进来,我就连忙掀起盖垫,把闲书往里一丢,嘴巴里念起"子曰"、"诗云"来。

到了学校里,用不着防备什么,一放学,就是我的天下。我往往躲到假山背后,或者一个盖房子的工地上,拿出闲书,狼吞虎咽似的大看起来。常常是忘记了时间,忘记了吃饭,有时候到了天黑,才摸回家去。我对小说中的绿林好汉非常熟悉,他们的姓名背得滚瓜烂熟,连他们用的兵器也如数家珍,比教科书熟悉多了。自己当然也希望成为那样的英雄。有一回,一个小朋友告诉我,把右手五个指头往大米缸里猛戳,一而再,再而三,一直到几百次,上千次。练上一段时间以后,再换上沙砾,用手猛戳,最终可以练成铁砂掌,五指一戳,能够戳断树木。我颇想有一个铁砂掌,信以为真，猛练起来，结果把指头戳破了，鲜血直流。知道自己与铁砂掌无缘，遂停止不练。

学习英文，也是从这个小学开始的。当时对我来说，外语是一种非常神奇的东西。我认为，方块字是天经地义，不用方块字，只弯弯曲曲像蚯蚓爬过的痕迹一样，居然能发出音来，还能有意思，简直是不可思议。越是神秘的东西，便越有吸引力。英文对于我就有极大的吸引力。我万没有想到望之如海市蜃楼般的可望而不可即的东西竟然唾手可得了。我现在已经记不清楚，学习的机会是怎么来的。大概是有一位教员会一点儿英文，他答应晚上教一点儿，可能还要收点学费。总之，一个业余英文学习班很快就组成了，参加的大概有十几个孩子。究竟学了多久，我已经记不清楚，时候好像不太长，学的东西也不太多，二十六个字母以后，学了一些单词。我当时有一个非常伤脑筋的问题：为什么"是"和"有"算是动词，它们一点儿也不动嘛？当时老师答不上来；到了中学，英文老师也答不上来。当年用"动词"来译英文的verb的人，大概不会想到他这个译名惹下的祸根吧。

每次回忆学习英文的情景时，我眼前总有一团零乱的花影，是绛紫色的芍药花。原来在校长办公室前的院子里有几个花畦，春天一到，芍药盛开，都是绛紫色的花朵。白天走过那里，紫花绿叶，极为分明。到了晚上，英文课结束后，再走过那个院子，紫花与绿花化成一个颜色，朦朦胧胧的一堆一团，因为有白天的印象，所以还知道它们的颜色。但夜晚眼前却只能看到花影，鼻子似乎有点花香而已。这一幅情景伴随了我一生，只要是一想起学习英文，这一幅美妙无比的情景就浮现到眼前来，带给我无量的幸福与快乐。

然而时光像流水一般飞逝，转瞬三年已过：我小学该毕业了，我要告别这一个美丽的校园了。我十三岁那一年，考上了城里的正谊中学。我本来是想考鼎鼎大名的第一中学的。但是我左衡量，右衡量，总觉得自己这一块料分量不够，还是考与“烂育英”齐名的“破正谊”吧。我上面说到我幼无大志，这又是一个证明。正谊虽“破”，风景却美。背靠大明湖，万顷苇绿，十里荷香，不啻人间乐园。然而到了这里，我算是已经越过了童年，不管正谊的学习生活多么美妙，我也只好搁笔，且听下回分解了。

综观我的童年，从一片灰黄开始，到了正谊算是到达了一片浓绿的境界——我进步了。但这只是从表面上来看，从生活的内容上来看，依然是一片灰黄。即使到了济南，我的生活也难找出什么有声有色的东西。我从来没有什么玩具，自己把细铁条弄成一个圈，再弄个钩一推，就能跑起来，自己就非常高兴了。贫困、单调、死板、固执，是我当时生活的写照。接受外面信息，仅凭五官。什么电视机、收录机，连影都没有。我小时连电影也没有看过，其余概可想见了。

今天的儿童有福了。他们有多少花样翻新的玩具呀！他们有多少儿童乐园、儿童活动中心呀！他们饿了吃面包，渴了喝这可乐、那可乐，还有牛奶、冰激凌。电影看厌了，看电视。广播听厌了，听收录机。信息从天空、海外，越过高山大川，纷纷蜂拥而来。他们才真是“儿童不出门，便知天下事”。可是他们偏偏不知道旧社会。就拿我来说，如果不认真回忆，我对旧社会的情景也逐渐淡漠，有时竟淡如云烟了。

今天我把自己的童年尽可能真实地描绘出来，不管还多么不全面，不管怎样挂一漏万，也不管我的笔墨多么拙笨，就是上面写出来的那一些，我们今天的儿童读了，不是也可以从中得到一点儿启发、从中悟出一些有用的东西来吗？

1986年6月6日

我的小学和中学

小 引

最近几年，我逐渐注意到，校内外的许多青年朋友对我的学习历程颇感兴趣。也许对我的小学和中学更感兴趣。在这方面，蔡德贵先生的《季羡林传》和于青女士的《东方鸿儒季羡林》，都有所涉及，但都由于缺少资料语焉不详。我自己出版了一部《留德十年》，把在格丁根大学的学习过程写得比较详细。另一部书《清华园日记》即将出版，写的是四年清华大学读书的情况。至于小学和中学，前后共有十几年，都是在济南上的，除了在一些短文里涉及一点儿以外，系统的陈述尚付阙如。这似乎是一件必须加以弥补的憾事。

我现在就来做这件事情。

我在济南共上过五所中小学，时间跨度是从 1918 年至 1930 年，绝大部分时间是军阀混战时期，最后两年多是国民党统治，正是人民生活最不安定的时期。我叙述的主要对象当然会是我的学习情况，但是其中也难免涉及社会上的一些情况。这对研究山东现代教育史的学者来说当然会有些用处，即使对研究社会史的人也会有些参考价值。

我为什么在这个时候来写这样的文章呢？

原因就在眼前。我今年已经是九十晋一。查遍了季氏家谱，恐怕也难找出几个年龄这样老的人。可是我自己却并没有感受到这一点。我还正在“老骥伏枥，志在万里”哩。从健康状况来看，尽管身体上有这样那样的病——我认为，这是正常的；如果一点病都没有，反而反常——但没有致命的玩意儿。耳虽半聪，目虽半明，但脑袋还是“难得糊涂”的，距老年痴呆症还有一段距离，因此，自己就有点忘乎所以了。总认为，自己还有很多题目要做，比如佛教史上的大乘起源问题，稍有点佛教常识的人都会知道，这是一个重大的课题。但是，中国以及世界上其他一些国家研究佛教史的学者无虑数百人，却没有哪一个人对大乘起源问题能讲出一个令人信服的道理来，多数是隔靴搔痒，少数甚至不着边际。我自己想弥补这个缺失有年矣，已经积累了一些资料。最近我把资料拿出来看了看，立刻又放下，不由得叹上一口气，好像晚年的玄奘一样，觉得办不到了。再像七八年前那样每天跑上一趟北大图书馆，腿脚已经不灵了；再看字极小的外文参考书，眼睛也不济了。在这样的情况下，我只有废书兴叹，即使志在十万里，也只是一种幻想了。

可我又偏是一个闲不住的人，每天不写点什么，不读点书，静夜自思，仿佛是犯了罪。现在，严肃的科研工作既然无力进行了，但是记忆还是有的，而且自信是准确而且清晰的。想来想去，何不把脑袋里的记忆移到纸上来，写一写我的小学和中学，弥补上我一生学习的经历呢?

这就是我写这几篇文章的原因。以上这些话就算是小引。

2002年3月3日

回忆一师附小

学校全名应该是山东省立第一师范附属小学。

我于1917年阴历年时分从老家山东清平 (现划归临清市)到了济南,投靠叔父。大概就在这一年,念了几个月的私塾,地点在曹家巷。第二年,就上了一师附小。地点在南城门内升官街西头。所谓"升官街",与升官发财毫无关系。"官"是"棺"的同音字,这一条街上棺材铺林立。大家忌讳这个"棺"字,所以改谓升官街,礼也。

附小好像是没有校长,由一师校长兼任。当时的一师校长是王士栋,字祝晨,绰号"王大牛"。他是山东教育界的著名人物。民国一创建,他就是活跃的积极分子,担任过教育界的什么高官,同鞠思敏先生等同为山东教育界的元老,在学界享有盛誉。当时,一师和一中并称,都是山东省立重要的学校,因此,一师校长也是一个重要的职位。在一个七八岁的小学生眼中,校长宛如在九天之上,可望而不可即,可是命运真正会捉弄人,十六年以后,在1934年,我在清华大学毕业后到山东省立济南高中来教书,王祝晨老师也在这里教历史,我们成了平起平坐的同事。在王老师方面,在一师附小时,他根本不会知道我这样一个小学生,他对此事,绝不会有什么感触。而在我呢,情况却迥然不同,一方面我对他执弟子礼甚恭，一方面又是同事，心里直乐。

我大概在一师附小只待了一年多，不到两年，因为在我的记忆中换过一次教室，足见我在那里升过一次级。至于教学的情况，老师的情况，则一概记不起来了。唯一的残留在记忆中的一件小事，就是认识了一个“盔”字，也并不是在国文课堂上，而是在手工课堂上。老师教我们用纸折叠东西，其中有一个头盔，知道我们不会写这个字，所以用粉笔写在黑板上。这事情发生在一间大而长的教室中，室中光线不好，有点黯淡，学生人数不少。教员写完了这个字以后，回头看学生，戴着近视眼镜的脸上，有一丝笑容。

我在记忆里深挖，再深挖，实在挖不出多少东西来。学校的整个建筑，一团模糊。教室的情况，如云似雾。教师的名字，一个也记不住。学习的情况，如海上三山，糊里糊涂。总之是一点儿具体的影像也没有。我只记得，李长之是我的同班。因为他后来成了名人，所以才记得清楚，当时对他的印象也是模糊不清的。最奇怪的是，我记得了一个叫卞蕴珩的同学。他大概是长得非常漂亮，行为也极潇洒。对于一个七八岁的孩子来说，男女外表的美丑，他们是不关心的。可不知为什么，我竟记住了卞蕴珩，只是这个名字我就觉得美妙无比。此人后来再没有见过。对我来说，他成为一条神龙。

此外，关于我自己，还能回忆起几件小事。首先，我做过一次生意。我住在南关佛山街，走到西头，过马路就是正觉寺街。街东头有一个地方，叫新桥。这里有一间炒卖五香花生米的小铺子。铺子虽小，名气却极大。这里的五香花生米(济南俗称长果仁)又咸又香，远近驰名。我经常到这里来买。我上一师附小，一出佛山街就是新桥，可以称为顺路。有一天，不知为什么，我忽发奇想，用自己从早点费中积攒起来的一些小制钱(中间有四方孔的铜币)买了半斤五香长果仁，再用纸分包成若干包，带到学校里向小同学兜售，他们都震于新桥花生米的大名，纷纷抢购，结果我赚了一些小制钱，尝到做买卖的甜头，偷偷向我家的阿姨王妈报告。这样大概做了几次。我可真没有想到，自己在七八岁时竟显露出来了做生意的“天才”。可惜我以后“误”入“歧途”，“天才”没有得到发展。否则，如果我投笔从贾，说不定我早已成为一个大款，挥金如土，不像现在这样柴、米、油、盐、酱、醋、茶都要斤斤计算了。我是一个被埋没了的“天才”。

还有一件小事，就是滚铁圈。我一闭眼，仿佛就能看到一个八岁的孩子，用一根前面弯成钩的铁条，推着一个铁圈，在升官街上从东向西飞跑，耳中仿佛还能听到铁圈在青石板路上滚动的声音。这就是我自己。有一阵子，我迷上了滚铁圈这种活动。在南门内外的大街上没法推滚，因为车马行人，喧闹拥挤。一转入升官街，车少人稀，英雄就大有用武之地了。我用不着拐弯，一气就推到附小的大门。

然而，世事多变，风云突起。为了一件没有法子说是大是小的、说起来简直是滑稽的事儿，我离开了一师附小，转了学。原来，当时正是“五四”运动风起云涌的时候，而一师校长王祝晨是新派人物，立即起来响应，改文言为白话。忘记了是哪个书局出版的国文教科书中选了一篇名传世界的童话《阿拉伯的骆驼》，内容讲的是：在沙漠大风暴中，主人躲进自己搭起来的帐篷，而把骆驼留在帐外。骆驼忍受不住风沙之苦，哀告主人说：“只让我把头放进帐篷行不行？”主人答应了。过了一会儿，骆驼又哀告说：“让我把前身放进去行不行？”主人又答应了。又过了一会儿，骆驼又哀告说：“让我全身都进去行不行？”主人答应后，自己却被骆驼挤出了帐篷。童话的意义是非常清楚的。但是天有不测风云，这篇课文竟让叔父看到了。他大为惊诧，高声说："骆驼怎么能说话呢！荒唐！荒唐！转学！转学！"

于是我立即转了学。从此一师附小只留在我的记忆中了。

2002年2月28日

回忆新育小学

我从一师附小转学出来，转到了新育小学，时间是在1920年，我九岁。我同一位长我两岁的亲戚同来报名。面试时我认识了一个"骡"字，定为高小一班。我的亲戚不认识，便定为初小三班，少我一字，一字之差我比他高了一班。

我们的校舍

新育小学坐落在南圩子门里，离我们家不算远。校内院子极大，空地很多。一进门，就是一大片空地，长满了青草，靠西边有一个干涸了的又圆又大的池塘，周围用砖石砌得整整齐齐，当年大概是什么大官的花园中的花池，说不定曾经有过荷香四溢、绿叶擎天的盛况，而今则是荒草凄迷、碎石满池了。

校门东向。进门左拐有几间平房，靠南墙是一排平房。这里住着我们的班主任李老师和后来是高中同学的、北大毕业生宫兴廉的一家子，还有从曹州府来的三个姓李的同学，他们在家乡已经读过多年私塾，年龄比我们都大，国文水平比我们都高，他们大概是家乡的大地主子弟，在家乡读过书以后，为了顺应潮流，博取一个新功名，便到济南来上小学，带着厨子和听差，住在校内。令我怀念难忘的是他们吃饭时那一蒸笼雪白的馒头。

进东门，向右拐，是一条青石板砌成的小路，路口有一座用木架子搭成的小门，门上有四个大字：循规蹈矩。我当时不知道是什么意思，但觉得这四个笔画繁多的字很好玩。进小门右侧是一个花园，有假山，用太湖石堆成，山半有亭，翼然挺立。假山前后，树木蓊郁。那里长着几棵树，能结出黄色的豆豆，至今我也不知道叫什么树。从规模来看，花园当年一定是繁荣过一阵的。是否有纳兰容若词中所写的"晚来风起撼花铃，人在碧山亭"那样的荣华，不得而知；但是，极有气派，则是至今仍然依稀可见的。可惜当时的校长既非诗人，也非词人，对于这样一个旧花园熟视无睹，任它荒凉衰败、垃圾成堆了。

花园对面，小径的左侧是一个没有围墙的大院子，没有多少房子，高台阶上耸立着一所极高极大的屋子，里面隔成了许多间，校长办公室，以及其他一些会计、总务之类的部门，分别占据。屋子正中墙上挂着一张韦校长的炭画像，据说是一位高年级的学生画的，我觉得，并不很像。走下大屋的南台阶，距离不远的地方，左右各有一座大花坛，春天栽上牡丹和芍药什么的，一团锦绣。出一个篱笆门，是一大片空地，上面说的大圆池就在这里。

出高台阶的东门，就是"循规蹈矩"小径的尽头。向北走进一扇门是一个极大的院子，东西横排着两列大教室，每一列三大间，供全校六个班教学之用。进门左首是一列走廊，上面有屋顶遮盖，下雨淋不着。走廊墙上是贴布告之类的东西的地方。走过两排大教室，再向北，是一个大操场，对一个小学来说，操场是够大的了。有双杠之类的设施，但是，不记得上过什么体育课。小学没有体育课是不可思议的。再向北，在西北角上，有几间房子，是教员住的。门前有一棵古槐，覆盖的面积极大，至今脑海里还留有一团蓊郁翠秀的影像。

校舍的情况就是这个样子。

教员和职员

按照班级的数目，全校教员应该不少于十几个的；但是，我能记住的只有几个。

我们的班主任是李老师，从来就不关心他叫什么名字，小学生对老师的名字是不会认真去记的。他大概有四十多岁，在一个九岁孩子的眼中就算是一个老人了。他人非常诚恳忠厚，朴实无华，从来没有训斥过学生，说话总是和颜悦色，让人感到亲切，他是我一生最难忘的老师之一。当时的小学教员，大概都是教多门课程的，什么国文、数学(当时好像是叫算术)、历史、地理等课程都一锅煮了。因为程度极浅，用不着有多么大的学问。一想到李老师，就想起了两件事。一件事是，某一年的初春的一天，大圆池旁的春草刚刚长齐，天上下着小雨，“沾衣欲湿杏花雨，吹面不寒杨柳风”。李老师带着我们全班到大圆池附近去种菜，自己挖地，自己下种，无非是扁豆、芸豆、辣椒、茄子之类。顺便说一句，当时西红柿还没有传入济南，北京如何，我不知道。于时碧草如茵，嫩柳鹅黄，一片绿色仿佛充塞了宇宙，伸手就能摸到。我们蹦蹦跳跳，快乐得像一群初入春江的小鸭，是我一生三万多天中最快活的一天。至今回想起来还兴奋不已。另一件事是，李老师辅导我们的英文。认识英文字母，他有妙法。他说，英文字母f就像一只大马蜂，两头长，中间腰细。这个比喻，我至今不忘。我不记得课堂上的英文是怎样教的。但既然李老师辅导我们，则必然有这样一堂课无疑。好像还有一个英文补习班，这桩事下面再谈。

另一位教员是教珠算(打算盘)的，好像是姓孙，名字当然不知道了。此人脸盘长得像知了，知了在济南叫 shao qian，就是蝉，因此学生们就给他起了一个外号，叫 shao qian，我到现在也不知道这两个字是怎样写。此人好像是一个迫害狂，一个法西斯分子，对学生从来没有笑脸。打算盘本来是一个技术活，原理并不复杂，只要稍加讲解，就足够了，至于准确纯熟的问题，在运用中就可以解决。可是这一位 shao qian 公，对初学的小孩子制定出了极残酷不合理的规定：打错一个数，打一板子。在算盘上差一行，就差十个数，结果就是十板子。上一堂课下来，每个人几乎都得挨板子。如果错到几十个到一百个数，那板子不知打多久，才能打完。有时老师打累了，才板下开恩。那时候认为体罚是合情合理的，八九岁十来岁的孩子到哪里去告状呀！而且造反有理的最高指示还没有出来。小学生被赶到穷途末路，起来造了一次反。这件事也在下面再谈。

其余的教师都想不起来了。

那时候，新育已经有男女同学了，还有缠着小脚去上学的女生，大家也不以为怪。大约在我高小二年级时，学校里忽然来了一个女教师，年纪不大，教美术和音乐。我们班没有上过她的课，不知姓氏名谁。除了初来时颇引起了一阵街谈巷议之外，不久也就习以为常了。

至于职员，我们只认识一位，是管庶务的。我们当时都写大字，叫作写"仿"。仿纸由学生出钱，学校代买。这一位庶务，大概是多克扣了点钱，买的纸像大便后用的手纸一样粗糙。山东把手纸叫草纸。学生们就把“草纸”的尊号上给了这一位庶务先生。

我的学习和生活

在我的小学和中学中，新育小学不能说是一所关键的学校。可是不知为什么，我对新育三年记忆得特别清楚。一闭眼，一幅完整的新育图景就展现在我的眼前，仿佛是昨天才离开那里的，校舍和人物，以及我的学习和生活，巨细不遗，均深刻地印在我的记忆中。更奇怪的是，我上新育与一师附小紧密相连，时间不过是几天的工夫，而后者则模糊成一团，几乎是什么也记不起来。其原因到现在我也无法解释。

新育三年，斑斓多彩，文章谈到我自己、我的家庭、当时的社会情况，内容异常丰富，只能再细分成小题目，加以叙述。

学习的一般情况

总之，一句话，我是不喜欢念正课的。对所有的正课，我都采取对付的办法。上课时，不是玩小动作，就是不专心致志地听老师讲，脑袋里不知道是想些什么，常常走神儿，斜眼看到教室窗外四时景色的变化，春天繁花似锦，夏天绿柳成荫，秋天风卷落叶，冬天白雪皑皑。旧日有一首诗：“春天不是读书天，夏日迟迟正好眠，秋有蚊虫冬有雪，收拾书包好过年。”可以为我写照。当时写作文都用文言，语言障碍当然是有的，最困难的是不知道怎样起头。老师出的作文题写在黑板上，我立即在作文簿上写上“人生于世”四个字，下面就穷了词儿，仿佛永远要“生”下去似的。以后憋好久，才能憋出一篇文章。万没有想到，以后自己竟一辈子舞笔弄墨。我逐渐体会到，写文章是要讲究结构的，而开头与结尾最难，这现象在古代大作家笔下经常可见。然而，到了今天，知道这种情况的人似乎已不多了。也许有人竟认为这是怪论,是迂腐之谈,我真欲无言了。有一次作文,我不知从什么书里抄了一段话:“空气受热而上升,他处空气来补其缺,遂流动而成风。”句子通顺,受到了老师的赞扬。可我一想起来,心里就不是滋味,愧悔有加。在今天,这也可能算是文坛的腐败现象吧。可我只是十岁的孩子,不知道什么叫文坛,我一不图名,二不图利,完全为了好玩儿。但自己也知道,这样做是不对的,所以才悔愧,从那以后,一生中再没有剽窃过别人的文字。

小学也是每学期考试一次,每年两次,三年共有六次,我的名次总盘桓在甲等三四名和乙等前几名之间。甲等第一名被一个叫李玉和的同学包办。他比我大几岁,是一个拼命读书的学生。我从来也没有争第一名的念头,我对此事极不感兴趣。根据我后来的经验,小学考试的名次对一个学生一生的生命历程没有多少影响,家庭出身和机遇影响更大。我从前看过一幅丰子恺的漫画,标题是“小学的同学”,画着一副卖吃食的担子,旁边站着两个人,颇能引人深思。但是,我个人有一次经历,比丰老画得深刻多了。有一天晚上,我在济南院前大街雇洋车回佛山街,在黑暗中没有看清车夫是什么人。到了佛山街下车付钱的时候,蓦抬头,看到是我新育小学的同班同学!我又惊讶又尴尬,一时说不出话来。我如果是漫画家,画上一幅画,一辆人力车,两个人,一人掏钱,一人接钱,相信会比丰老的画更能令人深思。

我的性格

我一生自认为是一个性格内向的人,一个上不得台盘的人。每次参加大会,在大庭广众中,浑身觉得不自在,总想找一个旮旯儿藏在那里,少与人打交道。“今天天气,哈,哈,哈”一类的话,我不愿意说；说出来也不地道。每每看到一些男女交际花，在人群中走来走去，如鱼得水，左边点头，右边哈腰，脸上做微笑状，纵横捭阖，折冲樽俎，得意洋洋，顾盼自雄，我真是羡慕得要死，可我做不到。我现在之所以被人看作社会活动家，甚至国际活动家，完全是环境造成的。是时势造“英雄”，我是一只被赶上了架的鸭子。

可是现在回想起来，我在新育小学时期，性格好像不是这个样子，一点儿也不内向，外向得很。我喜欢打架，欺负人，也被人欺负。有一个男孩子，比我大几岁，个子比我高半头，总好欺负我。最初我有点儿怕他，他比我劲大。时间久了，我忍无可忍，同他干了一架。他个子高，打我的上身。我个子矮，打他的下身。后来搂抱住滚在双杠下面的沙土堆里，有时候他在上面，有时候我在上面，没有决出胜负。上课铃响了，各回自己的教室。从此他再也不敢欺负我，天下太平了。

我却反过头来又欺负别的孩子。被我欺负最厉害的是一个名叫刘志学的小学生，岁数可能比我小，个头差不多，但是懦弱无能，一眼被我看中，就欺负起他来。根据我的体会，小学生欺负人并没有任何原因，也没有什么仇恨。只是个人有劲使不出，无处发泄，便寻求发泄的对象了。刘志学就是我寻求的对象，于是便开始欺负他，命令他跪在地下，不听就拳打脚踢。如果他鼓起勇气，抵抗一次，我也许就会停止，至少会收敛一些。然而他是个窝囊废，一丝抵抗的意思都没有。这当然更增加了我的气焰，欺负的次数和力度都增加了。刘志学家同婶母是拐弯抹角的亲戚。他向家里告状，他父母便来我家告状。结果是我挨了婶母一阵数落，这一幕悲喜剧才告终。

从这一件小事来看，我无论如何也不能算是一个内向的孩子。怎么会一下子转成内向了呢？这问题我从来没有想到过。现在忽然想起来了，也就顺便给它一个解答。我认为，《三字经》中有两句话："性相近，习相远。""习"是能改造"性"的。我六岁离开母亲，童心的发展在无形中受到了阻碍。我能躺在一个非母亲的人的怀抱中打滚撒娇吗？这是不能够想象的。我不能说，叔婶虐待我，那样说是谎言；但是在日常生活中小小的歧视，却是可以感觉得到的，比如说，做衣服，有时就不给我做。在平常琐末的小事中，偏心自己的亲生女儿，这也是人之常情，不足为怪。一个七八岁的孩子对于这些事情并不敏感。但是，积之既久，在自己潜意识中难免留下些印记，从而影响到自己的行动。我清晰地记得，向婶母张口要早点钱，在我竟成了难题。有一个夏天的晚上，我们都在院子里铺上席，躺在上面纳凉。我想到要早点钱，但不敢张口，几次欲言又止，最后时间已接近深夜，才鼓起了最大的勇气，说要几个小制钱。钱拿到手，心中狂喜，立即躺下，进入梦乡，睡了一整夜。对一件事来说，这样的心理状态是影响不大的，但是时间一长，性格就会受到影响。我觉得，这个解释是合情合理的。

我在这里必须补充几句。我为什么能够从乡下到济南来呢？原因极为简单。我的上一辈大排行兄弟十一位，行一的大大爷和行二的二大爷是亲兄弟，是举人的儿子。我父亲行七，叔父行九，还有一个十一叔，是一母一父所生。最后一个因为穷，而且父母双亡，送给了别人，改姓刁。其余的行三四五六八十的都因穷下了关东，以后失去了联系，不知下落。留下的五个兄弟，大大爷有一个儿子，早早死去。我生下来时，全族男孩就我一个，成了稀有金属，传宗接代的大任全压在我一个人身上。在我生前很多年，父亲和九叔不到二十岁的时候，失怙失恃，无衣无食，兄弟俩被迫到济南去闯荡，经过了千辛万苦，九叔立定了脚跟。我生下来六岁时，把我接到济南。如果当时他有一个男孩的话，我是到不了济南的。如果我到不了济南，也不会有今天的我。我大概会终生成为一个介乎贫雇农之间的文盲，也许早已不在人世，墓木久拱了。所以我毕生感谢九叔。上面说到的那一些家庭待遇，并没有逾越人情的常轨，我并不怀恨在心。不过，既然说到我的小学和我的性格，不得不说说而已。

回家路上

我的家距离新育小学并不算远。虽然有的地方巷子很窄，但都是青石铺路，走上去极为平坦、舒适，并没有难走的地方。

我同一般的比较调皮的小孩子一样，除非肚子真饿了，放学后往往不立即回家，在路上同一些小朋友打打闹闹，磨蹭着不肯回家。见到什么新鲜事儿，必然挤上去围观。看到争吵打架的，就更令我们兴奋，非看个水落石出不行。这一切都是男孩子共有的现象，不足为怪。但是，我们也有特立独行的地方。济南地势，南高北低。到了夏天下大雨的时候，城南群山的雨水汇流成河，顺着一条大沙沟，奔腾而北，进了圩子墙，穿过朝山街、正觉寺街等马路东边房子后面的水沟，再向前流去，济南人把这一条沙沟叫“山水沟”。山水每年夏季才有，平常日子这条沟是干的。附近的居民就把垃圾，以及死狗死猫丢在沟里，根本没有人走这里。可我就选了朝山街的山水沟作回家去的路，里面沙石满地，臭不可闻，根本没有走人的路。我同几个小伙伴就从这里走回家。虽然不是每天如此，次数也不会太少。八九十来岁的男孩子的行动是不可以理喻的。

看捆猪

还有不可以理喻的一些行动，其中之一就是看捆猪。

新育小学的西邻是一个养猪场，规模大概相当大，我从来没有进去过。大概是屠宰业的规定，第二天早晨杀猪，头一天下午接近黄昏的时候就把猪捆好。但是，捆猪并不容易，猪同羊和牛都不一样。当它们感到末日来临时，是会用超常的力量来奋起抵抗的。我和几位调皮的小伙伴往往在放学后不立即回家，而是一听隔壁猪叫就立即爬上校内的柳树，坐在树的最高处，看猪场捉猪。有的猪劲极大，不太矮的木栅栏一跃而过，然后满院飞奔。捉猪人使用极其残暴的手段和极端残忍的工具——一条长竿顶端有两个铁钩，努力把猪捉住。有时候竿顶上的铁钩深刺猪的身躯上的某一部分，鲜血立即喷出。猪仍然不肯屈服，带血狂奔，流血满地，直到筋疲力尽，才被人捆绑起来，嘴里仍然号叫不止，有的可能叫上一夜，等到第二天早晨挨上那一刀，灵魂或者进入地狱，或者进入天堂，除了印度相信轮回转生者以外，没有人能够知道了。这实在是极端残忍的行为。在高级的雍容华贵的餐厅里就着葡萄美酒吃猪排的美食者，大概从来不会想到这一点的。还是中国古代的君子聪明，他们“远庖厨”，眼不见为净。

我现在——不是当年，当年是没有这样敏感的——浮想联翩，想到了很多事情。首先我想到造物主——我是不相信有这玩意儿的——实在是非常残酷不仁。他一定要让动物互相吞噬，才能生活下去。难道不能用另外一种方法来创造动物界吗？即使退一步想，让动物像牛羊一样只吃植物行不行呢？当然，植物也是生物，也有生命，但是，我们看不到植物流泪，听不到它们号叫，至少落个耳根清净吧。

我又想到，同样是人类，对猪的态度也不尽相同。我曾在德国住过多年。那里的农民有的也养猪。怎样养法，用什么饲料，我一概不知。养到一定的重量，就举行一次 Schlachtfest(屠宰节)，邀请至亲好友，共同欢聚一次。我的女房东有时候就下乡参加这样的欢聚。她告诉我，先把猪赶过来，乘其不备，用手枪在猪头上打上一枪，俟其倒毙，再来动手宰割，将猪身上不同部位的肉和内脏，加工制成不同的食品，然后大家暂时或长期享用。猪被人吃，合乎人情事理，但不让猪长时间受苦，德国人这种猪道主义是颇值得我们学习的。至于在手枪发明以前德国人是怎样杀猪的，就没有研究过，只好请猪学专家去考证研究了。

看 杀 人

最不可以理喻的行动是喜欢看杀人。其实，这可能是最可以理喻的，因为大人们也都喜欢看。

新育小学坐落在南圩子门里。圩子门是朝山街的末端。出圩子门向右拐，有一条通往齐鲁大学的大道。大道中段要经过上面提到的山水沟，右侧有一座小小的龙王庙，左侧则是一大片荒滩，对面土堤很高，这里就是当时的刑场，是处决犯人的地方。犯人出发的地方是城里院东大街路北山东警察厅内的监狱。出大厅向右走一段路，再左拐至舜井街，然后出南城门，经过朝山街，出南圩子门，照上面的说法走，就到了目的地。

朝山街是我上学必经之路。有时候，看到街道两旁都挤满了人，就知道，今天又要杀人了。我于是立即兴奋起来，把上学的事早已忘到九霄云外去了。挤在人群里，抻长了脖子，等候着，等候着。此时，只有街道两旁人山人海，街道中间则既无行人，也无车马。不久，看到一个衣着破烂的人，喝得醉醺醺的，右肩背着一支步枪，慢腾腾地走了过去。大家知道，这就是刽子手。再过不久，就看到大队警察簇拥着待决的囚犯，一个或多个，走了过来，囚犯是五花大绑，背上插着一根木牌，上面写着他的名字，名字上面用朱笔画上了一个红X。在“十年浩劫”中，我的名字也曾多次被“老佛爷”的鹰犬们画上红X，表示罪该万死的意思。红卫兵们是很善于学习的。闲言少叙，书归正传。且说犯人过去了以后，街上的秩序立即大乱。人群纷纷向街中间，拥拥挤挤，摩肩接踵，跟着警察大队，挤出南圩子门，纷纷抢占高地制高点，能清晰看到刑场的情况，但又不敢离得太近，理由自明。警察押着犯人走向刑场，犯人向南跪在高崖下面，枪声一响，仪式完毕，警察撤走。这时一部分群众又拥向刑场，观看躺在地上的死尸。枪毙土匪，是没有人来收尸的。我们几个顽皮的孩子当然不甘落后，也随着大家往前拥。经过了这整个过程，才想起上学的事来。走回学校，免不了受到教员的斥责。然而却绝不改悔，下一次碰到这样的事，仍然照看不误。

当时军阀混战，中原动荡。农村政权，形同虚设。县太爷龟缩在县城内，广大农村地区不见一个警察。坏人或者为穷所逼铤而走险的人，变成了土匪(山东话叫“老缺”)，横行乡里。从来没听说，哪一帮土匪劫富济贫，替天行道。他们绑票勒索，十分残酷。我的一个堂兄，林字辈的第一人季元林，家里比较富裕，被土匪绑走，勒索巨款。家人交上了赎票的钱，但仍被撕票，家人找到了他的尸体，惨不忍睹，双眼上各贴一张狗皮膏药，两耳中灌满了蜡烛油。可见元林在匪穴中是受了多么大的痛苦。这样的土匪偶尔也会被捉住几个，送到济南来，就演出一出上面描写的那样的悲喜剧。我在新育三年，这样的剧颇看了不少。对一个十一二岁的孩子来说，了解社会这一方面的情况，并无任何坏处。

马市

马市指的是旧社会定期举行的买卖骡马的集市。新育小学大门外空地上就有这样的马市。忘记是多久举行一次了。到了这一天,空地上挤满了人和马、骡、驴等,不记得有牛。这里马嘶驴鸣,人声鼎沸,一片繁忙热闹的景象。骡马的高低肥瘦,一看便知;但是年龄却是看不出来的。经纪人也自有办法。骡、马、驴都是吃草的动物,吃草要用牙,草吃多了,牙齿就受到磨损。专家们从牙齿磨损的程度上就能看出它们的年龄。于是,在看好了骡马的外相之后,就用手扒开它们的嘴,仔细观看牙齿。等到这一些手续都完了以后,就开始讨价还价了。在这里,不像在蔬菜市场上或其他市场上那样,用语言,用嘴来讨价还价,而是用手,经纪人和卖主或他的经纪人,把手伸入袖筒里,用手指头来讨论价格,口中则一言不发。如果袖筒中价钱谈妥,则退出手来,交钱牵牲口。这些都是没有见过世面的"下等人",不懂开什么香槟酒来庆祝胜利,甚至有的价格还抵不上一瓶昂贵的香槟酒。如果袖筒会谈没有结果,则另起炉灶,找另外的人去谈了。至于袖筒中怎样谈法,这是经纪人垄断的秘密,我们局外人是无法知道的。这同中国佛教禅宗的薪火相传,颇有些类似之处。

九月九庙会

每年到了夏历九月初九,是所谓重阳节,是登高的好日子。这个节日来源很古,可能已有几千年的历史。济南的重阳节庙会(实际上并没有庙,姑妄随俗称之)是在南圩子门外大片空地上,西边一直到山水沟。每年,进入夏历九月不久,就有从全省一些地方,甚至全国一些地方来的艺人会聚此地,有马戏团、杂技团、地方剧团、变戏法的、练武术的、说山东快书的、玩猴的、耍狗熊的等等,应有尽有。他们各圈地搭席棚围起来,留一出入口,卖门票收钱。规模大小不同,席棚也就有大有小,总数至少有几十座。在夜里有没有“夜深千帐灯”的气派,我没有看到过,不敢瞎说。反正白天看上去,方圆几十里,颇有点动人的气势。再加上临时赶来的,卖米粉、炸丸子和豆腐脑等的担子,卖花生和糖果的摊子,特别显眼的柿子摊——柿子是南山特产,个大色黄,非常吸引人,这一切混合起来,形成了一种人声嘈杂、歌吹沸天的气势,仿佛能南摇千佛山,北震大明湖,声撼济南城了。

我们的学校,同庙会仅一墙(圩子墙)之隔,会上的声音依稀可闻。我们这些顽皮的孩子能安心上课吗?即使勉强坐在那里,也是身在课堂心在会。因此,一有机会,我们就溜出学校,又嫌走圩子门太远,就近爬过圩子墙,飞奔到庙会上,一睹为快。席棚很多,我们光拣大的去看。我们谁身上也没有一文钱,门票买不起。好在我们都是三块豆腐干高的小孩子,混在购票观众中挤了进去,也并不难。进去以后,就成了我们的天地,不管耍的是什么,我们总要看个够。看完了,走出来,再钻另外一个棚,几乎没有钻不进去的。实在钻不进去,就绕棚一周,看看哪一个地方有小洞,我们就透过小洞往里面看,也要看个够。在十几天的庙会中,我们钻遍了大大小小的棚,对整个庙会一览无余,一文钱也没有掏过。可是,对那些卖吃食的摊子和担子,则没有法钻空子,只好口流涎水,望望然而去之。虽然不无遗憾,也只能忍气吞声了。

看　戏

这一次不是在城外了,而是在城内,就在我们住的佛山街中段一座火神庙前。这里有一座旧戏台,已经破旧不堪,门窗有的已不存在,看上去,离开倒塌的时候已经不太远了。我每天走过这里，不免看上几眼；但是，好多年过去了，没有看到过一次演戏。有一年，还在我在新育小学念书的时候，不知道是哪一位善男信女，忽发大愿，要给火神爷唱上一天戏，就把旧戏台稍稍修饰了一下，在戏台和火神庙门之间，左右两旁搭上了两座木台子，上设座位，为贵显者所专用。其余的观众就站在台下观看。我们家里规矩极严，看戏是绝不允许的。我哪里能忍受得了呢？没有办法，只有在奉命到下洼子来买油、打醋、买肉、买菜的时候，乘机到台下溜上几眼，得到一点儿满足。有一次，回家晚了，还挨了一顿数落。至于台上唱的究竟是什么戏，我完全不懂。剧种也不知道，反正不会是京剧，也不会是昆曲，更不像后来的柳子戏，大概是山东梆子吧。前二者属于阳春白雪之列，而这样的戏台上只能演下里巴人的戏。对于我来说，我只瞥见台上敲锣拉胡琴儿的坐在一旁，中间站着一位演员在哼哼唧唧地唱，唱词完全不懂；还有红绿的门帘，尽管陈旧，也总能给寥落古老的戏台增添一点儿彩色，吹进一点生气，我心中也莫名其妙地感到一点儿兴奋，这样我就十分满足了。

不知道什么原因，一些演员的名字我至今记忆犹新。女角叫云金兰，老生叫耿永奎，丑角叫胡凤亭[①]。胡就住在正谊中学附近，我后来到正谊念书时，还见到过他，看来并不富裕，同后来的京剧名演员梅兰芳、马连良等阔得流油的情况相比，有天渊之别了。

学英文

我在上面曾说到李老师辅导我们学英文字母的事情。英文补习班似乎真有过，但具体的情况则完全回忆不起来了。时间大概是在晚上。我的记忆中有很清晰的一幕：在春天的晚间，上过课以后，

① 胡凤亭：疑为“胡凤亭”（？—1940），京剧演员，为当时济南丑角之冠，以《扬州妈妈看香头》驰名一时。——编者注

在校长办公室高房子前面的两座花坛中间，我同几个小伙伴在说笑,花坛里的芍药或牡丹的大花朵和大叶子,在黯淡的灯光中,分不清红色和绿色,但是鼻子中似乎能嗅到香味。芍药和牡丹都不以香名。唐人诗“国色朝酣酒,天香夜染衣”,其中用“天香”二字,似指花香。不管怎样,当时,在料峭的春夜中,眼前是迷离的花影,鼻子里是淡淡的清香，脑袋里是刚才学过的英文单词，此身如遗世独立。这一幅电影画面以后常在我眼中展现,至今不绝。我大概确实学了不少的英文单词。毕业后报考正谊中学时，不意他们竟考英文,题目是翻译几句话:“我新得了一本书,已经读了几页;不过有些字我不认识。”我大概是翻出来了,所以才考了一个一年半级。

国文竞赛

有一年,在秋天,学校组织全校学生游开元寺。

开元寺是济南名胜之一,坐落在千佛山东群山环抱之中。这是我经常来玩的地方。寺上面的大佛头尤其著名,是把一面巨大的山崖雕琢成了一个佛头，其规模虽然比不上四川的乐山大佛,但是在全国的石雕大佛中也是颇有一点儿名气的。从开元寺上面的山坡往上爬,路并不崎岖,爬起来比较容易。爬上一刻钟到半个小时就到了佛头下。据说佛头的一个耳朵眼里能够摆一桌酒席。我没有试验过,反正其大概可想见了。从大佛头再往上爬,山路当然崎岖,山石更加亮滑,爬起来颇为吃力。我曾爬上来过多次,颇有驾轻就熟之感,感觉不到多么吃力。爬到山顶上,有一座用石块垒起来的塔似的东西。从济南城里看过去,好像是一个橛子,所以这一座山就得名橛山。同泰山比起来,橛山不过是小巫见大巫,但在济南南部群山中,橛山却是鸡群之鹤,登上山顶,望千佛山顶如在肘下,大有“一览众山小”之慨了。可惜的是,这里一棵树都没有，不但没有松柏，连槐柳也没有，只有荒草遍山，看上去有点儿童山濯濯了。

从橛山山顶，经过大佛头，走了下来，地势渐低，树木渐多，走到一个山坳里，就是开元寺。这里松柏参天，柳槐成行，一片浓绿，间以红墙，仿佛在沙漠里走进了一片绿洲。虽然大庙那样的林宫梵宇、崇阁高塔在这里找不到，但是也颇有几处佛殿，佛像庄严。院子里有一座亭子，名叫静虚亭。最难得最引人注目的是一泓泉水，在东面石壁的一个不深的圆洞中。水不是从下面向上涌，而是从上面石缝里向下滴，积之既久，遂成清池，名之曰秋棠池，洞中水池的东面岸上长着一片青苔，栽着数株秋海棠。泉水是上面群山中积存下来的雨水，汇聚在池上，一滴一滴地往下滴。泉水甘甜冷洌，冬不结冰。庙里住持的僧人和络绎不绝的游人，都从泉中取水喝。用此水煮开泡茶，也是茶香水甜，不亚于全国任何名泉。有许多游人是专门为此泉而来开元寺的。我个人很喜欢开元寺这个地方，过去曾多次来过。这一次随全校来游，兴致仍然极高，虽归而兴未尽。

回校后，学校出了一个作文题目“游开元寺记”，举行全校作文比赛，把最好的文章张贴在教室西头走廊的墙壁上。前三名都是我在上面提到过的从曹州府来的三位姓李的同学所得。第一名作文后面教师的评语是“颇有欧苏真气”。我也榜上有名，但却在八九名之后了。

一次失败的“造反”

我在上面介绍教员时，曾提到一位教珠算的绰号叫shao qian的教员。他那法西斯式的教学方法引起了全班学生的愤怒。哪里有压迫，哪里就有抵抗。对于小孩子也不例外。大家挨够了他的戒尺，控诉无门。告诉家长，没有用处。告诉校长，我们那位校长是一个小官僚主义者，既不教书，也不面对学生，不知道他整天干些什么。告诉他也不会有用。我们小小的脑袋瓜里没有多少策略，想来想去，只有一条路，就是造反，把他"架"(赶走)了。比我大几岁的几个男孩子带头提出了行动方略：在上课前把教师用的教桌倒翻过来，让它四脚朝天。我们学生都离开教室，躲到那一个寥落的花园假山附近的树丛中，每人口袋里装满了上面提到的那些树上结满了的黄色的豆豆，准备用来打 shao qian 的脑袋。但是，十一二岁的孩子们不懂什么组织要细密，行动要统一，意见要一致，便贸然行事。我喜欢热闹，便随着那几个大孩子，离开了教室，躲在乱树丛中，口袋里装满了黄豆豆，准备迎接胜利。但是，过了半个多小时，我们都回到教室里，准备用黄豆豆打教师的脑袋时，我们都傻了眼：大约有三分之一的学生安然坐在那里，听老师讲课，教桌也早已翻了过来。原来能形成的统一战线，现在彻底崩溃了。学生分成了两类：良民与罪犯。我们想造反的人当然都属于后者。shao qian 本来就不是什么好东西，现在看到有人居然想砸他的饭碗，其愤怒之情概可想见，他满面怒容，威风凛凛地坐在那里，竹板戒尺拿在手中，在等候我们这一批自投罗网的小罪犯。他看个子大小，就知道谁是主犯，谁是从犯。他先把主犯叫过去，他们自动伸出了右手。只听到重而响的啪啪的板子声响彻了没有人敢喘大气的寂静的教室。那几个男孩子也真有"种"，被打得龇牙咧嘴，却不哼一声。轮到我了，我也照样把右手伸出去，啪啪十声，算是从轻发落，但手也立即红肿起来，刺骨地热辣辣地痛。我走出教室，用一只红肿的手，把口袋里的黄豆豆倒在地上，走回家去，右手一直痛了几天。

我的第一次"造反"就这样失败了。

我想,如果是在四十多年后发生的文化大革命中,像 shao qian 这样的老师,一定会被小学生打死的。

现在回想起来,大概我们都不是造反的材料。我们谁也没有研究、总结一下失败的教训:出了"叛徒"?没有做好"统战"工作?事过之后,谁都老老实实地上珠算课,心甘情愿地挨 shao qian 的竹板子打,从此以后,天下太平了。

偷看小说

那时候,在我们家,小说被称为"闲书",是绝对禁止看的。但是,我和秋妹[1]都酷爱看"闲书",高级的"闲书",像《红楼梦》、《西游记》之类,我们看不懂,也得不到,所以不看。我们专看低级的"闲书",如《彭公案》、《施公案》、《济公传》、《七侠五义》、《小五义》、《东周列国志》、《说唐》、《封神榜》等等。我们都是小学水平,秋妹更差,只有初小水平,我们认识的字都有限。当时没有什么词典,有一部《康熙字典》,我们也不会、也不肯去查。经常念别字,比如把"飞檐走壁",念成了"飞 dan 走壁",把"气往上冲(衝)"念成了"气往上冲(重)"。反正,即使有些字不认识,内容还是能看懂的。我们经常开玩笑说:"你是用笤帚扫,还是用扫帚扫?"不认识的字少了,就是笤帚,多了就用扫帚。尽管如此,我们看闲书的瘾头仍然极大。那时候,我们家没有电灯,晚上,把煤油灯吹灭后,躺在被窝里,用手电筒来看。那些闲书,都是洋光纸石印的,字极小,有时候还不清楚。看了几年,我居然没有变成近视眼,实在是出我意料。

我不但在家里偷看,还把书带到学校里去,偷空就看上一段。校门外左首空地上,正在施工盖房子。运来了很多红砖,摞在那

① 秋妹:作者叔叔的女儿,名素秋,后改名为惠林。——编者注

里，不是一摞，而是很多摞，中间有空隙，坐在那里，外面谁也看不见。我就搬几块砖下来，坐在上面，在下课之后，且不回家，掏出闲书，大看特看。书中侠客们的飞檐走壁，刀光剑影，仿佛就在我眼前晃动，我似乎也参与其间，乐不可支。等到脑筋清醒了一点儿，回家已经过了吃饭的时间，常常挨数落。

这样的闲书，我看得数量极大，种类极多。光是一部《彭公案》，我就看到了四十几续。越说越荒唐，越说越神奇，到了后来，书中的侠客个个赛过《西游记》的孙猴子。但这有什么害处呢？我认为没有。除了我一度想练铁砂掌以外，并没有持刀杀人，劫富济贫，做出一些荒唐的事情，危害社会。不但没有害处，我还认为有好处。记得鲁迅先生在答复别人问他怎样才能写通写好文章的时候说过，要多读多看，千万不要相信《文章作法》一类的书籍。我认为，这是至理名言。现在，对小学生，在课外阅读方面，同在别的方面一样，管得过多，管得过严，管得过死，这不一定就是正确的方法。无为而治，我并不完全赞成，但为的太多，我是不敢苟同的。

蚂蚱进城

还有一件小事，我必须在这里讲上一讲。因为我一生只见过一次，可能不能称为小事了，这就是蚂蚱进城。这种事，我在报纸上读到过，却还没有亲眼见过。

有一天，我去上学，刚拐进曹家巷，就看到地上蹦的跳的全是蚂蚱，不是有翅膀的那一种大个的，而是浑身光溜溜的小个的那一种。越往前走，蚂蚱越多，到朝山街口上，地上已经密密麻麻的全是蚂蚱了。人马要想走路，路上根本没有落脚之地，一脚下去，至少要踩死十几二十个。地上已经积尸成堆，如果蚂蚱有血的话，那就必然是血流成河了。但是小蚂蚱们对此视若无睹。它们是从南圩子门跳进城来的，目的是北进，不管有多大阻碍，它们硬是向北跳跃，可以说是置生死于不顾，其势是想直捣黄龙，锐不可当。我没有到南圩子门外去看，不知道那里的情况怎样。我也不知道，这一路蝗虫纵队是在哪里形成的，是怎样形成的。听说，它们所到之处，见绿色植物就吃，蝗群过后，庄稼一片荒芜。如果是长着翅膀的蝗群，连树上的叶子一律吃光，算是一种十分可怕的天灾。我踩着蚂蚱，走进学校，学校里一只也没有。看来学校因为离圩子门还有一段路，是处在蝗虫冲击波以外的地方，所以才能幸免。上午的课程结束后，在回家的路上，我又走过朝山街。此时蝗虫冲击波已经过去。至于这个波冲击多远，是否已经到了城门里面，我不知道。只见街上全是蚂蚱的尸体，令人见了发憷。有的地方，尸体已被扫成了堆，扫入山水沟内。有的地方则仍然是尸体遍野，任人践踏。看来这一次进城的蚂蚱，不能以万计，而只能以亿计。这一幕蚂蚱进城的闹剧突然而起，戛然而止。我当时只是觉得好玩而已，没有更多的想法。现在回想起来，我觉得，大自然这玩意儿是难以理解、难以揣摩的。它是慈祥的，人类的衣食住行无不仰给于大自然，这时的大自然风和日丽。但它又是残酷的，有时候对人类加以报复，这时的大自然阴霾蔽天。人类千万不要翘尾巴，讲什么“征服自然”。人类要想继续生存下去，只能设法理解自然，同自然交朋友，这就是我最近若干年来努力宣扬的“天人合一”。

想念母亲

我六岁离开了母亲，初到济南时曾痛哭过一夜。上新育小学时是九岁至十二岁。中间曾因大奶奶病故，回家过一次，是在哪一年，却记不起来了。常言道：“孩儿见娘，无事哭三场。”我见到了日夜思念的母亲，并没有哭；但是，我却看到母亲眼里溢满了泪水。

那时候，我虽然年纪尚小，但依稀看到了家里日子的艰难。根据叔父的诗集，民国元年，他被迫下了关东，用身上仅有的五角大洋买了十分之一张湖北水灾奖券，居然中了头奖。虽然只拿到了十分之一的奖金，但数目已极可观。他写道，一夜做梦，梦到举人伯父教他作诗，有两句诗，醒来还记得："阴阳往复竟无穷，否极泰来造化工。"后来中了奖，以为是先人呵护。他用这些钱在故乡买了地，盖了房，很阔过一阵。我父亲游手好闲，农活干不了很多，又喜欢结交朋友，结果拆了房子，卖了地，一个好好的家，让他挥霍殆尽，又穷得只剩半亩地，依旧靠济南的叔父接济。我在新育小学时，常见到他到济南来，住上几天，拿着钱又回老家了。有一次，他又来了，住在北屋里，同我一张床。住在西房里的婶母高声大叫，指桑骂槐，数落了一通。这种做法，旧社会的妇女是常常使用的。我父亲当然懂得的，于是辞别回家，以后几乎没见他再来过。失掉了叔父的接济，他在乡下同母亲怎样过日子，我一点儿都不知道。尽管不知道，我仍然想念母亲。可是，我"身无彩凤双飞翼"，我飞不回乡下，想念只是白白地想念了。

我对新育小学的回忆，就到此为止了。我写得冗长而又拉杂。这对今天的青少年们，也许还会有点儿好处。他们可以通过我的回忆了解一下七十年前的旧社会，从侧面了解一下中国近现代史。对我自己来说，在写作的过程中，我仿佛又回到了七十多年前，又变成了一个小孩子，重新度过那可爱又并不怎么可爱的三年。

2002年3月15日写完

回忆正谊中学

在过去的济南，正谊中学最多只能算是一所三流学校，绰号"破正谊"，与"烂育英"凑成一对，成为难兄难弟。但是，正谊三年毕竟是我生命中一个阶段，即使不是重要的阶段，也总能算是一个有意义的阶段。因此，我在过去写的许多文章中都谈到了正谊；但是，谈得很不全面，很不系统。现在想比较全面地、比较系统地叙述一下我在正谊三年的过程。

正谊中学坐落在济南大明湖南岸阎公祠(阎敬铭的纪念祠堂)内。原有一座高楼还保存着，另外又建了两座楼和一些平房。这些房子是什么时候建造的，我不清楚，也没有研究过。校内的景色是非常美的，特别是北半部靠近原阎公祠的那一部分。绿杨撑天，碧水流地。一条清溪从西向东流，尾部有假山一座，小溪穿山而过。登上阎公祠的大楼，可以看到很远的地方，向北望，大明湖碧波潋滟，水光接天。夏天则是荷香十里，绿叶擎天。向南望，是否能看到千佛山，我没有注意过。我那时才十三四岁，旧诗读得不多，对古代诗人对自然美景的描述和赞美，不甚了了，也没有兴趣。我的兴趣是在大楼后的大明湖岸边上。每到夏天，湖中长满了芦苇。芦苇丛中到处是蛤蟆和虾。这两种东西都是水族中的笨伯。在家里偷一根针，把针尖砸弯，拴上一条绳，顺手拔一条苇子，就成了钓竿似的东西。蛤蟆端坐在荷叶上，你只需抓一只苍蝇，穿在针尖上，把钓竿伸向它抖上两抖，蛤蟆就一跃而起，意思是想捕捉苍蝇，然而却被针尖钩住，捉上岸来。我也并不伤害它，仍把它放回水中。有了这个教训的蛤蟆是否接受教训，不再上当，我没法研究。这疑难问题，虽然比不上相对论，但要想研究也并不容易，只有请美国科学家们代劳了。最笨的还是虾。这种虾是长着一对长夹的那一种,齐白石画的虾就是这样的。对付它们,更不费吹灰之力,只需顺手拔一支苇子,看到虾,往水里一伸,虾们便用长夹夹住苇秆,死不放松,让我拖出水来。我仍然把它们再放回水中。我是醉翁之意不在酒,而在戏耍也。上下午课间的几个小时,我就是这样打发的。

我家住在南城,要穿过整个济南城才能到大明湖畔,因此中午不回家吃饭。婶母每天给两个铜圆当午餐费,一个铜圆买一块锅饼,大概不能全吃饱,另一个铜圆买一碗豆腐脑或一碗炸丸子,就站在校门外众多的担子旁边,狼吞虎咽,算是午饭,心里记挂的还是蛤蟆和虾。看到路旁小铺里卖的一个铜圆一碟的小葱拌豆腐,简直是垂涎三尺。至于那几个破烂小馆里的炒木樨肉等炒菜,香溢门外,则更是如望海上三山,可望而不可即了。有一次,从家里偷了一个馒头带在身边,中午可以节约一个铜圆,多喝一碗豆腐脑或炸丸子。惹得婶母老大不高兴。古话说"君子不二过",从此不敢再偷了。又有一次,学校里举办什么庆祝会,我参加帮忙。中午每人奖餐券一张,到附近一个小馆里去吃一顿午饭。我如获至宝,昔日可望而不可即的地方,今天我终于来了,饱饱地吃了一顿,以致晚上回家,连晚饭都吃不下了。这也许是我生平吃得最饱的一顿饭。

我当时并不喜欢念书。我对课堂和老师的重视远远比不上我对蛤蟆和虾的兴趣。每次考试,好了可以考到甲等三四名,坏了就只能考到乙等前几名,在班上总还是高才生。其实我根本不计较这些东西。提到正谊的师资,因为是私立,工资不高,请不到好教员。班主任叫王烈卿,绰号"王劣子",不记得他教过什么课,大概是一位没有什么学问的人,很不受学生的欢迎。有一位教生物学的教员,姓名全忘记了。他不认识"玫瑰"二字,读之为"久块",其他概可想象了。

杜老师

但也确有饱学之士。有一位教国文的老先生,姓杜,名字忘记了,也许当时就没有注意,只记得他的绰号"杜大肚子"。此人确系饱学之士,熟读经书,兼通古文,一手小楷写得俊秀遒劲,不亚于今天的任何书法家。听说前清时还有过什么功名。但是,他生不逢时,命途多舛,毕生浮沉于小学教员与中学教员之间,后不知所终。他教我的时候是我在高一的那一年。我考入正谊中学,录取的不是一年级,而是一年半级,由秋季始业改为春季始业。我只待了两年半,初中就毕业了。毕业后又留在正谊,念了半年高一。杜老师就是在这个时候教我们班的。时间是1926年,我十五岁。他出了一个作文题目与描绘风景抒发感情有关。我不知天高地厚, 写了一篇带有骈体文味道的作文。我在这里补说一句:那时候作文都是文言文,没有写白话文的。我对自己那一篇作文并没有沾沾自喜,只是写这样的作文,我还是第一次尝试,颇有期待老师表态的想法。发作文簿的时候,看到杜老师在上面写满了密密麻麻的字,等于他重新写了一篇文章。他的批语是:"欲作花样文章,非多记古典不可。"短短一句话,可以说是正击中了我的要害。古文我读过不少,骈文却只读过几篇。这些东西对我的吸引力远远比不上《彭公案》、《济公传》、《七侠五义》等等一类的武侠神怪小说。这些东西被叔父贬为"闲书",是禁止阅读的,我却偏乐此不疲,有时候读起了劲,躲在被窝里利用手电筒来读。我脑袋里哪能有多少古典呢?仅仅凭着那几个古典和骈文习用的词句就想写“花样文章”,岂非是一个典型的癞蛤蟆吗? 看到了杜老师批改的作文,心中又是惭愧,又是高兴。惭愧的原因,用不着说。高兴的原因则是杜老师已年届花甲竟不嫌麻烦这样修改我的文章,我焉得不高兴呢? 离开正谊以后,好多年没有回去,当然也就见不到杜老师了。我不知道他后来怎样了。但是,我却不时怀念他。他那挺着大肚皮步履蹒跚地走过操场去上课的形象,将永远留在我的记忆中。

郑又桥老师

另外一个让我难以忘怀的老师,就是教英文的郑又桥先生。他是南方人,不是江苏,就是浙江。他的出身和经历,我完全不知道,只知道他英文非常好,大概是专教高年级的。他教我们的时间,同杜老师同时,也是在高中一年级,当时那是正谊的最高年级。我自从进正谊中学将近三年以来,英文课本都是现成的:《天方夜谭》、《泰西五十轶事》,语法则是《纳氏文法》(Nesfield 的文法)。大概所有的中学都一样。郑老师用的也不外是这些课本。至于究竟是哪一本,现在完全忘记了。郑老师教书的特点,突出地表现在改作文上。别的同学的作文本我没有注意,我自己的作文,则是郑老师一字不改,而是根据我的原意另外写一篇。现在回想起来,这有很大的好处。我情动于中,形成了思想,其基础或者依据当然是母语,对我来说就是汉语,写成了英文,当然要受汉语的制约,结果就是中国式的英文。这种中国式的英文,一直到今天,还没有能消除。郑老师的改写是地道的英文,这是多年学养修炼成的,并不是每个人都能做到的。拿我自己的作文和郑先生的改作细心对比,可以悟到许多东西,简直可以说是一把开门的钥匙。可惜只跟郑老师学了一个学期,就离开了正谊。再一次见面已经是二十多年以后的事情了。1947 年暑假,我从北京回到了济南。到母校正谊去探望。万没有想到竟见到了郑老师。我经过了三年高中,四年清华,十年德国,已经从一个小孩子变成了一个小伙子,而郑老师则已垂垂老矣。他住在靠大明湖的那座楼上中间一间屋子里,两旁以及楼下全是教室,南望千佛山,北倚大明湖,景色十分宜人。师徒二十多年没有见面,其喜悦可知。我曾改写杜诗:"人生不相见,动如参与商。今夕复何夕,共此明湖光。"他大概对我这个徒弟很感到骄傲,曾在教课的班上,手持我的名片,激动地向同学介绍了一番。从那以后,"世事两茫茫",再没有见到郑老师,也不知道他的下落。直到今天,我对他仍然是忆念难忘。

徐金台老师

徐老师大概是正谊的资深的教员,很受到师生的尊敬。我没有上过他的课,但是,他在课外办了一个古文补习班。愿意学习的学生,只需每月交上几块大洋,就能够随班上课了。上课时间是下午放学以后,地点是阎公祠大楼的一间教室里,念的书是《左传》、《史记》一类的古籍,讲授者当然就是徐金台老师了。叔父听到我谈这一件事,很高兴,立即让我报了名。具体的时间忘记了,反正是在那三年中。记得办班的时间并不长,不知道是由于什么原因,突然结束了。大概读了几篇《左传》和《史记》。对我究竟有多大影响,很难说清楚。反正读了几篇古文,总比不读要好吧。

叔父对我的古文学习,还是非常重视的。就在我在正谊读书的时候,他忽然心血来潮,亲自选编,亲自手抄了一本厚厚的《课侄选文》，并亲自给我讲解。选的文章都是理学方面的，唐宋八大家的文章一篇也没有选。说句老实话，我并不喜欢这类的文章。好在他只讲解过几次之后就置诸脑后，再也不提了。这对我是一件十分值得庆幸的事情，我仿佛得到了解放。

鞠思敏先生

要谈正谊中学，必不能忘掉它的创办人和校长鞠思敏(承颖)先生。由于我同他年龄差距过大，他大概大我五十岁，我对他早年的活动知之甚少。只听说，他是民国初年山东教育界的领袖人物之一，当过什么长。后来自己创办了正谊中学，一直担任校长。我十二岁入正谊，他大概已经有六十来岁了，当然不可能引起他的注意，没有谈过话。我每次见到他，就油然起敬仰之情。他个子颇高，身材魁梧，走路极慢，威仪俨然。穿着极为朴素，夏天布大褂，冬天布棉袄，脚上穿着一双黑布鞋，袜子是布做的。现在机器织成的袜子，当时叫作洋袜子，已经颇为流行了。可鞠先生的脚上却仍然是布袜子，可见他简朴之一斑。

鞠先生每天必到学校里来，好像并不担任什么课程，只是来办公。我还是一个孩子，不了解办学的困难。在军阀的统治之下，军用票满天飞，时局动荡，民不聊生。在这样的情况下，维持一所有几十名教员、有上千名学生的私立中学，谈何容易。鞠先生身上的担子重到什么程度，我简直无法想象了。然而，他仍然极端关心青年学生们的成长，特别是在道德素质方面，他更倾注了全部的心血，想把学生培养成有文化、有道德的人。每周的星期一上午八时至九时，全校学生都必须集合在操场上。他站在台阶上对全校学生讲话，内容无非是怎样做人，怎样爱国，怎样讲公德、守纪律，怎样严于律己、宽以待人，怎样孝顺父母，怎样尊敬师长，怎样与同学和睦相处，总之，不外是一些在家庭中也常能听到的道德教条，没有什么新东西。他简直像一个絮絮叨叨的老太婆，而且每次讲话内容都差不多。事实上，内容就只有这些，他根本不可能花样翻新。当时还没有什么扩音器等洋玩意儿。他的嗓子并不洪亮，站的地方也不高。我不知道，全体学生是否都能够听到，听到后的感觉如何。我在正谊三年，听了三年。有时候确也感到絮叨。但是，自认是有收获的。他讲的那一些普普通通做人的道理，都是金玉良言，我也受到了潜移默化的影响。

我在正谊待了三年以后，1926 年，我十五岁，考入山东大学附设高中。鞠思敏先生应聘担任了这里的教员，教的是伦理学，课本用的是蔡元培的《中国伦理学史》。他衣着朴素如故，威仪俨然如故，讲课慢条斯理，但是句句真诚动听。他这样一个人本身简直就是伦理的化身。其效果当时是不可能立竿见影的，但是，我相信，它将影响我们的终身。

我在山大附中待了两年，1928 年，日寇占领了济南，我当了一年亡国奴，九死一生，躲过了那一场灾难。从 1929 年起，我在省立济南高中读了一年书，在清华读了四年，又回高中教了一年书，然后到德国去待了十年，于 1947 年才再回到济南。沧海桑田，鞠老师早已不在人间。但是，人们并没有忘记他，他在日寇占领期间，大义凛然，不畏日寇的威胁利诱，誓死不出任伪职，穷到每天只能用盐水泡煎饼果腹，终致贫困而死，为中华民族留正气，为后世子孙树楷模。我听了这些话，不禁肃然起敬，较之朱自清先生，鞠老师似尤过之。为了纪念这一位伟大的爱国主义教育家，人民政府把正谊中学前面的一条马路改称鞠思敏街，这实在是令人敬佩之举。但是,不幸的是,正谊中学已经改了校名。又听说,鞠思敏街也已换了街名。我个人认为,这都是十分不妥的。后者,如果是真的话,尤其令人不解。难道是有关当局通过内查外调,发现了鞠思敏先生有什么对不起中国人民的行动吗? 我希望,山东省的有关当局能够恢复正谊中学的建制,而且——如果真正去掉的话——能够恢复鞠思敏街的名称。现在,我国人民生活大大地提高,国势日隆,真正是换了人间。但是,外敌环伺,他们不愿意看到我们中华民族的崛起。在这样的关键时刻,中央发布的公民道德建设的简短的条文中,第一就是爱国,这实在是切中要害的英明之举。在山东宣传一下鞠思敏,用身边的例子来教育人民,必然是事半而功倍。为山东人,为中国人,留下这一股爱国主义的浩然正气,是会有悠久而深远的意义的。

鞠思敏先生将永远活在我的心中。

尚实英文学社

写完了正谊中学, 必须写一写与正谊同时的尚实英文学社。

这是一个私人办的学社,坐落在济南城内按察司街南口一条巷子的拐角处。创办人叫冯鹏展,是广东人,不知道何时流寓在北方,英文也不知道是在哪里学的,水平大概是相当高的。他白天在几个中学兼任英文教员, 晚上则在自己家里的前院里招生教英文。学生每月记得是交三块大洋。教员只有三位:冯鹏展先生、钮威如先生、陈鹤巢先生。他们都各有工作,晚上教英文算是副业;但是,他们教书都相当卖力气。学子趋之若鹜,总人数大概有七八十人。别人我不清楚,我自己是很有收获的。我在正谊之所以能在英文方面居全班之首，同尚实是分不开的。在中小学里，课程与课程在得分方面是很不相同的。历史、地理等课程，考试前只需临时抱佛脚死背一气，就必能得高分。而英文和国文则必须有根底才能得高分，而根底却是在相当长的时间内打下的，现上轿现扎耳朵眼是办不到的。在北园山大高中时期，我有一个同班同学，名叫叶建桪，记忆力特强。但是，两年考了四次，我总是全班状元，他总屈居榜眼，原因就是其他杂课他都能得高分，独独英文和国文，他再聪明也是上不去，就因为他根底不行。我的英文之所以能有点儿根底，同尚实的教育是紧密相连的。国文则同叔父的教育和徐金台先生是分不开的。

说句老实话，我当时并不喜欢读书，也无意争强，对大明湖蛤蟆的兴趣远远超过书本。现在回想起来，当时对我的压力真够大的。每天(星期天当然除外)早上从南关穿过全城走到大明湖，晚上五点再走回南关。吃完晚饭，立刻就又进城走到尚实英文学社，晚九点回家，真可谓马不停蹄了。但是，我并没有感觉到什么压力，在精神上和肉体上都没有。每天晚上，尚实下课后，我并不急于回家，往往是一个人沿着院东大街向西走，挨个儿看马路两旁的大小铺面，有的还在营业。当时电灯并不明亮。大铺子，特别是那些卖水果的大铺子，门口挂上一盏大的煤气灯，照耀得如同白昼，下面摆着摊子，在冬天也陈列着从南方运来的香蕉和橘子，再衬上本地产的苹果和梨，红绿分明，五光十色，真正诱人。我身上连一个铜板都没有，只能过屠门而大嚼，徒饱眼福。然而却百看不厌，每天晚上必到。一直磨蹭到十点多才回到家中。第二天一大早就又要长途跋涉了。

我就是这样度过了三年的正谊中学时期和几乎同样长的尚

实英文学社时期，当时我十二岁到十五岁。

2002年2月1日写完

回忆北园山大附中

1926年，我十五岁，在正谊中学春季始业的高中待了半年，秋天考入山东大学附设高中一年级。入正谊时占了半年的便宜，结果形同泡影，一扫而光了。

山大高中坐落在济南北园白鹤庄。泉城济南的地势，南高北低。常言道："水往低处流。"泉城七十二名泉的水，流出地面以后，一股脑儿都向北流来。连泰山北麓的泉水也通过黑虎泉、龙洞等处，注入护城河，最终流向北园，一部分注入小清河，向大海流去。因此，北园成了水乡，到处荷塘密布，碧波潋滟。风乍起，吹皱一塘清水。无风时则如一片明镜，可以看到二十里外的千佛山的倒影。有人怀疑这种说法，最初我也是怀疑派。后来我亲眼看到了，始知此语非虚。塘边绿柳成行。在夏天，绿叶葳蕤，铺天盖地，都是绿雾，仿佛把宇宙也染成了绿色的。虽然不能"烟笼十里堤"，也自风光旖旎，悦人心目。记得叔父有一首七绝：

杨花落尽菜花香，嫩柳扶疏傍寒塘。
蛙鼓声声向人语，此间即是避秦乡。

虽然写的是春天的景色，完全可以举一反三，看看北园究竟是一个什么样的地方。

白鹤庄就是处在绿杨深处、荷塘环绕的一个小村庄。高中所在地是村中的一处大宅院。当年初建时，据说是一个什么农业专科学校，后来关门了，山大高中初建就选定了这一座宅院作校址。这真是一个念书的绝妙的好地方。我们到的时候，学校已经有三年级一个班，二年级一个班，我们一年级共分四个班，总共六个班，学生二百余人。

教员队伍

高中是公立的学校，经费不发生问题。因此，师资队伍可谓极一时之选，远非正谊中学所可比。在下面，我先把留给我印象最深的几位老师简要地介绍一下：

鞠思敏先生

在回忆正谊中学的时候，我已经写到了鞠思敏先生，有比较详细的介绍，我在这里不再重复。

在正谊中学，鞠思敏先生是校长，不教书。在北园高中，他是教员，讲授伦理学，仍然兼任正谊校长。他仍然穿着一身布衣，朴素庄重。他仍然是不苟言笑。但是，根据我的观察，所有的教员对他都十分尊敬。从辈分上来讲，他是山东教育界的元老。其他教员都可能是他的学生一辈。作为讲课的教员，鞠先生可能不是最优秀的。他没有自己的讲义，使用的课本是蔡元培的《中国伦理学史》，他只是加以阐发。讲话的声调，同在正谊每周一训话时一模一样，不像是悬河泄水，滔滔不绝，没有什么抑扬顿挫。但是我们都听得清，听得进。我们当时年龄虽小，但是信息还是灵通的。每一位教员是什么样子，有什么德行，我们还是一清二楚的。鞠先生的过去，以及他在山东教育界的地位，我们心中都有数。所以学生们都对他表示出极高的敬意。

祁蕴璞先生

在山东中学教育界，祁蕴璞先生是鼎鼎大名的人物。他大概毕生都是著名的一中的教员，讲授历史和地理。在历史和地理的教学中，他是状元，无人能出其右者。

在课堂上，祁老师不是一个口才很好的人，说话还有点磕巴。他的讲义每年都根据世界形势的变化和考古发掘的最新结果以及学术界的最新学说加以补充修改。所以他教给学生的知识都是最新的知识。这种做法，不但在中学是绝无仅有，即使在大学中也十分少见。原因就是祁老师精通日文。自从明治维新以后，日本最积极地、最热情地、最及时地吸收欧美的新知识。而祁先生则订有多种日文杂志，还随时购买日本新书。有时候他把新书拿到课堂上给我们看。他怕沾有粉笔末的手弄脏了新书，战战兢兢地用袖子托着书。这种细微的动作并没能逃过我的眼睛。可以看到他对书籍是怎样地爱护。如果是在今天的话，他早已成了什么特级教师，并会有许多论文发表，还结成了多少集子。他的大名会出现在什么《剑桥名人录》上，还有花钱买来的《名人录》上，堂而皇之地印在名片上，成为“名人”。然而祁先生对这种事情他绝不会干。他读新书是为了教好学生，没有今天学术界这种浮躁的学风。同今天比起来，那时候的人实在是淳朴到可爱的程度了。

上面曾说到，祁先生不是一个口才很好的人，还有点磕巴。他讲课时，声调高扬，语音铿锵，但为了避免磕巴，他自己发明了一个办法，不时垫上三个字 shi lin la，有音无字，不知道应该怎样写。乍听时，确实觉得有点儿怪，但听惯了，只需在我们耳朵中把这三个音删掉，就一切正常了。

祁老师教的是历史和地理。他关心国家大事，关心世界大事。眼前的世界形势随时变动，没有法子在正课中讲。他于是另在课外举办世界新形势讲座。学生中愿意听者可以自由去听，不算正课，不考试，没有分数。先生讲演，只有提纲，没有写成文章。讲演时指定两个被认为文笔比较好的学生做记录，然后整理成文，交先生改正后，再油印成讲义，发给全体学生。我是被指定的两个学生之一。当时不记得有什么报纸，反正在北园两年，没看过报。国内大事都极模糊，何况世界大事！祁老师的讲演开阔了我们的视野，增加了我们的知识，对我们的学习有极大的帮助。

1928年，日寇占领了济南，学校停办。从那以后，再没有见到祁蕴璞老师。但是他却永远活在我的记忆中，一直到现在。

王崑玉先生

王老师是国文教员，是山东莱阳人，父亲是当地有名的文士，也写古文。所以王先生家学渊源，从小受过良好的教育，特别是古文写作方面更为突出。他为文遵桐城派义法，结构谨严，惜墨如金，逻辑性很强。我不研究中国文学史，但有一些胡思乱想的看法。我认为，桐城派古文同八股文有紧密的联系。其区别只在于，八股文必须代圣人立言，《四书》以朱子注为标准，不容改变。桐城派古文，虽然也是"文以载道"，但允许抒发个人感情。二者的差别，实在是微乎其微。王老师有自己的文集，都是自己手抄的，从来没有出版过，也根本没有出版的可能。他曾把文集拿给我看过。几十年的写作，只有薄薄一小本。现在这文集不知到哪里去了，惜哉！

王老师上课，课本就使用现成的《古文观止》。不是每篇都讲，而是由他自己挑选出来若干篇，加以讲解。文中的典故，当然在必讲之列。而重点则在文章义法。他讲的义法，已如我在上面讲到的那样，基本是桐城派，虽然他自己从来没有这样说过。《古文观止》里的文章是按年代顺序排列的。不知道什么原因，王老师选讲的第一篇文章是比较晚的明代袁中郎的《徐文长传》。讲完后出了一个作文题目“读《徐文长传》书后”。我从小学起作文都用文言，到了高中仍然未变。我仿佛驾轻就熟般地写了一篇《书后》，自觉并没有什么了不起，不意竟获得了王老师的青睐，定为全班压卷之作，评语是“亦简劲，亦畅达”。我当然很高兴，我不是一个没有虚荣心的人。老师这一捧，我就来了劲儿。于是就拿来韩、柳、欧、苏的文集，认真读过一阵儿。实际上，全班国文最好的是一个叫韩云鹄的同学。可惜他别的课程成绩不好，考试总居下游。王老师有一个习惯，每次把学生的作文簿批改完后，总在课堂上占用一些时间，亲手发给每一个同学。排列是有顺序的，把不好的排在最上面，依次而下，把最好的放在最后。作文后面都有批语，但有时候他还会当面说上几句。我的作文和韩云鹄的作文总是排在最后一二名，最后一名当然就算是状元，韩云鹄当状元的时候比我多。但是一二名总是被我们俩垄断，几年从来没有过例外。

我在上面已经谈到过，北园的风光是非常美丽的。每到春秋佳日，风光更为旖旎。最难忘记的是夏末初秋时分，炎夏初过，金秋降临。秋风微凉，冷暖宜人。每天晚上，夜深以后，同学们大都走出校门，到门前荷塘边上去散步，消除一整天学习的疲乏。于时月明星稀，柳影在地，草色凄迷，荷香四溢。如果我是一个诗人的话，定会好诗百篇。可惜我从来就不是什么诗人，只空怀满腹诗意而已。王崑玉老师大概也是常在这样的时候出来散步的。他抓住这个机会，出了一个作文题目“夜课后闲步校前溪观捕蟹记”。我生平最讨厌写论理的文章。对哲学家们那一套自认为是极为机智的分析，我十分头痛。除非有文采，像庄子、孟子等，其他我都看不下去。我喜欢写的是抒情或写景的散文，有时候还能情景交融，颇有点儿沾沾自喜。王老师这个作文题目正合吾意，因此写起来很顺畅，很惬意。我的作文又一次成为全班压卷之作。

自从北园高中解散以后，再没有见到过王崑玉老师。后来听说，他到山东大学(当时还在青岛)中文系去教书，只给了一个讲师的头衔。我心中愤愤不平。像王老师那样的学问和人品，比某一些教授要高得多。现在有什么人真懂而且又能欣赏桐城派的古文呢？王老师郁郁不得志，也在情理之中。但是，在我的心中，王老师形象却始终是高大的，学问是非常好的，是一个真正的读书人。王老师将永远活在我的心中。

完颜祥卿先生

完颜这个姓，在中国是非常少见的，大概是“胡”人之后。其实我们每个人，在长期民族融合之后，差不多都有“胡”血。完颜祥卿先生是一中的校长，被聘到山大高中来教论理学，也就是逻辑学。这不是一门重要的课，学生也都不十分注意和重视。因此我对完颜祥卿先生没有多少可以叙述的材料。但是，有一件事我必须讲一讲。完颜先生讲的当然是旧式的形式逻辑。考入清华大学以后，学校规定，文科学生必须选一门理科的课，逻辑可以代替。于是只有四五个教授的哲学系要派出三个教授讲逻辑，其中最受欢迎的是金岳霖先生，我也选了他的课。我原以为自己在高中已经学过逻辑，现在是驾轻就熟。焉知金先生讲的不是形式逻辑。是不是接近数理逻辑？我至今仍搞不清楚，反正是同完颜先生讲的大异其趣。最初我还没有完全感觉到，乃至答题碰了几个钉子，我才翻然悔悟，改弦更张，才达到了“预流”的水平。

王老师

教数学,名字忘记了,好像当时就不清楚。他是一中的教员,到高中来兼课。在山东中学界,他大名鼎鼎,威信很高。原因只能有一个,就是他教得好。在北园高中,他教的不外三角、小代数和平面几何之类。他讲解十分清楚,学生不需用多大劲,就都能听懂。但是,文科学生对数学是不重视的,大都是敷衍了事。后来考大学,却吃了大亏。出的题目比我们在高中学的要深得多。理科高中的毕业生比我们这些文科高中的毕业生在分数方面沾了大光。

刘老师

教英文,名字也忘记了。他是北大英文系毕业的,英文非常好,也是一中的教员。因为他的身躯相当矮,学生就给他起了一个外号,叫作"x豆",是非常低级,非常肮脏的。但是,这些十七八岁的大孩子毫无侮辱之意,我们对刘老师还是非常敬重的,由于我有尚实英文学社的底子,在班上英文是绝对的状元,连跟我分数比较接近的人都没有。刘老师有一个习惯,每当学生在课堂上提出问题,他自己先不答复,而是指定学生答复。指定的顺序是按照英文的水平的高低。关于这问题他心里似乎有一本账。他指定比问问题者略高的人来答复。如果答复不了,他再依次向上指定学生答复。往往最后是指定我,这算是到了头。一般我都能够答复,但也有露怯的时候。有一次,一个同学站起来问:not at all是什么意思?这本来不能算是一个严重的问题;但是,我却一时糊涂油蒙了心,没有解释对,最后刘老师只好自己解答。

尤桐先生

教英文。听口音是南方人。我不记得他教过我们班。但是,我们都很敬重他。1928年,日寇占领了济南,高中停办。教师和学生都风流云散。我们听说，尤先生还留在学校，原因不清楚。有一天我就同我的表兄孙襄城，不远十里，来到白鹤庄看望尤老师。昔日喧腾热闹的大院子里静悄悄的，好像只有尤老师和一个工友。我感觉到非常凄凉，心里不是滋味。我们陪尤老师谈了很久。离开以后，再没有见过面，也不知道他的下落。

大清国先生

教经学的老师。天底下没有"大清国"这样的姓名，一看就知道是一个诨名。来源是他经常爱说这几个字，学生们就以其人之道还治其人之身，干脆就叫他"大清国"，结果是，不但他的名字我们不知道，连他的姓我也忘了。他年纪已经很大，超过六十了吧。在前清好像得到过什么功名，最大是个秀才。他在课堂上讲话，张口就是："你们民国，我们大清国，怎样怎样……""大清国"这个诨名就是这样来的。他经书的确读得很多，"五经"、"四书"，本文加注疏，都能背诵如流。据说还能倒背。我真不知道，倒背是怎样一个背法？究竟有什么意义？所谓"倒背"，大家可能不理解是什么玩意儿。我举一个例子。《论语》："子曰：学而时习之……"倒背就是："之习时而学……"这不是毫无意义的瞎胡闹吗？他以此来表示自己的学问大。他对经书确实很熟，上课从来不带课本。《诗》、《书》、《易》、《礼》他都给我们讲过一点儿，完全按照注疏讲。谁是谁非，我们十几岁的孩子也完全懵然。但是，在当时当局大力提倡读经的情况下，经学是一门重要课程。

附带说一句，当时教经学的还有一位老师，是前清翰林，年纪已经八十多岁，由他的孙子讲注。因为没有教过我们，情况不了解。

德文老师

德文不是正课，是一门选修课，所以不大受到重视。教德文的老师是胶东人，方面大耳，留着一撮黑胡子，长得很像一个德国人。大概在青岛德国洋行里做过什么事，因而学会了一点儿德文，所以就被请来教我们德文。我选了这一门课，可惜连他的姓名都没有记住，他也没有诨名。他的德文大概确实很有限，发音更差。他有一次在课堂上大声抱怨，有人说他发音不好。他把德文的 gut (好，英文的 good)读为“古吃”。这确实不是正确的发音，但是他却愤愤不平，满面愠色。德文课本用的是一个天主教堂编的。里面的汉语陈腐不堪，好像是前清时代编成的，一直未改。这位德文教员，德文虽然不怎么样，杂学却有一两下子。他专门搜集十七字诗，印成了一本书，完全自费，他送给我一本。因为滑稽有趣，我看了一遍就背住了一些首，直至七十年后的今天还能成诵。我举一首，以概其余：

发配到云阳，
见舅如见娘，
两人齐下泪，
三行。

因为这位舅父瞎了一只眼。我当时在家中颇受到歧视，心有所感，也作了一首十七字诗：

叔婶不我爱，
于我何有哉，
但知尽孝道，
应该。

没有多少趣味，只是略抒心中的不平而已。这一首诗曾惹得叔父的亲女儿秋妹的不满。

王老师

教诸子的老师，名字忘记了，北大毕业，戴一副深度的近视眼镜。书读得很多，也有学问。他曾写了篇长文《孔子的仁学》，把《论语》中讲到“仁”的地方全部搜集起来，加以综合分析，然后得出结论。此文曾写成讲义，印发给学生们。我的叔父读了以后，大为赞赏，可能是写得很不错的。但是此文未见发表。王老师大概是不谙文坛登龙术，不会吹拍，所以没有能获得什么名声，只浮沉于中学教师中。从那以后，我再也没得到他的消息。

高中教员介绍到此为止。

我们的校舍

校舍很大，据说原来是一所什么农业专科学校。现在用作高中的校舍，是很适当的。

从城里走来，一走进白鹤庄，如果是在春、夏、秋三季，碧柳撑天，绿溪潺湲，如入画图中。向左一拐，是一大片空地，然后是坐北朝南的大门。进门向左拐是一个大院子，左边是一排南房，第一间房子里住的是监学，其余的房子里住着几位教员。靠西墙是一间大教室，一年级三班就在那里上课。向北走，走过一个通道，两边是两间大教室，右首的一间是一班，也就是我所在的班；左首是二班。走出通道是一个院子，靠东边是四班的教室。中间有几棵参天的大树，后面有几间房子，“大清国”、王崑玉和那位翰林住在里面。再向左拐是一个跨院，有几间房子。再往北走，迎面是一间大教室，曾经做过学生宿舍，住着二十多人。向东走，是一间教室，二年级的唯一的一个班在这里上课。再向东走，走过几间房子，有一个旁门，走出去是学生食堂，这已经属于校外了。回头向西走，经过住学生的大教室，有一个旁门，出去有几排平房，这是真正的学生宿舍。校舍的情况，大体上就是这个样子。应该说，里面的空间是相当大的，住着二三百学生并无拥挤之感。

学校管理和学生生活

现在回想起来，学校的管理是非常奇特的。应该有而且好像也真有一个校长，但是从来没有露过面，至于姓什么叫什么，统统忘掉了。学生们平常接触的学校领导人是一位监学。这个官衔过去没有碰到过，不知道是几品几级，也不知道他应该管什么事。当时的监学姓刘，名字忘记了。这个人人头极次，人缘不好，因为几乎全秃了顶，学生们赠以诨名"刘秃蛋"，竟以此名行。他经常住在学校中，好像什么事情都管。按理说，他应该是专管学生的操行和纪律的，教学应该由教务长管。可是这位监学也常到课堂上去听课，老师正在讲课，他站在讲台下面，环视全室，面露奸笑，感觉极为良好，大有天上天下，唯我独尊之势。学生没有一个人喜欢他的，他对此毫无感受。我现在深挖我的记忆，挖得再深，也挖不出一个刘秃蛋到学生宿舍或学生食堂的镜头。现在回想起来，这简直是不可思议的事情。足见他对学生的生活毫无兴趣，而对课堂上的事情却极端注意。每一个班的班长都由他指定。我因为学习成绩好，在两年四个学期中，我始终被他指定为班长。他之所以这样做，是"司马昭之心路人皆知"的，无非是想拉拢我，做他的心腹，向他打小报告，报告学生行动的动向。但是，我鄙其为人，这样的小报告，一次也没有打过。在校两年中，仅有一次学生“闹事”的事件，是三班学生想“架”一位英文教员。刘秃蛋想方设法动员我们几个学生支持他。我终于也没有上他的圈套。

我无论怎么想，也想不起学校有一间办公室，有什么教务员、会计、出纳之类的小职员。对一所有几百人的学校来说，这应该是不能缺的。学校是公立，不收学费，所以没有同会计打过交道。但是，其他行政和教学事务应该还是有的，可我无论如何也回忆不起来了。

至于学生生活，最重要的无非是两项：住和吃。住的问题，上面已经谈到，都住宿舍中，除了比较拥挤之外，没有别的问题。吃是吃食堂，当时叫作“饭团”。学校根本不管，由学生自己同承包商打交道。学生当然不能每人都管，由他们每月选出一名伙食委员，管理食堂。这是很复杂很麻烦的工作，谁也不愿意干。被选上了，只好干上一个月。但是，行行出状元。二年级有一个同学，名叫徐春藻，他对此既有兴趣，也有天才。他每夜起来巡视厨房，看看有没有厨子偷肉偷粮的事件。有一次还真让他抓到了。承包人把肉藏在酱油桶里，准备偷运出去，被他抓住，罚了款。从此伙食质量大有提高，经常能吃到肉和黄花鱼。徐春藻连选连任，他乐此不疲，一时成了风流人物。

我的生活和学习

关于生活，上面谈到的学生生活，我都有份儿，这里用不着再来重复。

但是，我也有独特的地方，我喜欢自然风光，特别是早晨和夜晚。早晨，在吃过早饭以后上课之前，在春秋佳日，我常一个人到校舍南面和西面的小溪旁去散步，看小溪中碧水潺潺，绿藻漂动，顾而乐之，往往看上很久。到了秋天，夜课以后，我往往一个人走出校门在小溪边上徘徊流连。上面我曾提到王崑玉老师出的作文题"夜课后闲步校前溪观捕蟹记"，讲的就是这个情景。我最喜欢看的就是捕蟹。附近的农民每晚来到这里，用苇箔插在溪中，小溪很窄，用不了多少苇箔，水能通过苇箔流动，但是鱼蟹则是过不去的。农民点一盏煤油灯，放在岸边。我在回忆正谊中学的文章中，曾说到蛤蟆和虾是动物中的笨伯。现在我要说，螃蟹绝不比它们聪明。在夜里，只要看见一点儿亮，就从芦苇丛中爬出来，奋力爬去，爬到灯边，农民一伸手就把它捉住，放在水桶里，等待上蒸笼。间或也有大鱼游来，被苇箔挡住，游不过去，又不知回头，只在箔前跳动。这时候农民就不能像捉螃蟹那样，一举手，一投足，就能捉到一只，必须动真格的了。只见他站起身来，举起带网的长竿，鱼越大，劲越大，它不会束"手"待捉，奋起抵抗，往往斗争很久，才能把它捉住。这是我最爱看的一幕。我往往蹲在小溪边上，直到夜深。

在学习方面，我现在开始买英文书。我经济大概是好了一点儿，不像上正谊时那么窘，节衣缩食，每年大约能省出二三块大洋，我就用这钱去买英文书。买英文书，只有一个地方，就是日本东京的丸善书店。办法很简便，只需写一张明信片，写上书名，再加上三个英文字母 COD (cash on delivery)，日文叫作"代金引换"，意思就是：书到了以后，拿着钱到邮局去取书。我记得，在两年之内，我只买过两三次书，其中至少有一次买的是英国作家 Kipling①的短篇小说集。不知道为什么我当时竟迷上了 Kipling。后来学了西洋文学，才知道，他在英国文学史上是一个上不得大台

① Kipling：吉卜林(1865—1936)，英国小说家、诗人。——编者注

盘的作家。我还试着翻译过他的小说,只译了一半,稿子早就不知道丢到哪里去了。反正我每次接到丸善书店的回信,就像过年一般地欢喜。我立即约上一个比较要好的同学,午饭后,立刻出发,沿着胶济铁路,步行走向颇远的商埠,到邮政总局去取书,当然不会忘记带上两三元大洋。走在铁路上的时候,如果适逢有火车开过,我们就把一枚铜圆放在铁轨上,火车一过,拿来一看,已经压成了扁的,这个铜圆当然就作废了,这完全是损己而不利人的恶作剧。要知道,当时我们才十五六岁,正是顽皮的时候,不足深责的。有一次,我特别惊喜。我们在走上铁路之前,走在一块荷塘边上。此时塘里什么都没有,荷叶、苇子和稻子都没有。一片清水像明镜一般展现在眼前,"天光云影共徘徊",风光极为秀丽。我忽然见 (不是看) 到离开这二三十里路的千佛山的倒影清晰地印在水中,我大为惊喜。记得刘铁云《老残游记》中曾写到在大明湖看到千佛山的倒影。有人认为荒唐,离开二十多里,怎能在大明湖中看到倒影呢?我也迟疑不决。今天竟于无意中看到了,证明刘铁云观察得细致和准确,我怎能不狂喜呢?

从邮政总局取出了丸善书店寄来的书以后，虽然不过是薄薄的一本,然而内心里却似乎增添了极大的力量。一种语言文字无法传达的幸福之感油然溢满心中。在走回学校的路上,虽然已经步行了二十多里路，却一点儿也感不到疲倦。同来时比较起来,仿佛感到天空更蓝,白云更白,绿水更绿,草色更青,荷花更红,荷叶更圆,蝉声更响亮,鸟鸣更悦耳,连刚才看过的千佛山倒影也显得更清晰，脚下的黄土也都变成了绿茵，踏上去软绵绵的,走路一点儿也不吃力。这是我第一次用自己省下来的钱买自己心爱的英文书的感觉,七十多年以后的今天,一回忆起来,仍仿佛就在眼前。这种好买书的习惯一直伴随着我,至今丝毫没有减退。

北园高中对我一生的影响,还不仅仅是培养购书的兴趣一项,还有更重要的影响。这种影响是关键性的,夸大一点儿说是一种质变。

我在许多文章中都写到过,我幼无大志。小学毕业后,我连报考著名的一中的勇气都没有,可见我懦弱、自卑到什么程度。在回忆新育小学和正谊中学的文章中,特别是在第二篇中,我曾写道,当时表面上看起来很忙;但是我并不喜欢念书,只是贪玩。考试时虽然成绩颇佳,距离全班状元道路十分近,可我从来没有产生过当状元的野心,对那玩意儿一点儿兴趣都没有。钓虾、捉蛤蟆对我的引诱力更大。至于什么学者,我更不沾边儿,我根本不知道天壤间还有学者这一类人物。自己这一辈子究竟想干什么,也从来没有想过。朦朦胧胧地似乎觉得,自己反正是一个上不得台盘的人,一辈子能混上一个小职员当当,也就心满意足了。我常想,自己是有自知之明的,但是自知得过了头,变成了自卑。家里的经济情况始终不算好。叔父对我大概也并不望子成龙,婶母则是希望我尽早能挣钱。正谊中学毕业后,我曾被迫去考邮政局,邮政局当时是在外国人手中,公认是铁饭碗。幸而我没有被录取。否则我就会干一辈子邮政局,完全走另外一条路了。

但是,人的想法是能改变的,有时甚至是一百八十度的改变。我在北园高中就经历了这样的改变,这一次改变,不是由于我参禅打坐顿悟而来的,也不是由于天外飞来的什么神力,而完全是由于一件非常偶然的事件。

北园高中是附设在山东大学之下的。当时山大校长是山东教育厅长王寿彭，是前清倒数第二或第三位状元，是有名的书法家，提倡尊孔读经。我在上面曾介绍过高中的教员，教经学的教员就有两位，可见对读经的重视，我想这与状元公不无关联。这时的山东督军是东北军的张宗昌，绿林出身，绰号狗肉将军，不知道自己有多少兵，不知道自己有多少钱，不知道自己有多少姨太太，以这“三不知”蜚声全国。他虽一字不识，也想附庸风雅。有一次竟在山东大学校本部举行祭孔大典，状元公当然必须陪同。督军和校长一律长袍马褂，威仪俨然。我们附中学生十五六岁的大孩子也奉命参加，大概想对我们进行尊孔的教育吧。可惜对我们这一群不识抬举的顽童来说，无疑是对牛弹琴。我们感兴趣的不是三跪九叩，而是院子里的金线泉。我们围在泉旁，看一条金线从泉底袅袅地向上飘动，觉得十分可爱，久久不想离去。

在第一年级第一学期结束时考试完毕以后，状元公忽然要表彰学生了。大学的情况我不清楚，恐怕同高中差不多。高中表彰的标准是每一班的甲等第一名，平均分数达到或超过95分者，可以受到表彰。表彰的办法是得到状元公亲书的一个扇面和一副对联。王寿彭的书法本来就极有名，再加上状元这一个吓人的光环，因此他的墨宝就极具有经济价值和荣誉意义，很不容易得到的。高中共有六个班，当然就有六个甲等第一名；但他们的平均分数都没有达到95分。只有我这个甲等第一名平均分数是97分，超过了标准，因此，我就成了全校中唯一获得状元公墨宝的人，这当然算是极高的荣誉。不知是何方神灵呵护，经过了七十多年，经过了不知道多少世局动荡，这一个扇面竟然保留了下来，一直保留到今天。扇面的全文是：

净几单床月上初，主人对客似僧庐。
春来预作看花约，贫去宜求种树书。
隔巷旧游成结托，十年豪气早销除。
依然不坠风流处，五亩园开手剪蔬。

录樊榭山房诗　丁卯夏五
羡林老弟正　王寿彭

至于那一副对联，似尚存在于天壤间。但踪迹虽有，尚未到手。大概当年家中绝粮时，婶母取出来送给了名闻全国的大财主山东章丘旧津孟家，换面粉一袋，孟家是婶母的亲戚。这个踪迹是友人山大蔡德贵教授侦察出来的。我非常感激他；但是，从寄来的对联照片来看，字迹不类王寿彭，而且没有"羡林老弟"这几个字。因此，我有点儿怀疑。我已经发出了"再探"的请求，将来究竟如何，只有"且看下回分解"了。

王状元这一个扇面和一副对联对我的影响万分巨大，这看似出乎意料，实际上却在意料之中。虚荣心恐怕人人都有一点儿的，我自问自己的虚荣心不比任何人小。我屡次讲到幼无大志，讲到自卑，这其实就是有虚荣心的一种表现。如果一点儿虚荣心都没有，哪里还会有什么自卑呢？

这里面有三层意思。第一层意思是，97 分这个平均分数给了我许多启发和暗示。我在上面已经说到过，分数与分数之间是不相同的。像历史、地理等的课程，只要不是懒虫或者笨伯，考试前，临时抱一下佛脚，硬背一通，得个高分并不难。但是，像国文和英文这样的课程，必须有长期的积累和勤奋，还须有一定的天资，才能有所成就，得到高分。如果没有基础，临时无论怎样努力，也是无济于事的。我大概是在这方面有比较坚实的基础，非其他五个甲等第一名可比。他们的国文和英文也绝不会太差，否则就考不到第一名。但是，同我相比，恐怕要稍逊一筹。每念及此，心中未免有点儿沾沾自喜，觉得过去的自卑实在有点儿莫名其妙，甚至有点儿可笑了。

第二层意思是，这样的荣誉过去从未得到过，它是来之不易的。现在于无意中得之，就不能让它再丢掉，如果下一学期我考不到甲等第一，我这一张脸往哪里搁呀！这是最原始最简单的虚荣心，然而就是这一点儿虚荣心，促使我在学习上改弦更张，要认真埋头读书了。就在不到一年前的正谊中学时期，虾和蛤蟆对我的引诱力远远超过书本。眼前的北园，荷塘纵横，并不缺少虾和蛤蟆，然而我却视而不见了。俗话说"浪子回头金不换"，我现在成了回头的浪子、勤奋用功的好学生了。

第三层意思是，我原来的想法是，中学毕业后，当上一个小职员，抢到一只饭碗，浑浑噩噩地，甚至窝窝囊囊地过上一辈子，算了。我只是一条小蛇，从来没有幻想成为一条大龙。这一次表彰却改变了我的想法：自己即使不是一条大龙，也绝不是一条平庸的小蛇，最明显的例证是几年以后我到北京来报考大学的情况。当时北京的大学五花八门，鱼龙混杂，有的从几十个报考者中选一人，而有的则是来者不拒，因为多一个学生就多一份学费。从山东来的几十名学员中大都报考六七个大学，我则信心十足地只报考了北大和清华。这同小学毕业时不敢报考一中，形成了鲜明的对比。好像我变了一个人。

以上三层意思说明了我从自卑到自信，从不认真读书到勤奋学习，一个关键就是虚荣心。是虚荣心作祟呢？还是虚荣心作福？我认为是后者。虚荣心是不应当一概贬低的。王状元表彰学生可能完全是出于偶然性，他万万不会想到，一个被他称为“老弟”的十五岁的大孩子，竟由于这个偶然事件而改变为另一个人。我永远不会忘记王寿彭老先生。

北园高中可回忆的东西还有一些，但是最重要的印象、最深的印象上面都已经写到了。因此，我的回忆就写到这里为止。

我在北园白鹤庄的两年，我十五岁到十六岁，正是英国人称之为 teen 的年龄，也就是人生最美好的年龄。我的少年，因为不在母亲身边，并不能说是幸福的，但是，我在白鹤庄，却只能说是幸福的。只是“白鹤庄”这个名字，就能引起人们许多美丽的幻影。古人诗“西塞山前白鹭飞”，多么美妙绝伦的情境。我不记得在白鹤庄曾见到白鹭；但是，从整个北园的景色来看，有白鹭飞来是必然会有的。到了现在，我离开北园已经七十多年了，再没有回去过。可是我每每会想到北园，想到我的 teen，每一次想到，心头总会油然漾起一股无比温馨、无比幸福的感情，这感情将会伴我终生。

2002 年 2 月 24 日写完

羡林按：

以上一段文字是去年 2 月写的。到今天还不到一年的时间。前几天，李玉洁和杨锐整理我的破旧东西，突然发现了王状元的这副对联。打开一看，楮墨如新。写的是：

美林老弟雅詧

才华舒展临风锦
意气昂藏出岫云
王寿彭

我们都大喜过望。一个六十岁老状元对一个十六岁的大孩子的赞誉使我忐忑不安，真仿佛有神灵呵护，才出现了这样一个奇迹。

2003年1月9日补记

回忆济南高中

1928年，日寇占领了济南，我被迫停学一年。

1929年，日军撤走，国民党的军队进城，从此结束了军阀割据混战的局面，基本上由一个军阀统治中国。

北园高中撤销，成立了全山东省唯一的一个高中：山东省立济南高中，全省各县的初中毕业生，想要上进的，必须到这里来，这里是通向大学(主要是北京的)的唯一桥梁。

校　舍

山东省立济南高中，坐落在济南西城杆石桥马路上，在路北的一所极大的院落内。原来这里是一个什么衙门，这问题当时我就不清楚，我对它没有什么兴趣。校门前有一个斜坡，要先走一段坡路，然后才能进入大门。大门洞的左侧有一个很大的传达室。进了大门，是一个极大的院子，东西两侧都有许多房子，东边的一间是教员游艺室，里面摆着乒乓球台。从院子西侧再向前走，上几个台阶，就是另一个不大的院子。南侧有房子一排，北侧高台阶上有房子一排，是单身教员住的地方。1934—1935年，我回母校任国文教员时，曾在其中的一间中住过一年。房子前，台阶下，种着一排木槿花。春天开花时，花光照亮了整个院子。院子西头，有一个大圆门，进门是一座大花园。现在虽已破旧，但树木依然蓊郁，绿满全园。有一个大荷塘，现已干涸，当年全盛时，必然是波光潋滟，荷香四溢。现在学生仍然喜欢到里面去游玩。从这个不大的院子登上台阶向北走，有一个门洞，门洞右侧有一间大房子，曾经是学生宿舍，我曾在里面住过一段时间。出了这个门洞，豁然开朗，全校规模，顿现眼前。到这里来，上面讲的那一个门洞不是唯一的路。进校门直接向前走，走上台阶，是几间极高大的北屋，校长办公室、教务主任办公室、教务处、训导处、庶务处等都在这里。从这里向西走，下了台阶，就是全校规模最大的院子，许多间大教室和学生宿舍都在这里。学生宿舍靠西边，是许多排平房。宿舍的外面是一条上面盖有屋顶的极宽极长的走廊，右面是一大排教室。沿走廊向北走，走到尽头，右面就是山东省立一中。原来这一座极大的房子是为济南省立高中和一中(只有初中)所占用。有几座大楼，两校平分。

校舍总的情况就是这个样子。

教员和职员

有一个颇怪的现象，先提出来说一说。在时间顺序中，济南高中是在最后，也就是说，离现在最近，应该回忆得最清晰。可是，事实上，至少对教职员的回忆，却最模糊。其中道理，我至今不解。

高中初创办时，校长姓彭，是南方人，美国留学生，名字忘记了。不久就调山东省教育厅任科长。在现在的衙门里,科长是一个小萝卜头。但在当时的教育厅中却是一个大官,因为没有处长,科长直通厅长。接任的是张默生,山东人,大学国文系毕业,曾写过一本书《王大牛传》,传主是原第一师范校长王世栋(祝晨),上面已经提到过。"王大牛"是一个绰号,表示他的形象,又表示他的脾气倔强。他自己非常欣赏,所以采用作书名,不表示轻蔑,而表示尊敬。我不记得,张校长是否也教书。

教务主任是蒋程九先生,山东人,法国留学生,教物理或化学,记不清楚了。我们是高中文科,没有上过他的课。

有一位李清泉先生,法国留学生,教物理,我没有上过他的课。

我记得最详细最清楚的是教国文的老师。总共有四位,一律是上海滩上的作家。当时流行的想法是,只要是作家,就必然能教国文。因此,我觉得,当时对国文这一学科的目的和作用,是并不清楚的。只要能写出好文章,目的就算是达到了。北园高中也有同样的情况,唯一的区别只在于,那里的教员是桐城派的古文作家,学生作文是用文言文。国民党一进城,就仿佛是换了一个世界,文言变为白话文。

我们班第一个国文教员是胡也频先生, 从上海来的作家,年纪很轻,个子不高,但浑身充满了活力。上课时不记得他选过什么课文。他经常是在黑板上写上几个大字:"现代文艺的使命"。所谓现代文艺,也叫普罗文学,就是无产阶级文学。其使命就是无产阶级革命。市场上流行着几本普罗文学理论的译文,作者叫弗理契,大概是苏联人,原文为俄文,由日译本转译为汉文,佶屈聱牙,难以看懂。原因大概是,日本人本来就没有完全看懂俄文,再由日文转译为汉文，当然就驴唇不对马嘴，被人称之为天书了。估计胡老师在课堂上讲的普罗文学的理论，也不出这几本书。我相信，没有一个学生能听懂的。但这并没有减低我们的热情。我们知道的第一个是革命，第二个是革命，第三个仍然是革命，这就足够了。胡老师把他的夫人丁玲从上海接到济南暂住。丁玲当时正在走红，红得发紫。中学生大都是追星族。见到了丁玲，我们兴奋得难以形容了。但是，国民党当局焉能容忍有人在自己鼻子底下革命，于是下令通缉胡也频。胡老师逃到了上海去，一年多以后就给国民党杀害了。

接替胡先生的是董秋芳先生。董先生，笔名冬芬，北大英文系毕业，译有《争自由的波浪》一书，鲁迅先生作序。他写给鲁迅的一封长信，现保存于《鲁迅全集》中。董老师的教学风格同胡老师完全不同。他不讲什么现代文艺，不讲什么革命，而是老老实实地教书。他选用了日本厨川白村著、鲁迅译的《苦闷的象征》作教材，仔细分析讲授。作文不出题目，而是在黑板上大写四个字"随便写来"，意思就是，你愿意写什么就写什么。有一次，我竟用这四个字为题目写了一篇作文，董老师也没有提出什么意见。

高中国文教员，除了董秋芳先生之外，还有几位。一位是董每戡先生，一位是夏莱蒂，都是从上海来的小有名气的作家。他们的作品，我并没有读过。董每戡在济南一家报纸上办过一个文学副刊。二十多年以后，我在一张报纸上看到了他的消息，他在广州的某一所大学里当了教授。

除了上述几位教员以外，我一个教员的名字都回忆不起来了。按高中的规模至少应该有几十位教员的。起码教英文的教员应该有四五位的，我们这一班也必然有英文教员，这同我的关系至为密切，因为我在全校学生中英文水平是佼佼者，可是我现在无论怎样向记忆里去挖掘，却是连教我们英文的教员都想不起来了。我觉得，这真是一件怪事。

我的学习和生活

荣誉感继续作美

我在上面回忆北园高中时，曾用过"虚荣心"这个词儿。到现在时间过了不久，我却觉得使用这个词儿，是不准确的，应改为"荣誉感"。

懂汉语的人，只从语感上就能体会出这两个词儿的不同。所谓"虚荣心"是指羡慕高官厚禄，大名盛誉，男人梦想"红袖添香夜读书"，女人梦想白马王子，最后踞坐在万人之上，众人则踽踏自己脚下。走正路达不到，则走歪路，甚至弄虚作假，吹拍并举。这就是虚荣心的表现，害己又害人，没有一点儿好处。荣誉感则另是一码事。一个人在某一方面做出了成绩，有关人士予以表彰，给以荣誉。这种荣誉不是营求得来的，完全是水到渠成。这同虚荣心有质的不同。我在北园高中受到王状元的表彰，应该属于这一个范畴，使用"虚荣心"这一个词儿，是不恰当的。虚荣心只能作祟，荣誉感才能作美。

我到了杆石桥高中，荣誉感继续作美。念了一年书，考了两个甲等第一。

要 革 命

我在上面已经说到，我在济南高中有两个国文老师，第一个是胡也频先生。他在高中待的时间极短，大概在 1929 年秋天开学后只教了几个月。我从他那里没有学到什么国文的知识，而只学到了一件事,就是要革命,无产阶级革命。他在课堂上只讲普罗文学,也就是无产阶级文学,为了给自己披上一件不太刺激人的外衣,称之为现代文艺。现代文艺的理论也不大讲,重点讲的是它的目的或者使命,说白了,就是要革命。胡老师不但在堂上讲,而且在课外还有行动。他召集了几个学生,想组织一个现代文艺研究会。公然在宿舍外大走廊上摆开桌子,铺上纸,接收会员,引起了极大的轰动,一时聚观者数百人。他还曾同上海某一个出版社联系,准备出版一个刊物,宣传现代文艺。我在组织方面和出版刊物方面都是一个积极分子。我参加了招收会员的工作,并为将要出版的刊物的创刊号写了一篇文章,题目干脆就叫"现代文艺的使命",内容已经记不清楚,大概不外是革命,革命,革命。也许还有一点儿理论,也不过是从弗理契书中抄来的连自己都不甚了了的"理论"。不幸(对我来说也许是幸)被国民党当局制止,胡老师逃往上海,群龙无首,烟消云散。否则,倘若这个刊物真正出版成功,我的那一篇论文落到敌人手里,无疑是最好的罪证,我被列入黑名单也说不定。我常自嘲这是一场类似阿Q要革命的悲喜剧,在自己糊里糊涂中就成了"革命家",遭到迫害。同时,我对胡也频先生这样真正的革命家又从心眼儿里佩服,他们视国民党若无物,这种革命的气概真可以惊天地,泣鬼神。从战术上来讲,难免幼稚;但是,在革命的过程中,这也是难以避免的,我甚至想说这是必要的。没有这种气概,强大的敌人是打不倒的。

上国文课

胡也频先生教的是国文;但是,正如上面所讲的那样,他从来没有认真讲过国文。胡去董来,教学风格大变。董老师认认真真地讲解文艺理论,仔仔细细地修改学生的作文。他为人本分,老实,忠厚，纯诚，不慕荣利，淡泊宁静，在课堂上不说一句闲话，从而受到了学生们的爱戴。至于我自己，从写文言文转到写白话文，按理说，这个转变过程应该带给我极大的困难。然而，实际上我却一点儿困难都没有。原因并不复杂。从我在一师附小读书起，“五四”新文化运动的大潮，汹涌澎湃，向全国蔓延。“骆驼说话事件”发生以后，我对阅读“五四”初期文坛上各大家的文章，极感兴趣。不能想象，我完全能看懂；但是，不管我手里拿的是笤帚或是扫帚，我总能看懂一些的。再加上我在新育小学时看的那些“闲书”，《彭公案》、《济公传》之类，文体用的都是接近白话的。所以由文言转向白话文，我不但一点儿勉强的意思都没有，而且还颇有一点儿水到渠成的感觉。

写到这里，我想写几句题外的话。现在的儿童比我们那时幸福多了。书店里不知道有多少专为少年和儿童编著的读物，什么小人书，什么连环画，什么看图识字，等等，印刷都极精美，插图都极漂亮，同我们当年读的用油光纸石印的《彭公案》一类的“闲书”相比，简直有天渊之别。当年也有带画的“闲书”，叫作绣像什么什么，也只在头几页上印上一些人物像，至于每一页上上图下文的书也是有的，但十分稀少。我觉得，今天的少儿读物图画太多，文字过少，这是过低估量了少儿的吸收能力，不利于他们写文章，不利于他们增强读书能力。这些话看上去似属题外，但仔细一想也实在题内。

我觉得，我由写文言文改写白话文而丝毫没有感到什么不顺手，与我看“闲书”多有关，我不能说，每一部这样的“闲书”文章都很漂亮，都是生花妙笔。但是，一般说起来，文章都是文从字顺，相当流利。而且对文章的结构也十分注意，绝不是头上一榔头，屁股上一棒槌。此外，我读中国的古文，几乎每一篇流传几百年一两千年的文章在结构方面都十分重视。在潜移默化中,在我根本没有意识到的情况下,我无论是写文言文,或是写白话文,都非常注意文章的结构,要层次分明,要有节奏感。对文章的开头与结尾更特别注意。开头如能横空出硬语,自为佳构。但是,貌似平淡也无不可,但要平淡得有意味。让读者读了前几句必须继续读下去。结尾的诀窍是言有尽而意无穷,如食橄榄,余味更美。到了今天,在写了七十多年散文之后,我的这些意见不但没有减退,而且更加坚固,更加清晰。我曾在许多篇文章中主张惨淡经营,反对松松垮垮,反对生造词句。我力劝青年学生,特别是青年作家多读些中国古文和中国过去的小说;如有可能,多读些外国作品,以提高自己的文化修养和审美情趣。我这种对文章结构匀称的追求,特别是对文章节奏感的追求,在我自己还没有完全清楚之前,一语破的点破的是董秋芳老师。在一篇比较长的作文中,董老师在作文簿每一页上端的空白处批上了"一处节奏"、"又一处节奏"等等的批语。他敏锐地发现了我作文中的节奏,使我惊喜若狂。自己还没能意识到的东西,竟蒙老师一语点破,能不狂喜吗?这一件事影响了我一生的写作。我的作文,董老师大概非常欣赏,在一篇作文的后面,他在作文簿上写了一段很长的批语,其中有几句话是:"季羡林的作文,同理科一班王联榜的一样,大概是全班之冠,也可以说是全校之冠吧。"这几句话,同王状元的对联和扇面差不多,大大地增强了我的荣誉感。虽然我在高中毕业后在清华学西洋文学,在德国治印度及中亚古代文字,但文学创作始终未停。我觉得,科学研究与文学创作不但没有矛盾,而且可以互济互补,身心两利。所有这一切都同董老师的鼓励是分不开的,我终生不忘。

学生对外打群架

我在上面谈到上新育小学时学生互相欺负打架的情况，这恐怕是男孩子八九十来岁时不可避免的现象。他们有过多的剩余精力又不大懂道理，总想找一个机会发泄一下。到了高中阶段，已经十七八岁了，有了一点儿理智，同学互相打架的事情就几乎没有了。我在济南高中待了一年，却亲眼看到了两次对外打群架的事。

一次是同校外的回族人民。

济南，同中国其他一些大城市一样，是汉回族人杂居的。回族人民大都聚住在西城一带，杆石桥内外居住的几乎都是回族人民。回汉两个民族风俗习惯颇有些不同之处，最显著的是回族人民不吃猪肉。可是在高中学生中汉族占绝大多数，必须吃猪肉，而吃猪肉又必须出去买，而买又必须经过回族的聚居区。矛盾就由此发生。如果在当时能有现在这样多塑料布，放在洋车上的成片的猪肉只需用塑料布一盖，就不至于暴露于光天化日之下，招摇过市，引起回族人民的不满。日子一久，回族人民心中积满了怒火。有一天，几个高中学生去采购猪肉，回来时走过杆石桥大街，被一群虔诚的穆斯林痛打了一顿。在旧社会，最不敢惹的人是军人，是兵，他们人多势众也。因此得了一个绰号“丘八”。其次最难惹的人是学生，也是由于人多势众，因此得了一个绰号“丘九”。这一次，高中学生在街上遭到了回族人民的毒打，焉能善罢甘休。被打的学生回校一宣扬，立刻有几百个学生聚集起来，每人手持木棒之类的东西，拥出校门，走到回族人民居住区，不管青红皂白，遇到凡是鼻子有点高貌似回族人民的人，举棒便打。回族人民一时聚集不起来，否则一场大规模的械斗就难以避免了。我没有参加这一场出击，我是事后才听说的。我个人认为，凡是宗教信仰不同的国家或地区，行为准则的第一条应该是互相尊重对方的生活习惯和宗教信仰。可惜这一句话说起来容易做起来极难，天下从此多事矣。

另一次打群架是同西邻的育英中学。

有一天，不知由于什么事由，育英中学举办了一个文艺晚会。高中有几个学生想进去看，但又没有票。于是引起了口角，一群育英学生把高中的学生打了一顿。高中学生回校后，在宿舍区大声号召，于是响应者云起，又是各持木棒什么的，拥出学校，拥向育英，见人便打，一直打进会场，把一场晚会搅乱，得胜回朝，这是大丘九打小丘九，十七八岁的孩子打十四五岁的孩子，没有多少道理可讲的。

从此济南高中成了济南的西霸天，没有人敢在太岁头上动土了。

毕业旅行筹款晚会

我在济南高中一年，最重大最棘手的事，莫过于毕业旅行筹款晚会的经营组织。

不知道是谁忽然心血来潮，想在毕业后出去旅行一番，这立即得到了全班同学的热烈响应。但是，旅行是需要钱的，我们大多数的家长是不肯也没有能力出这个钱的。于是我们只有一条路可走：自己筹款。那时候还没有像现在这么多的暴发户大款，劝募无门。想筹款只能举办文艺晚会，卖票集资。于是全班选出了一个筹委会，主任一人，是比我大四五岁的一位诸城来的学生，他的名字我不说。为什么不说，我也不说。我也是一个积极分子，在筹委会里担任组织工作。晚会的内容不外是京剧、山东快书、相声、杂耍之类。演员都是我们自己请。我只记得，唱京剧的主要演员是二年级的台镇中同学，剧目是“失、空、斩”。台镇中京剧唱得确极有味，曾在学校登台演出过，其他节目的演员我就全记不清了。总之，筹备工作进行得顺利而迅速。连入场券都已印好，而且已经送出去了一部分。但是，万事俱备，只欠东风，东风就是校长的批准。张默生校长是一个老实人，活动能力不强，他同教育厅长何思源的关系也并不密切，远远比不上他的前任。他实在无法帮助推销这么多的入场券。但他又不肯给学生们泼冷水，实在是进退两难。只好采用拖的办法，能拖一天，就拖一天。后来我们逐渐看出了这个苗头。我们几经讨论，出于对张校长的同情，我简直想说，出于对他的怜悯，我们决定停止这一场紧锣密鼓的闹剧。我们每个人都空做了一场旅行梦。

以上就是我对济南高中的回忆。虽然只有一年，但是能够回忆能够写出的东西，绝不止上面这一些。可是那些鸡毛蒜皮的小事，写出来了无意义。于是我的回忆就到此为止了。

2002年3月25日写完

结　语

我在上面用了四万三千字相当长的篇幅回忆了我从小学到中学的经历，是我九岁到十九岁，整整十年。或许有人要问：有这个必要吗？就我个人来讲，确乎无此必要。但是，最近几年来，坊间颇出了几本有关我的传记，电视纪录片的数目就更多，社会上似乎还有人对我的生平感兴趣。别人说，不如我自己说，于是就拿起笔来。那些传记和电视片我一部也没有完全看过，对于报纸杂志上那些大量关于我的报道或者描绘，我也看得很少。原因并不复杂：我害怕那些溢美之词，有一些头衔让我看了脸红。我感谢他们对我的鼓励,但我必须声明,我绝不是什么天才。现在学术界和文学艺术界这个坛上或那个坛上自命天才的大有人在,满脸天才之气可掬,可是这玩意儿“只堪自怡悦”,勉强别人是不行的。真正的天才还在我的期望中。为了澄清事实,避免误会,我就自己来,用平凡而真实的笔墨讲述一下自己平凡的经历,对别人也许会有点儿好处。

另外一个动手写作的原因是,我还有写作的要求。我今年已经是九十晋一,年龄够大了。可是耳尚能半聪,目尚能半明,脑袋还是“难得糊涂”。写作的可能还是有的。我一生舞笔弄墨,所写的东西大体上可以分为两种:一种是严肃的科学研究的论文或专著,一种比较轻松的散文、随笔之类。这两种东西我往往同时进行。而把主要精力用在前者上,后者往往只是调剂,只是陪衬。可是,到了今天,尽管我写作的要求和可能都还是有的,尽管我仍然希望同以前一样把重点放在严肃的科学研究的文章上,不过却是力不从心了。举一个简单的例子,七八年前,我还能每天跑一趟北大图书馆,现在却是办不到了,腿脚已经不行了,我脑袋里还留有不少科学研究的问题,要同那些稀奇古怪的死文字拼命,实际上,脑筋却不够用了,只能希望青年人继续做下去了。总而言之,要想满足自己写作的欲望,只能选取比较轻松的题目,写一些散文、随笔之类的文章,对小学和中学的回忆正属于这一类,这可以说是天作之合,我只有顺应天意了。

小学和中学,九岁(一般人是六岁)到十九岁,正是人生的初级阶段。还没有入世,对世情的冷暖没有什么了解。这些大孩子大都富于幻想,好像他们眼前的路上长的全是玫瑰花,色彩鲜艳,芬芳扑鼻,一点儿荆棘都没有。我也基本上属于这个范畴,但是,我的环境同绝大多数的孩子都不一样。我也并不缺乏幻想,缺乏希望;但是,在我面前的路上,只有淡淡的玫瑰花的影子,更多的似乎是荆棘。尽管我的高中三年是我生平最辉煌的时期之一,在考试方面,我是绝对的冠军,无人敢撄其锋者,但这并没有改变我那幼无大志的心态,我从来没有梦想成为什么学者,什么作家,什么大人物。家庭对我的期望是娶妻生子,能够传宗接代;做一个小职员,能够养家糊口,如此而已。到了晚年,竟还有写自己的小学和中学十年的必要,是我当时完全没有想到的。

不管怎样,我的小学和中学十年的经历写完了。要问写这些东西有什么好处的话,我的回答是有好处,有原来完全没有想到的好处。我仿佛又回到了七八十年前,又重新生活了十年。喜当年之所喜,怒当年之所怒,哀当年之所哀,乐当年之所乐。如果不写这一段回忆,如果不向记忆里挖了再挖,这些情况都是不会出现的。苏东坡词:

谁道人生无再少?门前流水尚能西,休将白发唱黄鸡。

时间是一种无始无终,永远不停地前进的东西,过去了一秒,就永远过去了,虽有翻天覆地的手段也是拉不回来的。东坡的“再少”是指精神上的,我们不知道他是否有具体的经验。在我写这十年回忆的时候,我确实感觉到,自己是“再少”了十年。仅仅这一点,就值得自己大大地欣慰了。

2002年3月28日写完

师生之间

我前后在北京住了二十多年，前一段是当学生，后一段是当老师。一直当到现在，而且看样子还要当下去。因此，如果有人问我，抚今追昔，在北京什么事情使我感触最深，我首先想到的就是师生之间的关系。

师生之间的关系是古老的关系了。在过去，曾把老师归入五伦；又把老师与天、地、君、亲并列，师道尊严可谓至矣尽矣。至于实际情况究竟怎样，余生也晚，没有亲身赶上，不敢乱说。

等到我上小学的时候，学校已经改成了新式的学校，不是从《百家姓》、《三字经》念起，而是念人、手、足、刀、尺了。表面上，学生对老师还是很尊敬的。见了面，老远就鞠躬如也，像避猫鼠似的躲在一旁。从来也不给老师提什么意见，那在当时是不可能想象的。老师对学生是严厉的，“教不严，师之惰”，不严还能算是老师吗？结果是学生经常受到体罚，用手拧耳朵，用戒尺打手心，是最常用的方式。学生当然也有受不了的时候。于是，连十二三岁的中小学生也只好铤而走险，起来“革命”了。

我在中小学的时候，曾“革命”两次。一次是对一个图画教员。这人脾气暴烈，伸手就打人。结果我们全班团结一致，把教桌倒翻过来，向他示威。他知难而退，自己辞职不干了。这是一次成功的“革命”。另一次是对一个珠算教员。这人嗜打成性。他有一个规定，打算盘打错一个数打一戒尺。有时候，我们稍不小心就会错上成百的数，那后果就不堪设想了。我们决定全班罢课。可是，因为出了“叛徒”，有几个人留在班上上课。我们失败了，每个人的手心被打得肿了好几天。

到了大学，情况也并没有改变。因为究竟是大学生了，再不被打手心。可是老师的威风依然炙手可热。有一位教授专门给学生不及格。每到考试，他先定下一个不及格的指标。不管学生成绩怎样，指标一定要完成。他因此就名扬全校，成了“名教授”了。另一位教授正相反。他考试时预先声明，十题中答五题就及格，多答一题加十分。实际上他根本不看卷子，学生一交卷，他马上打分。无不及格，皆大欢喜。如果有人在他面前多站一会儿，他立刻就问：“你嫌少吗？”于是大笔一挥，再加十分。

至于教学态度，好像当时根本就没有这样的概念。教学大纲和教案，更是闻所未闻。教授上堂，可以信口开河。谈天气，可以；骂人，可以；讲掌故，可以；扯闲话，可以。总之，他愿意怎样就怎样，天上天下，唯我独尊，谁也管不着。有的老师竟能在课堂上睡着。有的上课一年，不和同学说一句话。有的在八个大学兼课，必须制定一个轮流请假表，才能解决上课冲突的矛盾。当然并不是每一个教授都是这样，勤勤恳恳诲人不倦的也有。但是这种例子是很少的。

老师这样对待学生，学生当然也这样对待老师。师生不是互相利用,就是互相敌对。老师教书为了吃饭,或者升官发财。学生念书为了文凭。师生关系,说穿了就是这样。

终于来了1949年。这是北京师生关系史上划时代的一年,是值得大书特书的一年。

从这一年起,老师在变,学生在变,师生关系也在变。十四年来,我不知道经历过多少令人赞叹感动的事情。我不知道有多少夜因欢喜而失眠。当我听到我平常很景仰的一位老先生在七十高龄光荣地参加中国共产党的时候,我曾喜极不寐。当我听到从前我的一位十分固执倔强的老师受到表扬的时候,我曾喜极不寐。至于我身边的同事和同学,他们踏踏实实地向着新的方向迈进,日新月异;他们身上的旧东西愈来愈少,新东西愈来愈多。我每次出国,住上一两个月,回来后就觉得自己落后了。才知道,我们祖国,我们的老师和学生,是用着多么快速的步伐前进。

现在,老师上课都是根据详细的大纲和教案,这都是事前讨论好的,绝不能信口开河。老师们关心同学的学习,有时候还到同学宿舍里去辅导或者了解情况。备课一直到深夜。每当夜深人静我走过校园的时候,就看到这里那里有不少灯光通明的窗子。我知道,老师们正在查阅文献,翻看字典。要想送给同学一杯水,自己先准备下一桶。老师们谁都不愿提着空桶走上课堂。

而学生呢?他们绝大多数都能老师指到哪里,他们做到哪里。他们刻苦学习,认真钻研。我曾在一个黑板报上看到一个学生填的词,其中有两句:“松涛声低,读书声高。”描写学生高声朗读外文的情景,是很生动的,也是能反映实际情况的。今天,老师教书不是为了吃饭,更不是为了升官发财。学生念书,也不是为了文凭。师生有一个共同的伟大的目标。他们既是师生,又是同志。这是几千年的历史上从来没有、也不可能有的现象。

如果有人对同学们谈到我前面写的情况，他们一定会认为是神话，或是笑话，他们绝不会相信的。说实话，连我自己回想起那些事情来，都有恍如隔世之感，何况他们从来没有经历过呢？然而，这都是事实，而且还不能算是历史上的事实，它们离开今天并不远。抚今追昔，我想到师生之间的关系的变化而感慨万端，不是很自然吗？

想到这些，也是有好处的。它能使我们更爱新中国，更爱新北京，更爱今天。

我要用无限的热情歌颂新北京的老师，我要用无限的热情歌颂新北京的学生。

1963 年 4 月 7 日

水木清华

离开清华园已经五十多年了，但是我经常想到她。我无论如何也忘不掉清华的四年学习生活。如果没有清华母亲的哺育，我大概会是一事无成的。

在30年代初期，清华和北大的门槛是异常高的。往往有几千学生报名投考，而被录取的还不到十分甚至二十分之一。因此，清华学生的素质是相当高的，而考上清华，多少都有点自豪感。

我当时是极少数的幸运儿之一，北大和清华我都考取了。经过了一番艰苦的思考，我决定入清华。原因也并不复杂，据说清华出国留学方便些。我以后没有后悔。清华和北大各有其优点，清华强调计划培养，严格训练；北大强调兼容并包，自由发展，各极其妙，不可偏执。

在校风方面，两校也各有其特点。清华校风我想以八个字来概括：清新、活泼、民主、向上。我只举几个小例子。新生入学，第一关就是“拖尸”，这是英文字toss的音译。意思是，新生在报到前必须先到体育馆，旧生好事者列队在那里对新生进行“拖尸”。办法是，几个彪形大汉把新生的两手、两脚抓住，举了起来，在空中摇晃几次，然后抛到垫子上，这就算是完成了手续，颇有点像《水浒传》上提到的杀威棍。墙上贴着大字标语："反抗者入水！"游泳池的门确实在敞开着。我因为有同乡大学篮球队长许振德保驾，没有被"拖尸"。至今回想起来，颇以为憾：这个终生难遇的机会轻易放过，以后想补课也不行了。

这个从美国输入的"舶来品"，是不是表示旧生"虐待"新生呢？我不认为是这样。我觉得，这里面并无一点儿敌意，只不过是对新伙伴开一点儿玩笑，其实是充满了友情的。这种表示友情的美国方式，也许有人看不惯，觉得洋里洋气的。我的看法正相反。我上面说到清华校风清新和活泼，就是指的这种"拖尸"还有其他一些行动。

我为什么说清华校风民主呢？我也举一个小例子。当时教授与学生之间有一条鸿沟，不可逾越。教授每月薪金高达三四百元大洋，可以购买面粉二百多袋，鸡蛋三四万个。他们的社会地位极高，往往目空一切，自视高人一等。学生接近他们比较困难。但这并不妨碍学生开教授的玩笑。开玩笑几乎都在《清华周刊》上。这是一份由学生主编的刊物，文章生动活泼，而且图文并茂。现在著名的戏剧家孙浩然同志，就常用"古巴"的笔名在"周刊"上发表漫画。有一天，俞平伯先生忽然大发豪兴，把脑袋剃了个净光，大摇大摆，走上讲台，全堂为之愕然。几天以后，"周刊"上就登出了文章，讽刺俞先生要出家当和尚。

第二件事情是针对吴雨僧(宓)先生的。他正教我们"中西诗之比较"这一门课。在课堂上，他把自己的新作十二首《空轩》诗印发给学生。这十二首诗当然意有所指，究竟指的是什么，我们说不清楚。反正当时他正在多方面地谈恋爱，这些诗可能与此有关。他热爱毛彦文是众所周知的。他的诗句："吴宓苦受毛彦文，三洲人士共惊闻"，是夫子自道。《空轩》诗发下来不久，校刊上就刊出了一首七律今译，我只记得前一半：

一见亚北貌似花，
顺着秫秸往上爬。
单独进攻忽失利，
跟踪盯梢也挨刷。

最后一句是："椎心泣血叫妈妈。"诗中的人物呼之欲出，熟悉清华今典的人都知道是谁。

学生同俞先生和吴先生开这样的玩笑，学生觉得好玩儿，威严方正的教授也不以为忤。这种气氛我觉得很和谐有趣。你能说这不民主吗？这样的琐事我还能回忆起一些来，现在不再啰唆了。

清华学生一般都非常用功，但同时又勤于锻炼身体。每天下午四点以后，图书馆中几乎空无一人，而体育馆内则是人山人海，著名的"斗牛"正在热烈进行。操场上也挤满了跑步、踢球、打球的人。到了晚饭以后，图书馆里又是灯火通明，人人伏案苦读了。

根据上面谈到的各方面的情况，我把清华校风归纳为八个字：清新、活泼、民主、向上。

我在这样的环境中生活、学习了整整四个年头，其影响当然是非同小可的。至于清华园的景色，更是有口皆碑，而且四时不同：春则繁花烂漫，夏则藤影荷声，秋则枫叶似火，冬则白雪苍松。其他如西山紫气，荷塘月色，也令人忆念难忘。

现在母校八十周年了。我可以说是与校同寿。我为母校祝寿,也为自己祝寿。我对清华母亲依恋之情,弥老弥浓。我祝她长命千岁,千岁以上。我祝自己长命百岁,百岁以上。我希望在清华母亲百岁华诞之日,我自己能参加庆祝。

1988年7月22日

我和外国文学

要想谈我和外国文学，简直像“一部十七史，不知从何处谈起”。

我从小学时期起开始学习英文，年龄大概只有十岁吧。当时我还不大懂什么是文学，只朦朦胧胧地觉得外国文学很好玩儿而已。记得当时学英文是课余的，时间是在晚上。现在留在我的记忆里的只是在夜课后，在黑暗中，走过一片种满了芍药花的花畦，紫色的芍药花同绿色的叶子化成了一个颜色，清香似乎扑入鼻官。从那以后，在几十年的漫长的岁月中，学习英文总同美丽的芍药花联系在一起，成为美丽的回忆。

到了初中，英文继续学习。学校环境异常优美，紧靠大明湖，一条清溪流经校舍。到了夏天，杨柳参天，蝉声满园。后面又是百亩苇绿，十里荷香，简直是人间仙境。我们的英文教员水平很高，我们写的作文，他很少改动，而是一笔勾销，自己重写一遍。用力之勤，可以想见。从那以后，我学习英文又同美丽的校园和一位古怪的老师连在一起，也算是美丽的回忆吧。

到了高中，自己已经十五六岁了，仍然继续学英文，又开始学了点德文。到了此时，才开始对外国文学发生兴趣。但是这个启发不是来自英文教员，而是来自国文教员。高中前两年，我上的是山东大学附设高中。国文教员王崑玉先生是桐城派古文作家，自己有文集。后来到山东大学做了讲师。我们学生写作文，当然都用文言文，而且尽量模仿桐城派的调子。不知怎么一来，我的作文竟受到他的垂青。什么“亦简练，亦畅达”之类的评语常常见到，这对于我是极大的鼓励。高中最后一年，我上的是山东济南省立高中。经过了“五卅”惨案，学校地址变了，空气也变了，国文老师换成了董秋芳(冬芬)、夏莱蒂、胡也频等等，都是有名的作家。胡也频先生只教了几个月，就被国民党通缉，逃到上海，不久就壮烈牺牲。以后是董秋芳先生教我们。他是北大英文系毕业，曾翻译过一本短篇小说集《争自由的波浪》，鲁迅写了序言。他同鲁迅通过信，通信全文都收在《鲁迅全集》中。他虽然教国文，却是外国文学出身，在教学中自然会讲到外国文学的。我此时写作文都改用白话，不知怎么一来，我的作文又受到董老师的垂青。他对我大加赞誉，在一次作文的评语中，他写道，我同另一个同级王峻岭(后来入北大数学系)是全班、全校之冠。这对一个十七八岁的青年来说，更是极大的鼓励。从那以后，虽然我思想还有过波动，也只能算是小插曲。我学习文学，其中当然也有外国文学的决心，就算是确定下来了。

在这时期，我曾从日本东京丸善书店订购过几本外国文学的书。其中一本是英国作者吉卜林的短篇小说。我曾着手翻译过其中的一篇，似乎没有译完。当时一本洋书值几块大洋，够我一个月的饭钱。我节衣缩食，存下几块钱，写信到日本去订书，书到了，又要跋涉十几里路到商埠去“代金引换”。看到新书，有如贾宝玉得到通灵宝玉，心中的愉快，无法形容。总之，我的兴趣已经确定，这也就确定了我以后学习和研究的方向。

考上清华以后，在选择系科的时候，不知是由于什么原因，我曾经一阵心血来潮，想改学数学或者经济。要知道我高中读的是文科，几乎没有学过数学。入学考试数学分数不到十分。这样的成绩想学数学岂非滑天下之大稽！愿望当然落空。一度冲动之后，我的心情立即平静下来：还是老老实实，安分守己，学外国文学吧。

清华大学西洋文学系，实际上是以英国文学为主，教授，不管是哪一国人，都用英语讲授。但是又有一个古怪的规定：学习英、德、法三种语言中任何一种，从一年级学到四年级，就叫什么语的专门化。德文和法文从字母学起，而大一的英文一上来就念J.奥斯丁的《傲慢与偏见》，可见英文的专门化同法文和德文的专门化，完全是不可同日而语的。四年的课程有文艺复兴文学、中世纪文学、现代长篇小说、莎士比亚、欧洲文学史、中西诗之比较、英国浪漫诗人、中古英文、文学批评等等。教大一英文的是叶公超，后来当了国民党的外交部长。教大二的是毕莲(Miss Bille)，教现代长篇小说的是吴可读(英国人)，教东西诗之比较的是吴宓，教中世纪文学的是吴可读，教文艺复兴文学的是温特(Winter)，教欧洲文学史的是翟孟生(Jameson)，教法文的是 Holland 小姐，教德文的是杨丙辰、艾克(Ecke)、石坦安(von den Steinen)。这些外国教授的水平都不怎么样，看来都不是正途出身，有点野狐谈禅的味道。费了四年的时间，收获甚微。我还选了一些其他的课，像朱光潜的文艺心理学，陈寅恪的佛经翻译文学，朱自清的陶渊明诗等等，也曾旁听过郑振铎和谢冰心的课。这些课程水平都高，至今让我忆念难忘的还是这一些课程，而不是上面提到的那一些“正课”。

从上面的选课中可以看出，我在清华大学四年，兴趣是相当广的，语言、文学、历史、宗教几乎都涉及了。我是德文专门化的学生，从大一德文，一直念到大四德文，最后写论文还是用英文，题目是 *The Early Poems of Hölderlin*，指导教师是艾克。内容已经记不清楚，大概水平是不高的。在这期间，除了写作散文以外，我还翻译了德莱塞的《旧世纪还在新的时候》，屠格涅夫的《玫瑰是多么美丽，多么新鲜啊……》，史密斯(Smith)的《蔷薇》，杰克逊(H. Jackson)的《代替一篇春歌》，马奎斯(D.Marquis)的《守财奴自传序》，索洛古勃(Sologub)的一些作品，荷尔德林的一些诗，其中《玫瑰是多么美丽，多么新鲜啊……》、《代替一篇春歌》、《蔷薇》等几篇发表了，其余的大概都没有刊出，连稿子现在都没有了。

此时我的兴趣集中在西方的所谓"纯诗"上。但是也有分歧。纯诗主张废弃韵律，我则主张诗歌必须有韵律，否则叫任何什么名称都行，只是不必叫诗。泰戈尔是主张废除韵律的，他的道理并没有能说服我。我最喜欢的诗人是法国的魏尔兰、马拉梅和比利时的维尔哈伦等。魏尔兰主张：首先是音乐，其次是明朗与朦胧相结合。这符合我的口味。但是我反对现在的所谓"朦胧诗"。我总怀疑这是"英雄欺人"，以艰深文浅陋。文学艺术都必须要人了解，如果只有作者一个人了解(其实他自己也不见得就了解)，那何必要文学艺术呢？此外，我还喜欢英国的所谓"形而上学诗"。在中国，我喜欢的是六朝骈文，唐代的李义山、李贺，宋代的姜白石、吴文英，都是唯美的，讲求辞藻华丽的。这个嗜好至今仍在。

在这四年期间，我同吴雨僧(宓)先生接触比较多。他主编天津《大公报》的一个副刊，我有时候写点书评之类的文章给他发表。我曾到燕京大学夜访郑振铎先生，同叶公超先生也有接触，他教我们英文，喜欢英国散文，正投我所好。我写散文，也翻译散文。曾有一篇《年》发表在与叶有关的《学文》上，受到他的鼓励，也碰过他的钉子。我常常同几个同班访问雨僧先生的“藤影荷声之馆”。有名的“水木清华”之匾就挂在工字厅后面。我也曾在月夜绕过工字厅走到学校西部的荷塘小径上散步，亲自领略朱自清先生《荷塘月色》描绘的那种如梦如幻的仙境。

我在清华时就已开始对梵文发生兴趣。旁听陈寅恪先生的佛经翻译文学更加深了我的兴趣。但由于当时没有人教梵文，所以空有这个愿望而不能实现。1935 年深秋，我到了德国格丁根，才开始从瓦尔德施米特教授学习梵文和巴利文。后又从西克教授学习吠陀和吐火罗文。梵文文学作品只在授课时作为语言教材来学习。第二次世界大战爆发，瓦尔德施米特被征从军，西克以耄耋之年出来代他授课。这位年老的老师亲切和蔼，恨不能把自己的一切学问和盘托出来，交给我这个异域的青年。他先后教了我吠陀、《大疏》、吐火罗语。在文学方面，他教了我比较困难的檀丁的《十王子传》。这一部用艺术诗写成的小说实在非常古怪。开头一个复合词长达三行，把一个需要一章来描写的场面细致地描绘出来了。我回国以后之所以翻译《十王子传》，基因就是这样形成的。当时我主要是研究混合梵文，没有余暇来搞梵文文学，好像是也没有兴趣。在德国十年，没有翻译过一篇梵文文学著作，也没有写过一篇论梵文文学的文章。现在回想起来，也似乎从来没有想到要研究梵文文学。我的兴趣完完全全转移到语言方面，转移到吐火罗文方面去了。

1946 年回国，我到北大来工作。我兴趣最大、用力最勤的佛教梵文和吐火罗文的研究，由于缺少起码的资料，已无法进行。我当时有一句口号，叫作："有多大碗，吃多少饭。"意思是说，国内有什么资料，我就做什么研究工作。巧妇难为无米之炊。不管我多么不甘心，也只能这样了。我就是在这种情况下来翻译文学作品的。建国初期，我翻译了德国女小说家安娜·西格斯的短篇小说。西格斯的小说，我非常喜欢。她以女性特有的异常细致的笔触，描绘反法西斯的斗争，实在是优秀的短篇小说家。以后我又翻译了迦梨陀娑的《沙恭达罗》和《优哩婆湿》，翻译了《五卷书》和一些零零碎碎的《佛本生故事》等。直至此时，我还并没有立志专门研究外国文学。我用力最勤的还是中印文化关系史和印度佛教史。我努力看书，积累资料。50年代，我曾想写一部《唐代中印关系史》，提纲都已写成，可惜因循未果。"十年浩劫"中，资料被抄，丢了一些，还留下了一些，我已兴趣索然了。在浩劫之后，我自忖已被打倒在地，命运是永世不得翻身。但我又不甘心无所事事，白白浪费人民的小米，想找一件能占住自己的身心而又能旷日持久的翻译工作，从来也没想到出版问题。我选择的结果就是印度大史诗《罗摩衍那》。大概从1973年开始，在看门房、守电话之余，着手翻译。我一定要译文押韵。但有时候找一个适当的韵脚又异常困难，我就坐在门房里，看着外面来来往往的人，大半都不认识，只见眼前人影历乱，我脑筋里却想的是韵脚。下班时要走四十分钟才能到家，路上我仍搜索枯肠，寻求韵脚，以此自乐，实不足为外人道也。

上面我谈了六十年来我和外国文学打交道的经过。原来不知从何处谈起，可是一谈，竟然也谈出了不少的东西。记得什么人说过，只要塞给你一支笔，几张纸，出上一个题目，你必然能写出东西来。我现在竟成了佐证。可是要说写得好，那可就不见得了。

究竟怎样评价我这六十年中对外国文学的兴趣和所表现出

来的成绩呢？我现在谈一谈别人的评价。1980年，我访问联邦德国，同分别了将近四十年的老师瓦尔德施米特教授会面，心中的喜悦之情可以想见。那时期，我翻译的《罗摩衍那》才出了一本。我就带了去送给老师。我万没有想到，他板起脸来，很严肃地说："我们是搞佛教研究的，你怎么弄起这个来了！"我了解老师的心情，他是希望我在佛教研究方面能多做出些成绩。但是他哪里能了解我的处境呢？我一无情报，二无资料，我是不得已而为之的。只是到了最近五六年，我两次访问联邦德国，两次访问日本，同外国的渠道逐渐打通，同外国同行通信、互赠著作，才有了一些条件，从事我那有关原始佛教语言的研究，然而人已垂垂老矣。

前几天，我刚从日本回来。在东京时，以东京大学名誉教授中村元博士为首的一些日本学者为我布置了一次演讲会。我讲的题目是《和平和文化》。在致开幕词时，中村元把我送给他的八大本汉译《罗摩衍那》提到会上，向大家展示。他大肆吹嘘了一通，说什么世界名著《罗摩衍那》外文译本完整的，在过去一百多年内只有英文，汉文译本是第二个全译本，有重要意义。日本、美国、苏联等国都有人在翻译，汉译本对日本译本会有极大的鼓励作用和参考作用。

中村元教授同瓦尔德施米特教授的评价完全相反。但是我绝不由于瓦尔德施米特的评价而沮丧，也绝不由于中村元的评价而发昏。我认识到翻译这本书的价值，也认识到自己工作的不足。由于别的研究工作过多，今后这样大规模的翻译工作大概不会再干了。难道我和外国文学的缘分就从此终结了吗？绝不是的。我目前考虑的有两件工作：一是翻译一点儿《梨俱吠陀》的抒情诗，这方面的介绍还很不够。二是读一点儿古代印度文艺理论的书。我深知外国文学在我们国家精神文明建设中的重要性，也深知我们研究的深度和广度都有待于大大地提高。不管我其他工作多么多，我的兴趣多么杂，我绝不会离开外国文学这一块阵地的，永远也不会离开。

1986 年 5 月 31 日

第二辑

师长·同窗

1934年，季羡林毕业于清华大学。

胡也频先生

胡也频，这个在中国近代革命史上和文学史上宛如夏夜流星一闪即逝但又留下永恒光芒的人物，知道其名者很多很多，但在脑海中尚能保留其生动形象者，恐怕就很少很少了。

我有幸是其中的一个。

我初次见到胡先生是六十年前在山东济南省立高中的讲台上。我当时只有十八岁，是高中三年级的学生。他个子不高，人很清秀，完全是一副南方人的形象。此时日军刚刚退出了被占领一年的济南。国民党的军队开了进来，教育有了改革。旧日的山东大学附设高中改为省立高中。校址由绿柳红荷交相辉映的北园搬到车水马龙的杆石桥来，环境大大地改变了，校内颇有一些新气象。专就国文这一门课程而谈，在一年前读的还是《诗经》、《书经》和《古文观止》一类的书籍，现在完全改为读白话文学作品。作文也由文言文改为白话文。教员则由前清的翰林、进士改为新文学家。对于我们这一批年轻的大孩子来说，顿有耳目为之一新的感觉。大家都兴高采烈了。

高中的新校址是清代的一个什么大衙门，崇楼峻阁，雕梁画栋，颇有一点儿威武富贵的气象。尤其令人难忘的是里面有一个大花园。园子的全盛时期早已成为往事。花坛不修，水池干涸，小路上长满了草。但是花木却依然青翠茂密，浓绿扑人眉宇。到了春天，夏天，仍然开满似锦的繁花，把这古园点缀得明丽耀目。枝头、丛中时有鸟鸣声，令人如入幽谷。老师们和学生们有时来园中漫步，各得其乐。

胡先生的居室就在园门口旁边，常见他走过花园到后面的课堂中去上课。他教书同以前的老师完全不同。他不但不讲《古文观止》，好像连新文学作品也不大讲。每次上课，他都在黑板上大书："什么是现代文艺？"几个大字，然后滔滔不绝地讲了起来，直讲得眉飞色舞，浓重的南方口音更加难懂了。下一次上课，黑板上仍然是七个大字："什么是现代文艺？"我们这一群年轻的大孩子听得简直像着了迷。我们按照他的介绍买了一些当时流行的马克思主义文艺理论书籍。那时候，"马克思主义"这个词儿是违禁的，人们只说"普罗文学"或"现代文学"，大家心照不宣，谁也了解。有几本书的作者我记得名叫弗里茨，以后再也没见到这个名字。这些书都是译文，非常难懂。据说是从日文转译的俄国书籍。恐怕日文译者就不太懂俄文原文，再转为汉文，只能像"天书"了。我们当然不能全懂，但是仍然怀着朝圣者的心情，硬着头皮读下去。生吞活剥，在所难免。然而"现代文艺"这个名词却时髦起来，传遍了高中的每一个角落，仿佛为这古老的建筑增添了新的光辉。

我们这一批年轻的中学生其实并不真懂什么"现代文艺"，更不全懂什么叫"革命"。胡先生在这方面没有什么解释。但是我们的热情却是高昂的，高昂得超过了需要。当时还是国民党的天下，学校大权当然掌握在他们手中。国民党最厌恶、最害怕的就是共产党,似乎有不共戴天之仇,必欲除之而后快。在这样的气氛下,胡先生竟敢明目张胆地宣传“现代文艺”,鼓动学生革命,真如太岁头上动土。国民党对他的仇恨是完全可以想象的。

胡先生却是处之泰然。我们阅世未深,对此完全是麻木的。胡先生是有社会经历的人,他应该知道其中的利害。可是他也毫不在乎。只见他那清瘦的小个子,在校内课堂上,在那座大花园中,迈着轻盈细碎的步子,上身有点儿向前倾斜,匆匆忙忙,仓仓促促,满面春风,忙得不亦乐乎。他照样在课堂上宣传他的“现代文艺”,侃侃而谈,视敌人如草芥,宛如走入没有敌人的敌人阵中。

他不但在课堂上宣传,还在课外进行组织活动。他号召组织了一个现代文艺研究会,由几个学生积极分子带头参加,公然在学生宿舍的走廊上,摆上桌子,贴出布告,昭告全校,踊跃参加。当场报名、填表,一时热闹得像是过节一样。时隔六十年,一直到今天,当时的情景还历历如在眼前,当时的笑语声还在我耳畔回荡,留给我的印象之深,概可想见了。

有了这样一个组织,胡先生还没有满足,他准备出一个刊物,名称我现在忘记了。第一期的稿子中有我的一篇文章,名叫《现代文艺的使命》。内容现在完全忘记了,无非是革命,革命,革命之类。以我当时的水平之低,恐怕都是从“天书”中生吞活剥地抄来了一些词句,杂凑成篇而已,绝不会是什么像样的文章。

正在这时候,当时蜚声文坛的革命女作家、胡先生的夫人丁玲女士到了济南省立高中,看样子是来探亲的。她是从上海去的。当时上海是全国最时髦的城市,领导全国的服饰的新潮流。丁玲的衣着非常讲究,大概代表了上海最新式的服装。相对而言,济南还是相当闭塞淳朴的。丁玲的出现,宛如飞来的一只金凤凰,在我们那些没有见过世面的青年学生眼中,她浑身闪光,辉耀四方。

记得丁玲那时候比较胖,又穿了非常高的高跟鞋。济南比不了上海,马路坑坑洼洼,高低不平。高中校内的道路,更是年久失修。穿平底鞋走上去都不太牢靠,何况是高跟鞋。看来丁玲就遇上了"行路难"的问题。胡先生个子比丁玲稍矮,夫人"步履维艰",有时要扶着胡先生才能迈步。我们这些年轻的学生看了这情景,觉得非常有趣。我们就窃窃私议,说胡先生成了丁玲的手杖。我们其实不但毫无恶意,而且是充满了敬意的。在我们心中真觉得胡先生是一个好丈夫,因此对他更增加了崇敬之感,对丁玲我们同样也是尊敬的。

不管胡先生怎样处之泰然,国民党却并没有睡觉。他们的统治机器当时运转得还是比较灵的。国民党对抗大清帝国和反动军阀有过丰富的斗争经验,老谋深算,手法颇多。相比之下,胡先生这个才不过二十多岁的真正的革命家,却没有多少斗争经验,专凭一股革命锐气,革命斗志超过革命经验,宛如初生的犊子不怕虎一样,头顶青天,脚踏大地,把活动都摆在光天化日之下。这确实值得尊敬。但是,勇则勇矣,面对强大的掌握大权的国民党,是注定要失败的。这一点,我始终不知道,胡先生是否意识到了。这个谜将永远成为一个谜了。

事情果然急转直下。有一天,国文课堂上见到的不再是胡先生那瘦小的身影,而是一位完全陌生的老师。全班学生都为之愕然。小道消息说,胡先生被国民党通缉,连夜逃到上海去了。到了第二年,1931 年,他就同柔石等四人在上海被国民党逮捕,秘密杀害,身中十几枪。当时他只有二十八岁。

鲁迅先生当时住在上海，听到这消息以后，他怒发冲冠，拿起如椽巨笔，写了这样一段话："我们现在以十分的哀悼和铭记，纪念我们的战死者，也就是要牢记中国无产阶级革命文学的历史的第一页，是同志的鲜血所记录，永远在显示敌人的卑劣的凶暴和启示我们的不断的斗争。"(《二心集》)这一段话在当时真能掷地作金石声。

胡先生牺牲到现在已经六十年了。如果他能活到现在，也不过八十七八岁，在今天还不算是太老，正是"余霞尚满天"的年龄，还是大有可为的。而我呢，在这一段极其漫长的时间内，经历了极其曲折复杂的行程，天南海北，神州内外，高山大川，茫茫巨浸；走过阳关大道，也走过独木小桥，在"空前的十年"中，几乎走到穷途。到了今天，我已由一个不到二十岁的中学生变成了皤然一翁，心里面酸甜苦辣，五味俱全。但是胡先生的身影忽然又出现在眼前，我有点困惑。我真愿意看到这个身影，同时却又害怕看到这个身影，我真有点诚惶诚恐了。我又担心，等到我这一辈人同这个世界告别以后，脑海中还能保留胡先生身影者，大概也就要完全彻底地从地球上消逝了。对某一些人来说，那将是一个永远无法弥补的损失。在这里，我又有点欣慰：看样子，我还不会在短期中同地球"拜拜"。只要我在一天，胡先生的身影就能保留一天。愿这一颗流星的光芒尽可能长久地闪耀下去。

1990年2月9日

董秋芳先生

董先生是我在济南高中时的国文教员，笔名冬芬。胡也频先生被国民党通缉后离开了高中，再上国文课时，来了一位陌生的教员，个子不高，相貌也没有什么惊人之处，一只手还似乎有点毛病，说话绍兴口音颇重，不很容易懂。但是，他的笔名我们却是熟悉的。他翻译过一本苏联小说：《争自由的波浪》，鲁迅先生作序，他写给鲁迅先生的一封长信，我们在报刊上读过，现在收在《鲁迅全集》中。因此，面孔虽然陌生，但神交却已很久。这样一来，大家处得很好，也自是意中事了。

在课堂上，他同胡先生完全不同。他不讲什么"现代文艺"，也不宣传革命，只是老老实实地讲书，认真小心地改学生的作文。他也讲文艺理论，却不是弗里茨，而是日本厨川白村的《苦闷的象征》、《出了象牙之塔》，都是鲁迅先生翻译的。他出作文题目很特别，往往只在黑板上大书"随便写来"四个字，意思自然是，我们愿意写什么，就写什么；愿意怎样写，就怎样写，丝毫不受约束，有绝对的写作自由。

我就利用这个自由写了一些自己愿意写的东西。我从小学经过初中到高中前半，写的都是文言文；现在一旦改变，并没有感到有什么不适应。原因是我看了大量的白话旧小说，对“五四”以来的新文学作品，鲁迅、胡适、周作人、郭沫若、郁达夫、茅盾、巴金等人的小说和散文几乎读遍了，自己动手写白话文，颇为得心应手，仿佛从来就写白话文似的。

在阅读的过程中，潜移默化，在无意识中形成了自己对写文章的一套看法。这套看法的最初根源似乎是来自旧文学，从《庄子》、《孟子》、《史记》，中间经过唐宋八大家，一直到明末的公安派和竟陵派，清代的桐城派，都给了我不同程度、不同方式的灵感。这些大家时代不同，风格迥异；但是却有不少共同之处。根据我的归纳，可以归为三点：第一，感情必须充沛真挚；第二，遣词造句必须简练、优美、生动；第三，整篇布局必须紧凑、浑成。三者缺一，就不是一篇好文章。文间的开头与结尾，更是至关重要。后来读了一些英国名家的散文，我也发现了同样的规律。我有时甚至想到，写文章应当像谱乐曲一样，有一个主旋律，辅之以一些小的旋律，前后照应，左右辅助，要在纷纭变化中有统一，在统一中有错综复杂，关键在于有节奏。总之，写文章必须惨淡经营。自古以来，确有一些文章如行云流水，仿佛是信手拈来，毫无斧凿痕迹。但是那是长期惨淡经营终入化境的结果。如果一开始就行云流水，必然走入魔道。

我这些想法形成于不知不觉之中，自己并没有清醒的意识。它也流露于不知不觉之中，自己也没有清醒的意识。有一次，在董先生的作文课堂上，我在“随便写来”的启迪下，写了一篇记述我回故乡奔母丧的悲痛心情的作文。感情真挚，自不待言。在谋篇布局方面却没有意识到有什么特殊之处。作文本发下来了，却使我大吃一惊。董先生在作文本每一页上面的空白处都写了一些批注，不少地方有这样的话："一处节奏"、"又一处节奏"，等等。我真是如拨云雾见青天："这真是我写的作文吗？"这真是我的作文，不容否认。"我为什么没有感到有什么节奏呢？"这也是事实，不容否认。我的苦心孤诣连自己也没有意识到的，却为董先生和盘托出。知己之感，油然而生。这决定了我一生的活动。从那以后，六十年来，我从事研究的是一些稀奇古怪的东西，与文章写作风马牛不相及。但是感情一受到剧烈的震动，所谓"心血来潮"，则立即拿起笔来，写点什么。至今已到垂暮之年，仍然是积习难除，锲而不舍。这同董先生的影响是绝对分不开的。我对董先生的知己之感，将伴我终生了。

高中毕业以后，到北京来念了四年大学，又回到母校济南高中教了一年国文，然后在欧洲待了将近十一年，1946 年才回到祖国。在这长达二十多年的时间内，我一直没有同董秋芳老师通过信，也完全不知道他的情况。50 年代初，在民盟的一次会上，完全出我意料之外，我竟见到了董先生，看那样子，他已垂垂老矣。我激动得说不出话来，他也非常激动。但是我平生有一个弱点：不善于表露自己的感情。董先生看来也是如此。我们每个人心里都揣着一把火，表面上却颇淡漠，大有君子之交淡如水之概了。

我生平还有一个弱点，我曾多次提到过，这就是，我不喜欢拜访人。这两个弱点加在一起，就产生了致命的后果：我同我平生感激最深、敬意最大的老师的关系，看上去有点若即若离了。

不记得是什么时候了，董先生退休了，离开北京回到了老家绍兴。这时候大概正处在十年浩劫期间，我是泥菩萨过江——自身难保。自顾不暇，没有余裕来想到董先生了。

又过一些时候，听说董先生已经作古，乍听之下，心里震动得非常剧烈。霎时，心中几十年的回忆、内疚、苦痛，蓦地抖动起来。我深自怨艾，痛悔无已。然而已经发生过的事情是无法挽回的。看来我只能抱恨终天了。

我虽然研究佛教，但是从来不相信什么生死轮回，再世转生。可是我现在真想相信一下。我自己屈指计算了一下，我这一辈子基本上是一个善人，坏事干过一点儿，但并不影响我的功德。下一生，我不敢，也不愿奢望转生为天老爷，但我定能托生为人，不至走入畜生道。董先生当然能转生为人，这不在话下。等我们两个隔世相遇的时候，我相信，我的两个弱点经过地狱的磨炼已经克服得相当彻底，我一定能向他表露我的感情，一定常去拜访他，做一个程门立雪的好弟子。

然而，这一些都是可能的吗？这不是幻想又是什么呢？"他生未卜此生休。"我怅望青天，眼睛里溢满了泪水。

1990年3月24日

西谛先生

西谛(郑振铎)先生不幸逝世,到现在已经有二十多年了。听到飞机失事的消息时,我正在莫斯科。我仿佛当头挨了一棒,惊愕得说不出话来。我是震惊多于哀悼,惋惜胜过忆念,而且还有点惴惴不安。当我登上飞机回国时,同一架飞机中就放着西谛先生等六人的骨灰盒。我百感交集。当时我的心情之错综复杂可想而知。从那以后,在这样漫长的时间内,我不时想到西谛先生。每一想到,都不禁悲从中来。到了今天,震惊、惋惜之情已逝,而哀悼之意弥增。这哀悼,像烈酒,像火焰,燃烧着我的灵魂。

倘若论资排辈的话,西谛先生是我的老师。30年代初期,我在清华大学读西洋文学系。但是从小学起,我对中国文学就有浓厚的兴趣。西谛先生是燕京大学中国文学系的教授,在清华兼课。我曾旁听过他的课。在课堂上,西谛先生是一个渊博的学者,掌握大量的资料,讲起课来,口若悬河泄水,滔滔不绝。他那透过高度的近视眼镜从讲台上向下看挤满了教室的学生的神态,至今仍宛然如在目前。

当时的教授一般都有一点所谓“教授架子”。在中国话里，“架子”这个词儿同“面子”一样，是难以捉摸，难以形容描绘的，好像非常虚无缥缈，但它又确实存在。有极少数教授自命清高，但精神和物质待遇却非常优厚。在他们心里，在别人眼中，他们好像是高人一等，不食人间烟火，而实则饱餍粱肉，进可以攻，退可以守，其中有人确实也是官运亨通，青云直上，成了人们羡慕的对象。存在决定意识。因此就产生了架子。

这些教授的对立面就是我们学生。我们的经济情况有好有坏，但是不富裕的占大多数，然而也不至于挨饿。我当时就是这样一个学生。处境相同，容易引起类似同病相怜的感情；爱好相同，又容易同声相求。因此，我就有了几个都是爱好文学的伙伴，经常在一起，其中有吴组缃、林庚、李长之等等。虽然我们所在的系不同，但却常常会面，有时在工字厅大厅中，有时在大礼堂里，有时又在荷花池旁“水木清华”的匾下。我们当时差不多都才二十岁左右，阅世未深，尚无世故，正是天不怕、地不怕的时候。我们经常高谈阔论，臧否天下人物，特别是古今文学家，直抒胸臆，全无顾忌。幼稚恐怕是难免的，但是没有一点儿框框，却也有可爱之处。我们好像是《世说新语》中的人物，任性纵情，毫不矫饰。我们谈论《红楼梦》，我们谈论《水浒传》，我们谈论《儒林外史》，每个人都努力发一些怪论，“语不惊人死不休”。记得茅盾的《子夜》出版时，我们间曾掀起一场颇为热烈的大辩论，我们辩论的声音在工字厅大厅中回荡。但事过之后，谁也不再介意。我们有时候也把自己写的东西，什么诗歌之类，拿给大家看，而且自己夸耀哪句是神来之笔，一点儿也不脸红。现在想来，好像是别人干的事，然而确实是自己干的事，这样的率真只在那时候能有，以后只能追忆珍惜了。

在当时的社会上，封建思想弥漫，论资排辈好像是天经地义。一个青年要想出头，那是非常困难的。如果没有奥援，不走门子，除了极个别的奇才异能之士外，谁也别想往上爬。那些少数出身于名门贵阀的子弟，他们丝毫也不担心，毕业后爷老子有的是钱，可以送他出洋镀金，回国后优缺美差在等待着他们。而绝大多数的青年经常为所谓"饭碗问题"担忧，我们也曾为"毕业即失业"这一句话吓得发抖。我们的一线希望就寄托在教授身上。在我们眼中，教授简直如神仙中人，高不可攀。教授们自然也是感觉到这一点的，他们之所以有架子，同这种情况是分不开的。我们对这种架子已经习以为常，不以为怪了。

我就是在这样的气氛中认识西谛先生的。

最初我当然对他并不完全了解。但是同他一接触，我就感到他同别的教授不同，简直不像是一个教授。在他身上，看不到半点教授架子。他也没有一点儿论资排辈的恶习。他自己好像并不觉得比我们长一辈，他完全是以平等的态度对待我们。他有时就像一个大孩子，不失其赤子之心。他说话非常坦率，有什么想法就说了出来，既不装腔作势，也不以势吓人。他从来不想教训人，任何时候都是亲切和蔼的。当时流行在社会上的那种帮派习气，在他身上也找不到。只要他认为有一技之长的，不管是老年、中年还是青年，他都一视同仁。因此，我们在背后就常常说他是一个宋江式的人物。他当时正同巴金、靳以主编一个大型的文学刊物《文学季刊》，按照惯例是要找些名人来当主编或编委的。这样可以给刊物镀上一层金，增加号召力量。他确实也找了一些名人，但是像我们这样一些无名又年轻之辈，他也绝不嫌弃。我们当中有的人当上了编委，有的人当上特约撰稿人。自己的名字都煌煌然印在杂志的封面上，我们难免有些沾沾自喜。西谛先生对青年人的爱护，除了鲁迅先生外，恐怕并世无二。说老实话，我们有时候简直感到难以理解，有点受宠若惊了。

在这样的情况下，我们既景仰他学问之渊博，又热爱他为人之亲切平易，于是就很愿意同他接触。只要有机会，我们总去旁听他的课。有时也到他家去拜访他。记得在一个秋天的夜晚，我们几个人步行，从清华园走到燕园。他的家好像就在今天北大东门里面大烟筒下面。现在时过境迁，房子已经拆掉，沧海桑田，面目全非了。但是在当时给我的印象却是异常美好、至今难忘的。房子是旧式平房，外面有走廊，屋子里有地板，我的印象是非常高级的住宅。屋子里排满了书架，都是珍贵的红木做成的，整整齐齐地摆着珍贵的古代典籍，都是人间瑰宝，其中明清小说、戏剧的收藏更在全国首屈一指。屋子的气氛是优雅典丽的，书香飘拂在画栋雕梁之间。我们都狠狠地羡慕了一番。

总之，我们对西谛先生是尊敬的，是喜爱的。我们在背后常常谈到他，特别是他那些同别人不同的地方，我们更是津津乐道。背后议论人当然并不能算是美德，但是我们一点儿恶意都没有，只是觉得好玩而已。比如他的工作方式，我们当时就觉得非常奇怪。他兼职很多，常常奔走于城内城外。当时交通还不像现在这样方便。清华、燕京，宛如一个村镇，进城要长途跋涉。校车是有的，但非常少，有时候要骑驴，有时候坐人力车。西谛先生夹着一个大皮包，总是装满了稿子，鼓鼓囊囊的。他戴着深度的眼镜，跨着大步，风尘仆仆，来往于清华、燕京和北京城之间。我们在背后说笑话，说郑先生走路就像一头大骆驼。可是他一坐上校车，就打开大皮包拿出稿子，写起文章来。

据说他买书的方式也很特别。他爱书如命，认识许多书贾，一向不同书贾讲价钱，只要有好书，他就留下，手边也不一定就有钱偿付书价，他留下以后，什么时候有了钱就还账，没有钱就用别的书来对换。他自己也印了一些珍贵的古籍，比如《插图本中国文学史》、《玄览堂丛书》之类。他有时候也用这些书去还书债。书贾愿意拿什么书，就拿什么书。他什么东西都喜欢大，喜欢多，出书也有独特的气派，与众不同。所有这一切我们也都觉得很好玩，很可爱。这更增加我们对他的敬爱。在我们眼中，西谛先生简直像长江大河，汪洋浩瀚；泰山华岳，庄严敦厚。当时的某一些名人同他一比，简直如小水洼、小土丘一般，有点微不足道了。

但是时间只是不停地逝去，转瞬过了四年，大学要毕业了。清华大学毕业以后，我回到故乡去，教了一年高中。我学的是西洋文学，教的却是国文，用现在的话说，就是"不结合业务"，因此心情并不很愉快。在这期间，我还同西谛先生通过信。他当时在上海，主编《文学》。我寄过一篇散文给他，他立即刊登了。他还写信给我，说他编了一个什么丛书，要给我出一本散文集。我没有去搞，所以也没有出成。过了一年，我得到一份奖学金，到很远的一个国家里去住了十年。从全世界范围来看，这正是一个天翻地覆的时代。在国内，在外敌入侵，大半个祖国变了颜色。在国外，正在进行着第二次世界大战。我在国外，挨饿先不必说，光是每天躲警报，就真够戗。杜甫的诗："烽火连三月，家书抵万金。"我的处境是"烽火连十年，家书无从得"。同西谛先生当然失去了联系。

一直到了1946年的夏天，我才从国外回到上海。去国十年，漂洋万里，到了那繁华的上海，连个落脚的地方都没有。我曾在克家的榻榻米上睡过许多夜。这时候，西谛先生也正在上海。我同克家和辛笛去看过他几次，他还曾请我们吃过饭。他的老母亲亲自下厨房做福建菜，我们都非常感动，至今难以忘怀。当时上海反动势力极为猖獗。郑先生是他们的对立面。他主编一个争取民主的刊物，推动民主运动。反动派把他也看作眼中钉，据说是列入了黑名单。有一次，我同他谈到这个问题，完全出乎我的意料，他的面孔一下子红了起来，怒气冲冲，声震屋瓦，流露出极大的义愤与轻蔑。几十年来他给我的印象是和蔼可亲，平易近人，光风霁月，菩萨慈眉。我万万没有想到，他还有另一面：疾恶如仇，横眉冷对，疾风迅雷，金刚怒目。原来我只是认识了西谛先生的一面，对另一面我连想都没有想过。现在总算比较完整地认识西谛先生了。

有一件事情，我还要在这里提一下。我在上海时曾告诉郑先生，我已应北京大学之聘，担任梵文讲座。他听了以后，喜形于色，他认为，在北京大学教梵文简直是理想的职业。他对梵文文学的重视和喜爱溢于言表。1948年，他在他主编的《中国文学研究号》(上、中、下)的《题词》中写道："关于梵文学和中国文学的血脉相通之处，新近的研究呈现了空前的辉煌。北京大学成立了东方语文学系，季羡林先生和金克木先生几位都是对梵文学有深刻研究的。……在这个'专号'里，我们邀约了王重民先生、季羡林先生、万斯年先生、戈宝权先生和其他几位先生们写这个'专题'。我们相信，这个工作一定会给国内许多的做研究工作者们以相当的感奋的。"西谛先生对后学的鼓励之情洋溢于字里行间。

建国后不久，西谛先生就从上海绕道香港到了北京。我们都熬过了寒冬，迎来了春天，又在这文化古都见了面，分外高兴。又过了不久，他同我都参加了新中国开国后派出去的第一个大型文化代表团，到印度和缅甸去访问。在国内筹备工作进行了半年多，在国外和旅途中又用了四五个月。我认识西谛先生已经几十年了，这一次是我们相聚最长的一次，我认识他也更清楚了，他那些优点也表露得更明显了。我更觉得他像一个不失其赤子之心的大孩子，胸怀坦荡，耿直率真。他喜欢同人辩论，有时也说一些歪理。但他自己却一本正经，他同别人抬杠而不知是抬杠。我们都开玩笑说，就抬杠而言，他已达到出神入化的境界，应该选他为“抬杠协会主席”，简称之为“杠协主席”。出国前在检查身体的时候，他糖尿病已达到相当严重的程度，有几个“+”号。别人替他担忧，他自己却丝毫不放在心上，喝酒吃点心如故。他那豁达大度的性格，在这里也表现得非常鲜明。

回国以后，我经常有机会同他接触。他担负的行政职务更重了。有一段时间，他在北海团城里办公，我有时候去看他，那参天的白皮松给我留下了难忘的印象。这时候他对书的爱好似乎一点儿也没有减少。有一次他让我到他家去吃饭。他像从前一样，满屋堆满了书，大都是些珍本的小说、戏剧、明清木刻，满床盈案，累架充栋。一谈到这些书，他自然就眉飞色舞。我心里暗暗地感到庆幸和安慰，我暗暗地希望西谛先生能够这样活下去，多活上许多年，多给人民做一些好事情……

但是正当他充满了青春活力，意气风发，大踏步走上前去的时候，好像一声晴天霹雳，西谛先生不幸过早地离开我们了。他逝世时的情况是什么样子，谁也说不清楚。我时常自己描绘，让幻想驰骋。我知道，这样幻想是毫无意义的，但是自己无论如何也排除不掉。过了几年就爆发了文化大革命。我同许多人一样被卷了进去。在以后的将近十年中，我是如临深渊，如履薄冰，天天在战战兢兢地过日子，想到西谛先生的时候不多。间或想到他，心里也充满了矛盾:一方面希望他能活下来,另一方面又庆幸他没有活下来,否则他一定也会同我一样戴上种种的帽子,说不定会被关进牛棚。他不幸早逝,反而成了塞翁失马了。

现在,恶贯满盈的"四人帮"终于被打倒了。普天同庆,朗日重辉。但是痛定思痛,我想到西谛先生的次数反而多了起来。将近五十年前的许多回忆,清晰的、模糊的、整齐的、零乱的,一齐涌入我的脑中。西谛先生的一举一动,一颦一笑,时时奔来眼底。我越是觉得前途光明灿烂,就越希望西谛先生能够活下来。像他那样的人,我们是多么需要啊。他一生为了保存祖国的文化,付出了多么巨大的劳动!如果他还能活到现在,那该有多好!然而已经发生的事情是永远无法挽回的。"念天地之悠悠",我有时甚至感到有点凄凉了。这同我当前的环境和心情显然是有矛盾的,但我无论如何也抑制不住自己。我常常不由自主地低吟起江文通的名句来:

> 春草暮兮秋风惊,秋风罢兮春草生;
> 绮罗毕兮池馆尽,琴瑟灭兮丘垄平。
> 自古皆有死,莫不饮恨而吞声。

呜呼!生死事大,古今同感。西谛先生只能活在我们回忆中了。

1980年1月8日初稿

1981年2月2日修改

朱光潜先生

听到孟实先生逝世的消息,我的心情立刻沉重起来。这消息对我并不突然,因为他毕竟是快九十岁的人了,而且近几年来,身体一直不好。但是,如果他能再活上若干年,对我国的学术界,对我自己,不是更有好处吗?

现在,在北京大学内外,还颇有一些老先生可以算作我的师辈。因为,我当学生的时候,他们已经是教授了。但是,我真正听过课的老师,却只剩下孟实先生一人。按旧日的习惯,我应该称他为业师。在今天的新社会中,师生关系内容和意义都有了一些改变。但是,尊师重道仍然是我们要大力提倡的。我对于我这一位业师,一向怀有深深的敬意。而今而后,这敬意的接受者就少掉重要的一个了。

五十多年前,我在清华大学西洋文学系念书。我那时是二十岁上下。孟实先生是北京大学的教授,在清华大学兼课,年龄大概三十四五岁吧。他只教一门文艺心理学,实际上就是美学,这是一门选修课。我选了这一门课,认真地听了一年。当时我就感觉到,这一门课非同凡响,是我最满意的一门课,比那些英、美、法、德等国来的外籍教授所开的课好到不能比的程度。朱先生不是那种口若悬河的人,他的口才并不好,讲一口带安徽味的蓝青官话,听起来并不"美"。看来他不是一个演说家,讲课从来不看学生,两只眼向上翻,看的好像是天花板上或者窗户上的某一块地方。然而却没有废话,每一句话都清清楚楚。他介绍西方各国流行的文艺理论,有时候举一些中国旧诗词作例子,并不牵强附会,我们一听就懂。对那些古里古怪的理论,他确实能讲出一个道理来,我听起来津津有味。我觉得,他是一个有学问的人,一个在学术上诚实的人,他不哗众取宠,他不用连自己都不懂的"洋玩意儿"去欺骗、吓唬年轻的中国学生。因此,在开课以后不久,我就爱上了这一门课,每周盼望上课,成为我的乐趣了。

孟实先生在课堂上介绍了许多欧洲心理学家和文艺理论家的新理论,比如李普斯的感情移入说,还有什么人的距离说等等。他们从心理学方面,甚至从生理学方面来解释关于美的问题。其中有不少理论我觉得是有道理的,一直到今天我仍然记忆不忘。要说里面没有唯心主义成分,那是不能想象的。但是资产阶级的科学家,只要是一个有良心、不存心骗人的人,他总是会在不同程度上正视客观实际的,他的学说总会有合理成分的。我们倒洗澡水不应该连婴儿一起倒掉。达尔文和爱因斯坦难道不是资产阶级的科学家吗?但是,你能说,他们的学说完全不正确吗?我们过去有一些人习惯于用贴标签的办法来处理学术问题,把极其复杂的学术问题过分地简单化了。这不利于学术的发展。这种倾向到了十年浩劫期间,在"四人帮"的煽动下,达到了骇人听闻的荒谬的程度。"四人帮"竟号召对相对论一窍不通的人来批判爱因斯坦,成为千古笑谈。孟实先生完全不属于这一类人。他老老实实，本本分分，自己认识到什么程度，就讲到什么程度，一步一个脚印，无形中影响了学生。

离开清华以后，我出国一住就是十年。在这期间，国内正在奋起抗日，国际上则是第二次世界大战。"烽火连八年，家书抵亿金。"在一段相当长的时间内，我完全同祖国隔离，什么情况也不知道，1946年回国，立即来北大工作。那时孟实先生也转来北大。他正编一个杂志，邀我写文章。我写了一篇介绍《五卷书》的文章，发表在那个杂志上。他住的地方离我的住处不远。他的办公室(他当时是西方语言文学系主任，我是东方语言文学系主任)和我的办公室相隔也不远。但是我无论如何也回忆不起来，我曾拜访过他。说起来似乎是件怪事，然而却是事实。现在恐怕有很多人认为我是什么"社会活动家"。其实我的性格毋宁说是属于孤僻一类，最怕见人。我的老师和老同学很多，我几乎是谁都不拜访。天性如此，无可奈何，而今就是想去拜访孟实先生，也完全不可能了。

我因为没有在重庆或者昆明待过，对于抗战时期那里的情况完全不了解。对于朱先生当时的情况也完全不清楚。到了北平以后，听了三言两语，我有时候也同几个清华的老同学窃窃私议过。到了1949年北平解放前夕，按朱先生的地位，他完全有资格乘南京派来的专机离开中国大陆的。然而他没有这样做，他毅然留了下来，等待北平的解放。其中过程细节，我完全不清楚。然而这件事却给我留下了深刻的印象：朱先生毕竟是经受住了考验，选择了一条唯一正确的道路。

我常常想，在建国前，中国的知识分子大概分为三类：先知先觉的、后知后觉的、不知不觉的。第一类是少数，第三类也是少数。

孟实先生(还有我自己),在政治上不是先知先觉,但又绝非不知不觉。爱国无分少长,革命难免先后,这恐怕是一条规律。孟实先生同一大批旧社会来的知识分子一样,经过了几十年的观察与考验、前进和停滞,既走过阳关大道,也走过独木小桥,最终还是认识了真理,认为共产党指出的道路是唯一正确的,因而坚定不移地在这一条路上走下去。孟实先生有一些情况我原来并不清楚。只是到了前几年,我读到他在抗战期间从重庆给周扬同志写的一封信,我才知道,他对国民党并不满意,他也向往延安。我心中暗自谴责:我没有能全面了解孟实先生。总之,我认为,孟实先生一生是大节不亏的。他走的道路是一切正直的中国知识分子都应该走的道路。

这一条道路当然也绝不会是平坦的。三十多年来,风风雨雨,几乎所有的老知识分子都在风雨中经受磨炼。最突出的例子当然是"十年浩劫"。孟实先生被关进了牛棚。我是自己"跳"出来的,一跳也就跳进了牛棚。想不到几十年前的师生现在成了"同棚"。牛棚生活不是三言两语所能说清的。在这里暂且不谈。孟实先生在棚里的一件小事,我却始终忘记不了。他锻炼身体有一套方术,大概是东西均备,佛道沟通。在那种阴森森的生活环境中,他居然还在锻炼身体,我实在非常吃惊,而且替他捏一把汗。晚上睡下以后,我发现他在被窝里胡折腾,不知道搞一些什么名堂。早晨他还偷跑到一个角落里去打太极拳一类的东西。有一次被"监改人员"发现了,大大地挨了一通批。在这些"大老爷"眼中,我们锻炼身体是罪大恶极的。这是一件微不足道的小事,然而它的意义却不小。从中可以看出,孟实先生对自己的前途没有绝望,对我们的事业也没有绝望,他执着于生命,坚决要活下去。否则的话,他尽可以像一些别的难兄难弟一样,破罐子破摔算了。说老实话,我在当时的态度实在比不上他。这一件事,我从来没有同他谈起过,只是暗暗地记在心中。

“四人帮”垮台以后,天日重明,孟实先生以古稀之年,重又精神抖擞,从事科研、教学和社会活动。他的生活异常的有规律。每天早晨,人们总会看到一个瘦小的老头儿在大图书馆前漫步。在工作方面,他抓得非常紧,他确实达到了壮心不已的程度。他译完了黑格尔的美学,又翻译维柯的著作。这些著作内容深奥,号称难治,能承担这种翻译工作的,并世没有第二人,孟实先生以他渊博的学识和湛深的外语水平,兢兢业业,勤勤恳恳,争分夺秒,锲而不舍,“焚膏油以继晷,恒兀兀以穷年”,终于完成了这项艰巨的工作,给我们留下了宝贵的财富,得到了学术界普遍的赞扬。

孟实先生学风谨严,一丝不苟,谦虚礼让,不耻下问。他曾多次问到我关于古代印度宗教的问题。他对中外文学都有精湛的研究,这是学术界公认的。他的文笔又流利畅达,这也是学者中间少有的。思想改造运动时,有人告诉我说是喜欢读朱先生写的自我批评的文章。我当时觉得非常可笑:这是什么时候呀,你居然还有闲情逸致来欣赏文章! 然而这却是事实,可见朱先生文章感人之深。他研究中外文艺理论,态度同样严肃认真。他翻译外国名著,也是句斟字酌,不轻易下笔。严复说:“一名之立,旬月踟蹰。”我在朱先生身上也发现了这种认真负责的态度。建国后,他努力学习辩证唯物主义和历史唯物主义,并以此指导自己的研究工作,给我们树立了榜样。

现在,孟实先生离开了我们。他一生执着追求,没有偷懒。将近九十年的漫长的道路,走过来并不容易。峰回路转,柳暗花明,他都碰到过。顺利与挫折，他都经受过。但是，他在千辛万苦之后，毕竟找到了真理，热爱祖国，热爱社会主义，找到了一个中国知识分子的最好的归宿。现在人们常谈生命的价值；我认为，孟实先生是实现了生命的价值的。

听到孟实先生逝世的消息时，我并没有流泪，但是在写这篇短文时，却几次泪如泉涌。生生死死，自然规律，任何人也改变不了。古人说：“大块劳我以生，息我以死。”孟实先生，安息吧！你的形象将永远留在你这一个年迈而不龙钟的学生的心中。

1986 年 3 月

吴雨僧先生

雨僧(吴宓)先生离开我们已经十多年了。作为他的受业弟子，我同其他弟子一样，始终在忆念着他。

雨僧先生是一个奇特的人，身上也有不少的矛盾。他古貌古心，同其他教授不一样，所以奇特。他言行一致，表里如一，同其他教授不一样，所以奇特。别人写白话文，写新诗；他偏写古文、写旧诗，所以奇特。他反对白话文，但又十分推崇用白话写成的《红楼梦》，所以矛盾。他看似严肃、古板，但又颇有一些恋爱的浪漫史，所以矛盾。他能同青年学生来往，但又凛然、俨然，所以矛盾。

总之，他是一个既奇特又矛盾的人。

我这样说，不但丝毫没有贬义，而且是充满了敬意。雨僧先生在旧社会是一个不同流合污、特立独行的畸人，是一个真正的人。

当年在清华读书的时候，我听过他几门课："英国浪漫诗人"、"中西诗之比较"等。他讲课认真、严肃，有时候也用英文讲，议论时有警策之处。高兴时，他也把自己新写成的旧体诗印发给听课的同学，十二首《空轩》就是其中之一，这引得编《清华周刊》的学生秀才们把他的诗译成白话，给他开了一个不大不小而又无伤大雅的玩笑。他一笑置之，不以为忤。他的旧体诗确有很深的造诣，同当今想附庸风雅的、写一些根本不像旧诗的“诗人”，绝不能同日而语。他的“中西诗之比较”实际上讲的就是比较文学。当时这个名词还不像现在这样流行。他实际上是中国比较文学的奠基人之一，值得我们永远怀念的。

他坦诚率真，十分怜才。学生有一技之长，他绝不掩没，对同事更是不懂得什么叫忌妒。他在美国时，邂逅结识了陈寅恪先生。他立即驰书国内，说：“合中西新旧各种学问而统论之，吾必以寅恪为全中国最博学之人。”也许就是由于这个缘故，他在清华作为西洋文学系的教授而一度兼国学研究院的主任。

他当时给天津《大公报》主编一个《文学副刊》。我们几个喜欢舞笔弄墨的青年学生，常常给副刊写点书评一类的短文，因而无形中就形成了一个小团体。我们曾多次应邀到他那在工字厅的住处——“藤影荷声之馆”去做客，也曾被请在工字厅的教授们的西餐餐厅去吃饭。这在当时教授与学生之间存在着一条看不见但感觉到的鸿沟的情况下，是非常难能可贵的，至今回忆起来还感到温暖。

我离开清华以后，到欧洲去住了将近十一年。回到国内时，清华和北大刚刚从云南复员回到北平。雨僧先生留在四川，没有回来。其中原因，我不清楚，也没有认真去打听。但是，我心中却有一点儿疑团：这难道会同他那耿直的为人有某些联系吗？是不是有人早就把他看作眼中钉了呢？在这漫长的几十年内，我只在60年代初期，在燕东园李赋宁先生家中拜见过他，以后就再没有见过面。

在“十年浩劫”中，他当然不会幸免。听说，他受过惨无人道的折磨,挨了打,还摔断了什么地方,我对此丝毫也不感到奇怪。以他那种奇特的特立独行的性格,他绝不会投机说谎,绝不会媚俗取巧,受到折磨,倒是合乎规律的。反正知识久已不值一文钱,知识分子被视为“老九”。在黄钟毁弃,瓦釜雷鸣的时代,我们又有什么话好说呢?雨僧先生受到的苦难,我有意不去仔细打听,不知道反而能减轻良心上的负担。至于他有什么想法,我更是无从得知。现在,他终于离开我们,走了。从此人天隔离,永无相见之日了。

雨僧先生这样一个奇特的人,这样一个不同流合污、特立独行的人,是会受到他的朋友们和弟子们的爱戴和怀念的。

1989年3月22日

何仙槎先生

年纪大一点儿的山东老乡和北京人大概都还能记得何仙槎(思源)先生这个名字。他当过山东教育厅长和北平市长。

1929 年,我在山东省立济南高中读书,他当时是教育厅长。在学生眼中,那是一个大官。有一天,他忽然在校长的陪同下,走到了极为拥挤和简陋的学生宿舍里去。这颇引起了一阵轰动。时隔六十年,今天回忆起来,当时情景栩栩如在眼前。

到了 1935 年,我在母校当了一年国文教员之后,考取了清华大学与德国的交换研究生。我一介书生,囊内空空,付不起赴德的路费。校长宋还吾老师慨然带我到教育厅去谒见何思源厅长。没等我开口,他已早知我的目的,一口回绝。我有一个致命的缺点(?)——脸皮太薄,不善于求人,只好唯唯而退。宋校长责怪我太老实。我天生是一个上不得台盘的人,脱胎换骨,一时难成,有什么办法呢?

再见到何思源先生,那已经是十五六年以后"天翻地覆慨而慷"的时候了。建国初期,北京山东中学校董会又开始活动,我同何都是校董。此时他早已卸任北平市长，在傅作义将军围城期间，何仙槎先生冒生命危险同一些人出城，同八路军谈判，和平解放北平，为人民立下了功勋。人民给了他回报，除了一些别的职务以外，他还当了山东中学校董。此时，我们之间已经没有什么距离，他也已工农化得颇为可观。最显眼的是抽烟用小烟袋，一副老农模样。校董开会时，我故意同他开玩笑，说到他当厅长时我去求帮的情景。彼此开怀大笑，其乐融融。

说句老实话，何仙槎先生对于山东教育是有功的。北伐成功后，山东省主席几易其人，从国民党的陈调元一直到割据军阀韩复榘，而他这教育厅长却稳坐钓鱼船。学生称他是"五朝元老"，微含不恭之意。然而平心论之，如果没有他这个"五朝元老"，山东教育将会变成什么样子？难道不让人不寒而栗吗？陈调元、韩复榘这一帮人是极难对付的。他们手下都有一帮人，唱丑、唱旦、帮闲、篾片、清客、讨饭、喽啰、吹鼓手，一应俱全。教育厅长，虽非肥缺，然而也是全省几大员之一，他们怎么肯让同自己毫无瓜葛的人充当"五朝元老"呢？大概北大毕业生、美国哥伦比亚大学的金招牌镇住了他们，不得不尔。像韩复榘这样土匪式的人物，胸无点墨，杀人不眨眼，民间流传着许多笑话，说他反对"靠左边走"，原因是"都走左边，谁走右边呢"？何思源能同他们周旋，其中滋味，恐怕是"不足为外人道也"。然而，山东教育经费始终未断，教育没有受到破坏。仙槎先生应该说是为人民立了功。

1993 年 11 月 25 日

陈寅恪先生

要论我同寅恪先生的关系，应该从六十五年前的清华大学算起。我于1930年考入国立清华大学，入西洋文学系(不知道从什么时候起改名为外国语文系)。西洋文学系有一套完整的教学计划，必修课规定得有条有理，完完整整。但是给选修课留下的时间却是很富裕的，除了选修课以外，还可以旁听或者偷听，教师不以为忤，学生各得其乐。我曾旁听过朱自清、俞平伯、郑振铎等先生的课，都安然无恙，而且因此同郑振铎先生建立了终身的友谊。但也并不是一切都一帆风顺。我同一群学生去旁听冰心先生的课。她当时极年轻，而名满天下。我们是慕名而去的。冰心先生满脸庄严，不苟言笑，看到课堂上挤满了这样多学生，知道其中有“诈”，于是威仪俨然地下了“逐客令”：“凡非选修此课者，下一堂不许再来！”我们悚然而听，慑然而退，从此不敢再进她讲课的教室。四十多年以后，我同冰心重逢，她已经变成了一个慈祥和蔼的老人，由怒目金刚一变而为慈眉菩萨。我向她谈起她当年“逐客”的事情，她已经完全忘记，我们相视而笑，有会于心。

就在这个时候，我旁听了寅恪先生的“佛经翻译文学”。参考书用的是《六祖坛经》，我曾到城里一个大庙里去买过此书。寅恪师讲课，同他写文章一样，先把必要的材料写在黑板上，然后再根据材料进行解释、考证、分析、综合，对地名和人名更是特别注意。他的分析细入毫发，如剥蕉叶，愈剥愈细愈剥愈深，然而一本实事求是的精神，不武断，不夸大，不歪曲，不断章取义，他仿佛引导我们走在山阴道上，盘旋曲折，山重水复，柳暗花明，最终豁然开朗，把我们引上阳关大道。读他的文章，听他的课，简直是一种享受，无法比拟的享受。在中外众多学者中，能给我这种享受的，国外只有海因里希·吕德斯(Heinrich Lüders)，在国内只有陈师一人，他被海内外学人公推为考证大师，是完全应该的，这种学风，同后来滋害流毒的“以论代史”的学风，相差不可以道里计。然而，茫茫士林，难得解人，一些鼓其如簧之舌惑学人的所谓“学者”，骄纵跋扈，不禁令人浩叹矣。寅恪师这种学风，影响了我的一生。后来到德国，读了吕德斯教授的书，并且受到了他的嫡传弟子瓦尔德施米特教授的教导和熏陶，可谓三生有幸。可惜自己的学殖瘠茫，又限于天赋，虽还不能说无所收获，然而犹如细流比沧海，空怀仰止之心，徒增效颦之恨。这只怪我自己，怪不得别人。

总之，我在清华四年，读完了西洋文学系所有的必修课程，得到了一个学士头衔，现在回想起来，说一句不客气的话：我从这些课程中收获不大，欧洲著名的作家，什么莎士比亚、歌德、塞万提斯、莫里哀、但丁等等的著作都读过，连现在忽然时髦起来的《尤利西斯》和《追忆似水年华》等等也都读过，然而大都是浮光掠影，并不深入，给我留下深远影响的课反而是一门旁听课和一门选修课。前者就是在上面谈到寅恪师的“佛经翻译文学”；后者是朱光潜先生的“文艺心理学”，也就是美学。

在清华时，除了上课以外，同陈师的接触并不太多。我没到他家去过一次。有时候，在校内林荫道上，在熙来攘往的学生人流中，会见到陈师去上课，身着长袍，朴素无华，肘下夹着一个布包，里面装满了讲课时用的书籍和资料。不认识他的人，恐怕大都把他看成是琉璃厂某一个书店的到清华来送书的老板，绝不会知道，他就是名扬海内外的大学者，他同当时清华留洋归来的大多数西装革履、发光鉴人的教授，迥乎不同，在这一方面，他也给我留下了毕生难忘的印象，令我受益无穷。

离开了水木清华，我同寅恪先生有一个长期的别离。我在济南教了一年国文，就到了德国格丁根大学。到了这里，我才开始学习梵文、巴利文和吐火罗文。在我一生治学的道路上，这是一个极关重要的转折点。我从此告别了歌德和莎士比亚，同释迦牟尼和弥勒佛打起交道来。不用说，这个转变来自寅恪先生的影响。真是无巧不成书，我的德国老师瓦尔德施米特教授同寅恪先生在柏林大学是同学，同为吕德斯教授的学生。这样一来，我的中德两位老师同出一个老师的门下。有人说："名师出高徒。"我的老师和太老师们不可谓不“名”矣，可我这个徒却太不“高”了。忝列门墙，言之汗颜。但不管怎样说，这总算是一个中德学坛上的佳话吧。

我在格丁根十年，正值二战，是我一生精神上最痛苦然而在学术上收获却是最丰富的十年。国家内外寇侵入，家人数年无消息，上有飞机轰炸，下无食品果腹。然而读书却无任何干扰。教授和学生多被征从军。偌大的两个研究所：印度学研究所和汉学研究所，都归我一个人掌管。插架数万册珍贵图书，任我翻阅。在汉学研究所深深的院落里，高大阴沉的书库中，在梵学研究所古老的研究室中，阒无一人。天上飞机的嗡嗡声与我腹中的饥肠辘辘声相应和，闭目则浮想联翩，神驰万里，看到我的国，看到我的家，张目则梵典在前，有许多疑难问题，需要我来发复。我此时恍如遗世独立，苦欤？乐欤？我自己也回答不上来了。

经过了轰炸的炼狱，又经过了饥饿，到了1945年，在我来到格丁根十年之后，我终于盼来了光明，东西法西斯垮台了。美国兵先攻占格丁根，后为英国人来接管。此时，我得知寅恪先生在英国医目疾，我连忙写了一封长信，向他汇报我十年来学习的情况，并将自己在格丁根科学院院刊及其他刊物上发表的一些论文寄呈。出乎我意料地迅速，我得了先生的复信，也是一封长信，告诉我他的近况，并说不久将回国。信中最重要的事情是说，他想向北大校长胡适、代校长傅斯年、文学院长汤用彤几位先生介绍我到北大任教，我真是喜出望外，谁听到能到最高学府去任教而会不引以为荣呢？我于是立即回信，表示同意和感谢。

这一年深秋，我终于告别了住了整整十年的格丁根，怀着"客树回望成故乡"的心情，一步三回首地到了瑞士。在这个山明水秀的世界公园里住了几个月。1946年春天，经过法国和越南的西贡，又经过香港，回到了上海。在克家的榻榻米上住了一段时间。从上海到南京，又睡到了长之的办公桌上，这时候，寅恪先生也已从英国回到了南京。我曾谒见先生于俞大维官邸中，谈了谈阔别十多年以来的详细情况，先生十分高兴，叮嘱我到鸡鸣寺下中央研究院去拜见北大代校长傅斯年先生，特别嘱咐我带上我用德文写的论文，可见先生对我爱护之深以及用心之细。

这一年的深秋，我从南京回到上海，乘轮船到了秦皇岛，又从秦皇岛乘火车回到了阔别十二年的北京(当时叫北平)。由于战争关系，津浦路早已不通，回北京只能走海路，从那里到北京的铁路由美国少爷兵把守，所以还能通车。到了北京以后，一片“落叶满长安”的悲凉气象。我先在沙滩红楼暂住，随即拜见汤用彤先生，按北大当时的规定，从海外得到了博士学位回国的人，只能任副教授，在清华叫作专任讲师，经过几年的时间，才能转向正教授。我当然不能例外，而且心悦诚服，没有半点非分之想。然而过了大约一周的光景，汤先生告诉我，我已被聘为正教授，兼东方语言文学系的系主任，这真是石破天惊，大大地出我意料，我这个当一周副教授的纪录，大概也可以进入吉尼斯世界纪录了吧，说自己不高兴，那是谎言，那是矫情。由此也可以看出老一辈学者对后辈的提携和爱护。

不记得是在什么时候，寅恪师也来到北京，仍然住在清华园。我立即到清华去拜见。当时从北京城到清华是要费一些周折的，宛如一次短途旅行。沿途几十里路全是农田。秋天青纱帐起，还真有绿林人士拦路抢劫的，现在的年轻人很难想象了。但是，有寅恪先生在，我绝不会惮于这样的旅行。在三年之内，我颇到清华园去过多次，我知道先生年老体弱，最喜欢喝当年住北京的天主教外国神父亲手酿造的栅栏红葡萄酒，我曾到今天市委党校所在地当年神父们的静修院的地下室中去买过几次栅栏红葡萄酒，又长途跋涉送到清华园，送到先生手中，心里颇觉安慰。几瓶酒在现在不算什么，但是在当时通货膨胀已经达到了钞票上每天加一个0还跟不上物价飞速提高的速度的情况下，几瓶酒已非同小可了。

有一年的春天，中山公园的藤萝开满了紫色的花朵，累累垂垂，紫气弥漫，招徕了众多的游人和蜜蜂。我们一群弟子们，记得有周一良、王永兴、汪篯等，知道先生爱花。现在虽患目疾，几乎失明，但据先生自己说，有些东西还能影影绰绰看到一团影子。大片藤萝花的紫光，先生或还能看到，而且在那种兵荒马乱、物价飞涨、人命微浅、朝不虑夕的情况下，我们想请先生散一散心，征询先生的意见，他怡然应允。我们真是大喜过望，在来今雨轩藤萝深处，找到一个茶桌，侍先生观赏紫藤。先生显然兴致极高。我们谈笑风生，尽欢而散。我想，这也许是先生在那样的年头里最愉快的时刻。

还有一件事，也给我留下了毕生难忘的回忆。在建国前夕，政府经济实已完全崩溃。从法币改为银元券，又从银元券改为金圆券，越改越乱，到了后来，到粮店买几斤粮食，携带的这币那券的重量有时要超过粮食本身。学术界的泰斗、德高望重、被著名的史学家郑天挺先生称之为"教授的教授"的陈寅恪先生也不能例外。到了冬天，他连买煤取暖的钱都没有，我把这情况告诉了已经回国的北大校长胡适之先生。胡先生最尊重最爱护确有成就的知识分子。当年他介绍王静庵先生到清华国学研究院去任教，一时传为佳话。寅恪先生在《王观堂先生挽词》中有几句诗："鲁连黄鹞绩溪胡，独为神州惜大儒。学院遂闻传绝业，园林差喜适幽居。"讲的就是这一件事。现在却轮到适之先生再一次"独为神州惜大儒"了，而这个"大儒"不是别人，竟是寅恪先生本人。适之先生想赠寅恪先生一笔数目颇大的美元。但是，寅恪先生却拒不接受。最后寅恪先生决定用卖掉藏书的办法来取得适之先生的美元，于是适之先生就派他自己的汽车——顺便说一句，当时北京汽车极为罕见，北大只有校长的一辆——让我到清华陈先生家装了一车西文关于佛教和中亚古代语言的极为珍贵的书。陈先生只收二千美元。这个数目在当时虽不算少，然而同书比起来，还是微不足道的。在这一批书中，仅一部《圣彼得堡梵德大词典》市价就远远超过这个数目了。这一批书实际上带有捐赠的性质。而寅恪师对于金钱的一芥不取的狷介性格，由此也可见一斑了。

在这三年内，我同寅恪师往来颇频繁。我写了一篇论文：《浮屠与佛》，首先读给他听，想听听他的批评意见。不意竟得到他的赞赏。他把此文介绍给《中央研究院史语所集刊》发表。这个刊物在当时是最具权威性的刊物，简直有点“一登龙门，声价十倍”的威风。我自然感到受宠若惊。差幸我的结论并没有瞎说八道，几十年以后，我又写了一篇《再谈浮屠与佛》，用大量的新材料，重申前说，颇得到学界同行们的赞许。

在我同先生来往的几年中，我们当然会谈到很多话题。谈治学时最多，政治也并非不谈，但极少。寅恪先生绝不是一个“闭门只读圣贤书”的书呆子，他继承了中国“士”的优良传统：天下兴亡，匹夫有责。从他的著作中也可以看出，他非常关心政治。他研究隋唐史，表面上似乎是满篇考证。骨子里谈的都是成败兴衰的政治问题，可惜难得解人。我们谈到当代学术，他当然会对每一个学者都有自己的看法。但是，除了对一位明史专家外，他没有对任何人说贬低的话。对青年学人，只谈优点，一片爱护青年学者的热忱，真令人肃然起敬。就连那一位由于误会而对他专门攻击，甚至说些难听的话的学者，陈师也从来没有说过半句褒贬的话。先生的盛德由此可见。鲁迅先生从来不攻击年轻人，差堪媲美。

时光如电，人世沧桑，转眼就到了1948年年底。解放军把北平城团团包围住，胡适校长从南京派来了专机，想接几个教授到南京去，有一个名单。名单上有名的人，大多数都没有走，陈寅恪先生走了，这又成了某一些人探讨研究的题目：陈先生是否对共产党有看法？他是否对国民党留恋？根据后来出版的浦江清先生的日记，寅恪先生并不反对共产主义，他反对的仅是苏联牌的共产主义。在当时，这也许是一个怪想法，甚至是一个大逆不道的想法。然而到了今天，真相已大白于天下，难道不应该对先生的睿智表示敬佩吗？至于他对国民党的态度，最明显地表现在他对蒋介石的态度上。1940 年，他在《庚辰暮春重庆夜宴归作》这一首诗中写道："食蛤那知天下事，看花愁近最高楼。"吴宓先生对此诗作注说："寅恪赴渝，出席中央研究院会议，寓俞大维妹丈宅。已而蒋公宴请中央研究院到会诸先生。寅恪于座中初次见蒋公，深觉其人不足为，有负厥职，故有此诗第六句。"即"看花愁近最高楼"这一句。寅恪师对蒋介石，也可以说是对国民党的态度表达得不能再清楚明白了。然而，几年前，一位台湾学者偏偏寻章摘句，说寅恪先生早有意到台湾去。这真是天下的一大怪事。

到了南京以后，寅恪先生又辗转到了广州，从此留在那里没有动，他在台湾有很多亲友，动员他去台湾者，恐怕大有人在，然而他却岿然不为所动。其中详细情况，我不得而知。我们国家许多领导人，包括周恩来、陈毅、陶铸、郭沫若等等，对陈师礼敬备至。他同陶铸和老革命家兼学者的杜国庠，成了私交极深的朋友。在他晚年的诗中，不能说没有欢快之情，然而更多的却是抑郁之感。现在回想起来，他这种抑郁之感能说没有根据吗？能说不是查实有据吗？我们这一批老知识分子，到了今天，都已成了过来人。如果不昧良心说句真话，同陈师比较起来，只能说我们愚钝，我们麻木，此外还有什么话好说呢？

1951 年，我奉命随中国文化代表团，访问印度和缅甸。在广州停留了相当长的时间，准备将所有的重要发言稿都译为英文。

我当然不会放过这个机会的，我到岭南大学寅恪先生家中去拜谒，相见极欢，陈师母也殷勤招待。陈师此时目疾虽日益严重，仍能看到眼前的白色的东西。有关领导，据说就是陈毅和陶铸，命人在先生楼前草地上铺成了一条白色的路，路旁全是绿草，碧绿与雪白相映照，供先生散步之用。从这一件小事中，也可以看到我们国家对陈师尊敬之真诚了。陈师是极富于感情的人，他对此能无所感吗？

然而，世事如白云苍狗，变幻莫测。建国后不久，正当众多的老知识分子兴高采烈、激情未熄的时候，华盖运便临到头上。运动一个接着一个，针对的全是知识分子。批完了《武训传》，批俞平伯，批完了俞平伯，批胡适，一路批，批，批，斗，斗，斗，最后批到了陈寅恪头上。此时，极大规模的、遍及全国的"反右"斗争还没有开始。老年反思，我在政治上是个蠢材，对这一系列的批和斗，我是心悦诚服的，一点儿没有感到其中有什么问题。我虽然没有明确地意识到，在我灵魂深处，我真认为中国老知识分子就是"原罪"的化身，批是天经地义的。但是，一旦批到了陈寅恪先生头上，我心里却感到不是味。虽然经人再三动员，我却始终没有参加到这一场闹剧式的大合唱中去。我不愿意厚着面皮，充当事后的诸葛亮，我当时的认识也是十分模糊的，但是，我毕竟没有行动。现在时过境迁，在四十年之后，想到我没有出卖我的良心，差堪自慰，能够对得起老师的在天之灵了。

可是，从那以后，直到老师于1969年在空前浩劫中被折磨得离开了人世，将近二十年中，我没能再见到他。现在我的年龄已经超过了他在世的年龄五年，算是寿登耄耋了。现在我时常翻读先生的诗文。每读一次，都觉得有新的收获。我明确意识到，我还未能登他的堂奥。哲人其萎，空余著述。我却是进取有心，请益无人，因此更增加了对他的怀念。我们虽非亲属，我却时有风木之悲。这恐怕也是非常自然的吧。

我已经到了望九之年，虽然看样子离开为自己的生命画句号的时候还会有一段距离，现在还不能就作总结，但是，自己毕竟已经到了日薄西山、人命危浅之际，不想到这一点也是不可能的。我身历几个朝代，忍受过千辛万苦。现在只觉得身后的路漫长无边，眼前的路却是越来越短，已经是很有限了。我并没有倚老卖老，苟且偷安，然而我却明确地意识到，我成了一个"悲剧"人物。我的悲剧不在于我不想"不用扬鞭自奋蹄"，不想"老骥伏枥，志在千里"，而是在"老骥伏枥，志在万里"。自己现在承担的或者被迫承担的工作，头绪繁多，五花八门，纷纭复杂，有时还矛盾重重，早已远远超过了自己的负荷量，超过自己的年龄。这里面，有外在原因，但主要是内在原因。清夜扪心自问：自己患了老来疯了吗？你眼前还有一百年的寿命吗？可是，一到了白天，一接触实际，件件事情都想推掉，但是件件事情都推不掉，真仿佛京剧中的一句话："马行在夹道内，难以回马。"此中滋味，只有自己一人能了解，实不足为外人道也。

在这样的情况下，我有时会情不自禁地回想自己的一生。自己究竟应该怎样来评价自己的一生呢？我虽遭逢过大大小小的灾难，像十年浩劫那样中国人民空前的愚蠢到野蛮到令人无法理解的灾难，我也不幸——也可以说是有"幸"身逢其盛，几乎把一条老命搭上，然而我仍然觉得自己是幸运的，自己赶上了许多意外的机遇。我只举一个小例子。自从盘古开天地，不知从哪里吹来了一股神风，吹出了知识分子这个特殊的族类。知识分子有很多特点。在经济和物质方面是一个“穷”字，自古已然，于今为烈。在精神方面，是考试多如牛毛。在这里也是自古已然，于今为烈。例子俯拾即是，不必多论。我自己考了一辈子，自小学、中学、大学，一直到留学，月有月考，季有季考，还有什么全国统考，考得一塌糊涂。可是我自己在上百场国内外的考试中，从来没有名落孙山。你能说这不是机遇好吗？

但是，俗话说：“一个篱笆三个桩，一个好汉三个帮。”如果没有人帮助，一个人会是一事无成的。我也遇到了极幸运的机遇。生平帮过我的人无虑数百。要我举出人名的话，我首先要举出的，在国外有两个人，一个是我的博士论文导师瓦尔德施米特教授，另一个是教吐火罗语的老师西克教授。在国内的有四个人：一个是冯友兰先生，如果没有他同德国签订德国清华交换研究生的话，我根本到不了德国。一个是胡适之先生，一个是汤用彤先生，如果没有他们的提携的话，我根本来不到北大。最后但不是最少，是陈寅恪先生。如果没有他的影响的话，我不会走上现在走的这一条治学的道路，也同样是来不了北大。至于他为什么不把我介绍给我的母校清华，而介绍给北大，我从来没有问过他，至今恐怕永远也是一个谜，我们不去谈它了。

我不是一个忘恩负义的人。我一向认为，感恩图报是做人的根本准则之一。但是，我对他们四位，以及许许多多帮助过我的师友怎样“报”呢？专就寅恪师而论，我只有努力学习他的著作，努力宣扬他的学术成就，努力帮助出版社把他的全集出全，出好。我深深地感激广州中山大学的校领导和历史系的领导，他们再三举办寅恪先生学术研讨会，包括国外学者在内，群贤毕至。中大还特别创办了陈寅恪纪念馆。所有这一切，我这个寅恪先生的弟子都看在眼中，感在心中，感到很大的慰藉。国内外研究陈寅恪先生的学者日益增多，先生的道德文章必将日益发扬光大，这是毫无问题的。这是我在垂暮之年所能得到的最大的愉快。

然而，我仍然有我个人的思想问题和感情问题。我现在是“后已见来者”，然而却是“前不见古人”，再也不会见到寅恪先生了。我心中感到无限的空寞，这个空寞是无论如何也填充不起来了。掷笔长叹，不禁老泪纵横矣。

1995年12月1日

胡适之先生①

我现在站在胡适之先生墓前。他虽已长眠地下，但是他那典型的“我的朋友”式的笑容，仍宛然在目。可我最后一次见到这个笑容，却已是五十年前的事了。

1948 年 12 月中旬，是北京大学建校五十周年的纪念日。此时，解放军已经包围了北平城，然而城内人心并不惶惶，北大同仁和学生也并不惶惶。不但不惶惶，而且在人们的内心中，有的非常殷切，有的还有点儿狐疑，都在期望着迎接解放军。适逢北大建校大喜的日子，许多教授都满面春风，聚集在沙滩孑民堂中，举行庆典。记得作为校长的适之先生，满面含笑，作了简短的讲话，只有喜庆的内容，没有愁苦的调子。正在这个时候，城外忽然响起了隆隆的炮声。大家相互开玩笑说：“解放军给北大放礼炮哩！”简短的仪式完毕后，适之先生就辞别了大家，登上飞机，飞赴南京去了。我忽然想到了李后主的几句词：“最是仓皇辞庙日，教坊犹奏别离歌，垂泪对宫娥。”我想改写一下，描绘当时适之先生的情景：“最

① 题目为编者所加，原题目为《站在胡适之先生墓前》。——编者注

是仓皇辞校日，城外礼炮声隆隆，含笑辞友朋。"我哪里知道，我们这一次会面竟是最后一次。如果我当时意识到这一点的话，我是含笑不起来的。

从此以后，我同适之先生便天各一方，"世事两茫茫"了。听说，他离开北平后，曾从南京派来一架专机，点名要接走几位老朋友。他亲自在南京机场恭候。飞机返回以后，机舱门开，他满怀希望要同老友会面，然而除了一两位以外，所有他想接的人都没有走出机舱。据说——只是据说，他当时大哭一场，心中的滋味恐怕真是不足为外人道也。

适之先生在南京也没有能待多久，"百万雄师过大江" 以后，他也逃往台湾，后来又到美国去住了几年，并不得志，往日的辉煌犹如春梦一场，已不复存在。后来又回到台湾，最初也不为当局所礼重。往日总统候选人的迷梦，也只留下了一个话柄，日子过得并不顺心。后来，不知怎样一来，他被选为"中央研究院"的院长，算是得到了应有的礼遇，过了几年舒适称心的日子。适之先生毕竟是一书生，一直迷恋于《水经注》的研究，如醉如痴，此时又得以从容继续下去。他的晚年可以说是差强人意的。可惜仁者不寿，猝死于宴席之间。死后哀荣备至。"中央研究院"为他建立了纪念馆，包括他生前的居室在内，并建立了胡适陵园，遗骨埋葬在院内的陵中。今天我们参拜的，就是这个规模宏伟、极为壮观的陵园。

我现在站在适之先生墓前，鞠躬之后，悲从中来，心内思潮汹涌，如惊涛骇浪，眼泪自然流出。杜甫诗："焉知二十载，重上君子堂。"我现在是"焉知五十载，躬亲扫陵墓"。此时，我的心情也是不足为外人道也。

我自己已经到望九之年，距适之先生所待的黄泉或者天堂乐园，只差几步之遥了。回忆自己八十多年坎坷又顺利的一生，真如一部二十四史，不知从何处说起了。

我一生遇到的六位恩师

积八十年之经验，我认为，一个人生在世间，如果想有所成就，必须具备三个条件：才能、勤奋、机遇。行行皆然，人人皆然，概莫能外。别的人先不说了，只谈我自己。关于才能一项，再自谦也不能说自己是白痴。但是，自己并不是什么天才，这一点儿自知之明，我还是有的。谈到勤奋，我自认还能差强人意，用不着有什么愧怍之感。但是，我把重点放在第三项上：机遇。如果我一生还能算得上有些微成就的话，主要是靠机遇。机遇的内涵是十分复杂的，我只谈其中恩师一项。韩愈说："古之学者必有师。师者，所以传道、授业、解惑也。"根据老师这三项任务，老师对学生都是有恩的。然而，在我所知道的世界语言中，只有汉文把"恩"与"师"紧密地嵌在一起，成为一个不可分割的名词。这只能解释为中国人最懂得报师恩，为其他民族所望尘莫及。

我在学术研究方面的机遇，就是我一生碰到了六位对我有教导之恩或者知遇之恩的恩师。我不一定都听过他们的课，但是，只读他们的书也是一种教导。我在清华大学读书时，读过陈寅恪先生所有已经发表的著作，旁听过他的佛经翻译文学，从而种下了研究梵文和巴利文的种子。在当了或滥竽了一年国文教员之后，由于一个天上掉下来的机遇，我到了德国格丁根大学。正在我入学后的第二个学期，瓦尔德施密特先生调到格丁根大学任印度学的讲座教授。当我在教务处前看到他开基础梵文课的通告时，我喜极欲狂。“踏破铁鞋无觅处，得来全不费工夫。”难道这不是天赐的机遇吗？最初两个学期，选修梵文的只有我一个外国学生。然而教授仍然照教不误，而且备课充分，讲解细致，威仪俨然，一丝不苟。几乎是我一个学生垄断课堂，受益之大，自可想见。二战爆发，瓦尔德施密特先生被征从军。已经退休的原印度学讲座教授西克，虽已年逾八旬，毅然又走上讲台。教的依然是我一个中国学生。西克先生不久就告诉我，他要把自己平生的绝招全传授给我，包括《梨俱吠陀》、《大疏》、《十王子传》，还有他费了二十年的时间才解读了的吐火罗文。在吐火罗文研究领域中，他是世界最高权威。我并非天才，六七种外语早已塞满了我那渺小的脑袋瓜，我并不想再塞进吐火罗文。然而像我的祖父一般的西克先生，告诉我的是他的决定，一点儿征求意见的意思都没有。我唯一能走的道路就是：敬谨遵命。现在回忆起来，冬天大雪之后，在研究所上过课，天已近黄昏。积雪白皑皑地拥满十里长街，雪厚路滑，天空阴暗，地闪雪光，路上阒静无人，我搀扶着老爷子，一步高，一步低，送他到家。我没有见过自己的祖父，当时我真觉得，身边的老人就是我的祖父。他为了学术，不惜衰朽残年，不顾自己的健康，想把衣钵传给我这个异国青年。此时我心中思绪翻腾，感激与温暖并在，担心与爱怜齐涌。我真不知道是置身何地了。

二战期间，我被困德国，一待就是十年。二战结束后，听说寅恪先生正在英国就医，我连忙给他写了一封致敬信，并附上发表在格丁根科学院集刊上用德文写成的论文，向他汇报我十年学习的成绩。我很快就收到了他的回信，他问我愿不愿意到北大去任教。北大为全国最高学府，名扬全球；但是门槛一向极高，等闲难得进入，现在竟有一个天赐的机遇落到我头上来，我焉有不愿意之理！我立即回信同意。寅恪先生把我推荐给了当时的北大校长胡适之先生、代理校长傅斯年先生、文学院长汤用彤先生。寅恪先生在学术界有极高的声望，一言九鼎。北大三位领导立即接受。于是我这个三十多岁的毛头小伙子，在国内学术界尚籍籍无名，公然堂而皇之地走进了北大的大门。唐代中了进士，就“春风得意马蹄疾，一日看遍长安花”。我虽然没有一日看遍北平花，但是，身为北大正教授兼东方语言文学系主任，心中有点儿洋洋自得之感，不也是人之常情吗？

典型的“我的朋友”式的笑容

在此后的三年内，我在适之先生和锡予(汤用彤)先生领导下学习和工作，度过了一段毕生难忘的岁月。我同适之先生，虽然学术辈分不同，社会地位悬殊，想来接触是不会太多的。但是，实际上却不然。我们见面的机会非常多，他那一间在孑民堂前东屋里的窄狭简陋的校长办公室，我几乎是常客。作为系主任，我要向校长请示汇报工作。他主编报纸上的一个学术副刊，我又是撰稿者，所以免不了也常谈学术问题。最难能可贵的是，他待人亲切和蔼，见什么人都是笑容满面，对教授是这样，对职员是这样，对学生是这样，对工友也是这样。从来没见过他摆当时颇为流行的名人架子、教授架子。此外，在教授会上，在北大文科研究所的导师会上，在北京图书馆的评议会上，我们也时常有见面的机会。我作为一个年轻的后辈，在他面前，绝没有什么局促之感，经常如坐春风中。

适之先生是非常懂得幽默的，他绝不老气横秋，而是活泼有趣。有一件小事,我至今难忘。有一次召开教授会,杨振声先生新收得了一幅名贵的古画,为了让大家共同欣赏,他把画带到了会上,打开铺在一张极大的桌子上,大家都啧啧称赞。这时适之先生忽然站了起来,走到桌前,把画卷了起来,做纳入袖中状,引得满堂大笑,喜气洋洋。

这时候,印度总理尼赫鲁派印度著名学者师觉月博士来北大任访问教授,还派来了十几位印度男女学生来北大留学。这也算是中印两国间的一件大事。适之先生委托我照管印度老少学者。他多次会见他们,并设宴为他们接风。师觉月作第一次演讲时,适之先生亲自出席,并用英文致欢迎词,讲中印历史上的友好关系,介绍师觉月的学术成就。可见他对此事之重视。

适之先生在美国留学时,忙于对西方,特别是对美国哲学与文化的学习,忙于钻研中国古代先秦的典籍,对印度文化以及佛教还没有进行过系统深入的研究。据说后来由于想写完《中国哲学史》,为了弥补自己的不足,开始认真研究中国佛教禅宗以及中印文化关系。我自己在德国留学时,忙于同梵文、巴利文、吐火罗文以及佛典拼命,没有余裕来从事中印文化关系史的研究。回国以后,迫于没有书籍资料,在不得已的情况下,开始注意中印文化交流史的研究。在新中国成立前的三年中,只写过两篇比较像样的学术论文:一篇是《浮屠与佛》,一篇是《列子与佛典》。第一篇讲的问题正是适之先生同陈援庵先生争吵到面红耳赤的问题。我根据吐火罗文解决了这个问题。两老我都不敢得罪,只采取了一个骑墙的态度。我想,适之先生不会没读到这一篇论文的。我只到清华园读给我的老师陈寅恪先生听。蒙他首肯,介绍给地位极高的《中央研究院史语所集刊》发表。第二篇文章,写成后我拿给了适之先生看，第二天他就给我写了一封信，信中说："《生经》一证，确凿之至！"可见他是连夜看完的。他承认了我的结论，对我无疑是一个极大的鼓舞。这一次，我来到台湾。前几天，在大会上听到主席李亦园院士的讲话，中间他讲到，适之先生晚年任"中央研究院"院长时，在下午饮茶的时候，他经常同年轻的研究人员坐在一起聊天。有一次，他说：做学问应该像北京大学的季羡林那样。我乍听之下，百感交集。适之先生这样说，一定同上面两篇文章有关，也可能同我们分手后十几年中我写的一些文章有关。这说明，适之先生一直到晚年还关注着我的学术研究。知己之感，油然而生。在这样的情况下，我还可能有其他任何的感想吗？

他对共产党没有深仇大恨

在政治方面，众所周知，适之先生是不赞成共产主义的。但是，我们不应忘记，他同样也反对三民主义。我认为，在他的心目中，世界上最好的政治就是美国政治，世界上最民主的国家就是美国。这同他的个人经历和哲学信念有关。他们实验主义者不主张设什么"终极真理"。而世界上所有的"主义"都与"终极真理"相似，因此他反对。他同共产党并没有任何深仇大恨。他自己说，他一辈子没有写过批判共产主义的文章，而反对国民党的文章则是写过的。我可以讲两件我亲眼看到的小事。新中国成立前夕，北平学生经常举行示威游行，比如"沈崇事件"、反饥饿反迫害等，背后都有中共地下党在指挥发动，这一点是尽人皆知的，适之先生焉能不知！但是，每次北平国民党的宪兵和警察逮捕了学生，他都乘坐他那辆当时北平还极少见的汽车，奔走于各大衙门之间，逼迫国民党当局非释放学生不可。他还亲笔给南京驻北平的要人写信,为了同样的目的。据说这些信至今犹存。我个人觉得,这已经不能算是小事了。另外一件事是,有一天我到校长办公室去见适之先生,一个学生走进来对他说:昨夜延安广播电台曾对他专线广播,希望他不要走,北平解放后,将任命他为北大校长兼北京图书馆的馆长。他听了以后,含笑对那个学生说:“人家信任我吗?”谈话到此为止。这个学生的身份他不可能不明白,但他不但没有拍案而起,怒发冲冠,态度依然亲切和蔼。小中见大,这些小事都是能够发人深思的。

适之先生以青年暴得大名,誉满士林。我觉得,他一生处在一个矛盾中,一个怪圈中。一方面是学术研究,一方面是政治活动和社会活动。他一生忙忙碌碌,倥偬奔波,作为一个“过河卒子”,勇往直前。我不知道,他自己是否意识到身陷怪圈。当局者迷,旁观者清。我认为,这个怪圈确实存在,而且十分严重。那么,我对这个问题有什么看法呢?我觉得,不管适之先生自己如何定位,他一生毕竟是一个书生,说不好听一点儿,就是一个书呆子。我也举一件小事。有一次,在北京图书馆开评议会。会议开始时,适之先生匆匆赶到,首先声明,还有一个重要会议,他要早退席。会议开着开着就走了题,有人忽然谈到《水经注》。一听到《水经注》,适之先生立即精神抖擞,眉飞色舞,口若悬河。一直到散会,他也没有退席,而且兴致极高,大有挑灯夜战之势。从这样一个小例子中不也可以小中见大吗?

我在上面谈到了适之先生的许多德行,现在笼统称之为“优点”。我认为,其中最令我钦佩,最使我感动的却是他毕生奖掖后进。“平生不解掩人善,到处逢人说项斯。”他正是这样一个人。这样的例子是举不胜举的。中国是一个很奇怪的国家，一方面有我上面讲到的只此一家的"恩师"；另一方面却又有老虎拜猫为师学艺，猫留下了爬树一招没教老虎，幸免为徒弟吃掉的民间故事。二者显然是有点儿矛盾的。适之先生对青年人一向鼓励提掣。四十年代，他在美国哈佛大学遇到当时还是青年的学者周一良和杨联升等，对他们的天才和成就大为赞赏。后来周一良回到中国，倾向进步，参加革命，其结果是众所周知的。杨联升留在美国，在二三十年的长时间内，同适之先生通信论学，互相唱和，在学术成就上也是硕果累累，名扬海外。周的天才与功力，只能说是高于杨，虽然在学术上也有表现，但是，格于形势，颇令人有未尽其才之感。看了二人的遭遇，难道我们能无动于衷吗？

与适之先生分别之后

我同适之先生在孑民堂庆祝会上分别，从此云天渺茫，天各一方，再没有能见面，也没有能通音信。我现在谈一谈我的情况和大陆方面的情况。我同绝大多数的中老年知识分子和教师一样，怀着绝对虔诚的心情，向往光明，向往进步。觉得自己真正站起来了，大有飘飘然羽化而登仙之感，有点儿忘乎所以了。我从一个最初喊什么人万岁都有点儿忸怩的低级水平，一踏上"革命"之路，便步步登高，飞驰前进；再加上天纵睿智，虔诚无限，全心全意，投入造神运动中。常言道"众人拾柴火焰高"，大家群策群力，造出了神，又自己膜拜，完全自觉自愿，绝无半点儿勉强，对自己则认真进行思想改造。原来以为自己这个知识分子，虽有缺点，并无罪恶，但是，禁不住社会上根红苗壮的阶层的人士天天时时在你耳边聒噪:“你们知识分子身躯脏,思想臭!”西方人说:“谎言说上一千遍就成为真理。”此话就应在我们身上,积久而成为一种“原罪”感,怎样改造也没有用,只有心甘情愿地居于“老九”的地位,改造,改造,再改造,直改造得懵懵懂懂,“两涘渚崖之间,不辩牛马”。然而涅槃难望,苦海无边。而自己却仍然是膜拜不息。通过无数次的运动,一直到十年浩劫,自己被关进牛棚被打得一佛出世二佛升天,皮开肉绽,仍然不停地膜拜,其精诚之心真可以惊天地泣鬼神了。改革开放以后,自己脑袋里才裂开了一点儿缝,“觉今是而昨非”,然而自己已快到耄耋之年,垂垂老矣,离着鲁迅在《过客》一文讲到的长满了百合花的地方不太远了。

至于适之先生,他离开北大后的情况,我在上面已稍有所涉及,总体来说,我是不十分清楚的,也是无法清楚的。到了1954年,从批判俞平伯先生《红楼梦》研究的资产阶级唯心论起,批判之火终于烧到了适之先生身上。这是一场缺席批判。适之先生远在重洋之外,坐山观虎斗。即使被斗的是他自己,反正伤不了他一根毫毛,他乐得怡然观战。他的名字仿佛已经成一个稻草人,浑身是箭,一个不折不扣的“箭垛”。大陆上众家豪杰,各个义形于色,争先恐后,万箭齐发,适之先生兀自岿然不动。我幻想,这一定是一个非常难得的景观。在浪费了许多纸张和笔墨、时间和精力之余,终成为“竹篮子打水一场空”,乱哄哄一场闹剧。

适之先生于1962年猝然逝世,享年已经过了古稀,在中国历代学术史上,这已可以算是高龄了。但以今天的标准来衡量,似乎还应该活得更长一点儿。中国古称“仁者寿”,但适之先生只能说是“仁者不寿”。当时在大陆上“左”风犹狂,一般人大概认为胡适已经是被打倒在地的人,身上被踏上了一千只脚,永世不得翻身了。这样一个人的死去，有何值得大惊小怪！所以报纸杂志上没有一点儿反应。我自己当然是被蒙在鼓里，毫无所知。十几二十年以后，我脑袋里开始透进点光亮的时候，我越想越不是滋味，曾写了一篇短文《为胡适说几句话》，我连"先生"二字都没有勇气加上，可是还有人劝我以不发表为宜。文章终于发表了，反映还差强人意，至少没有人来追查我。我心里一块石头落了地。最近几年来，改革开放之风吹绿了中华大地。知识分子的心态有了明显的转变，身上的枷锁除掉了，原罪之感也消逝了，被泼在身上的污泥浊水逐渐清除了，再也用不着天天夹着尾巴过日子了。这种思想感情上的解放，大大地提高了他们的积极性，愿意为祖国的繁荣富强贡献自己的力量。出版界也奋起直追，出版了几部《胡适文集》。安徽教育出版社雄心最强，准备出版一部超过两千万字的《胡适全集》。我可是万万没有想到，主编这一非常重要的职位，出版社竟垂青于我。我本不是胡适研究专家。我诚惶诚恐，力辞不敢应允。但是出版社却说，现在北大曾经同适之先生共过事而过从又比较频繁的，只剩下我一个人了。铁证如山，我只能"仰"(不是"俯")允了。我也想以此报知遇之恩于万一。我写了一篇长达一万七千字的总序，副标题是：还胡适以本来面目。意思也不过是想拨乱反正，以正视听而已。前不久，又有人邀我在《学林往事》中写一篇关于适之先生的文章，理由同前，我也应允而且从台湾回来后抱病写完。这一篇文章的副标题是：毕竟一书生。原因是，前一个副标题说得太满，我哪里有能力还适之先生以本来面目呢？后一个副标题是说我对适之先生的看法，是比较实事求是的。

我在上面谈了一些琐事和非琐事，俱往矣，只留下了一些可贵的记忆。我可真是万万没有想到，到了望九之年，居然还能来到宝岛。到了台北以后，才发现，五十年前在北平结识的老朋友，比如梁实秋、袁同礼、傅斯年、毛子水、姚从吾等，全已作古。我真是“访旧‘全’为鬼，惊呼热中肠”了。天地之悠悠是自然规律，是人力所无法抗御的。

我站在适之先生墓前，心中浮想联翩，上下五十年，纵横数千里，往事如云如烟，又历历如在目前。中国古代有俞伯牙在钟子期墓前摔琴的故事，又有许多在挚友墓前焚稿的故事。按照这个旧理，我应当把我那新出齐了的文集搬到适之先生墓前焚掉，算是向他汇报我毕生科学研究的成果。但是，我此时虽思绪混乱，神志还是清楚的，我没有这样做。我环顾陵园，只见石阶整洁，盘旋而上。陵墓极雄伟，上覆巨石，墓志铭为毛子水亲笔书写。墓后石墙上嵌有“德艺双隆”四个大字，连同墓志铭，都金光闪闪，炫人双目。我站在那里，蓦抬头，适之先生那有魅力的典型的“我的朋友”式的笑容，突然显现在眼前，五十年依稀缩为一刹那，历史仿佛没有移动。但是，一定神儿，忽然想到自己的年龄，历史毕竟是动了。可我一点儿也没有颓唐之感，我现在大有“老骥伏枥，志在千里”之感。我相信有朝一日，我还会有机会重来宝岛，再一次站在适之先生墓前。

1999年5月2日写毕

后记

文章写完了。但是对开头处所写的1948年12月在孑民堂庆祝北大建校五十周年一事，脑袋里终究还有点儿疑惑。我对自己的记忆能力是颇有一点儿自信的，但是，说它是“铁证如山”，我还没有这个胆量。怎么办呢？查书。我的日记在“文革”中被抄家时丢了几本，无巧不成书，丢的日记中正巧有1948年的。于是又托高鸿查胡适日记，没能查到。但是，从当时报纸上的记载中得知胡适于12月15日已离开北平，到了南京，并于17日在南京举行北大校庆五十周年庆祝典礼，发言时“泣不成声”云云。可见我的回忆是错了。又一个怎么办呢？一是改写，二是保留不变。经过考虑，我采用了后者。原因何在呢？我认为，已经发生过的事情是一个现实，我脑筋里的回忆也是一个现实，一个存在形式不同的现实。既然我有这样一段回忆，必然是因为我认为，如果适之先生当时在北平，一定会有我回忆的那种情况，因此我才决定保留原文，不加更动。但那毕竟不是事实，所以写了这一段后记，以正视听。

1999年5月14日

李长之先生

稍微了解我的交游情况的人，恐怕都会有一个疑问：季羡林是颇重感情的人，他对逝去的师友几乎都写了纪念文章，为什么对李长之独付阙如呢？

这疑问提得正确，正击中了要害。我自己也有这个疑问的。原因究竟何在呢？我只能说，原因不在长之本人，而在另一位清华同学。事情不能说是小事一端，但也无关世界大局和民族兴亡，我就不再说它了。

长之是我一生中最早的朋友。认识他时，我只有八九岁，地方是济南一师附小。我刚从私塾转入新式小学，终日嬉戏，并不念书，也不关心别人是否念书。因此对长之的成绩如何也是始终不知道的，也根本没有想知道的念头。小学生在一起玩，是常见的现象，至于三好两歹成为朋友，则颇为少见。我同长之在一师附小的情况就是这样，我不记得同他有什么亲密的往来。

当时的一师校长是王祝晨先生，是有名的新派人物，最先接受了"五四"的影响，语文改文言为白话。课本中有一课是举世皆知的《阿拉伯的骆驼》。我的叔父平常是不大关心我的教科书的。无巧不成书，这一个《阿拉伯的骆驼》竟偶然被他看到了。看了以后，他大为惊诧，高呼："骆驼怎么能说话呢？荒唐！荒唐！转学！转学！"于是我立刻就转了学，从一师附小转到新育小学(后改称三合街小学)。

我在新育小学，不是一个用功的学生。不爱念书，专好打架。后来有人说我性格内向，我自己也认为是这样；但在当时，我大概很不内向，而是颇为外向的，打架就是一个证明。我是怎样转为内向的呢？这问题过去从未考虑过，大概同我所处的家庭环境有关吧。反正我当时是不大念书的。每天下午下课以后，就躲到附近工地上堆砖的一个角落里，大看而特看旧武侠小说，什么《彭公案》、《施公案》、《济公传》、《东周列国志》、《封神演义》、《说岳》、《说唐》等等，《彭公案》我看到四十几续，越续越荒唐，我却乐此不疲。不认识的字当然很多。秋妹和我常开玩笑，问不认识的字是用筷子夹呢，还是用笤帚扫；前者表示不多，后者则表示极多，我大概是用笤帚扫的时候居多吧。读旧小说，叔父称之为"看闲书"，是为他深恶而痛绝的。我看了几年闲书，却觉得收获极大。我以后写文章，思路和文笔都似乎比较通畅，与看闲书不无关联。我痛感今天的青年闲书看得不够。是不是看闲书有百利而无一弊呢？也不能这样说，比如我想练"铁砂掌"之类的笑话，就与看闲书有关。但我认为，那究竟是些鸡毛蒜皮的事，用不着大张挞伐的。

看闲书当然会影响上正课。当时已经实行了学年学期末考试张榜的制度。我的名次总盘旋在甲等三四名，乙等一二名之间，从来没有拿到过甲等第一名。我似乎也毫无追求这种状元的野心，对名次一笑置之，我行我素，闲书照看不误。

我一转学，就同长之分了手，一分就是六年。新育毕业后，按常理说，我应该投考当时大名鼎鼎的济南一中的。但我幼无大志，自知是一个上不得台盘的人，我连报名的勇气都没有，只是凑合着报考了与“烂育英”相提并论的“破正谊”。但我的水平，特别是英语水平，恐怕确实高于一般报考正谊中学的学生，因此，我入的不是一年级，而是一年半级，讨了半年的便宜。以后事实证明，这半年是“狗咬尿泡一场空”，一点儿用处也没有。至于长之，他入的当然是一中。一中毕业以后，他好像是没有入山大附中，而是考入齐鲁大学附中，从那里又考入北京大学预科。但在北大预科毕业后，却不入北大，而是考入清华大学。我自己呢，正谊毕业以后，念了半年正谊高中。山大附设高中成立后，我转到那里去念书。念了两年，日寇占领了济南，停学一年，1929年，山东省立济南高中成立，我转到那里，1930年毕业，考入清华大学。于是，在分别六年之后，我同长之又在清华园会面了。

长之最初入的是生物系，看来是走错了路。我有一次到他屋里去，看到墙上贴着一张图，是他自己画的细胞图之类的东西，上面有教员改正的许多地方，改得花里胡哨。长之认为，细胞不应该这样排列，这样不美。他根据自己的审美观加以改变，当然就与大自然有违，这样的人能学自然科学吗？于是他转入了哲学系。又有一次我走到他屋里，又看到墙上贴着一张法文试卷。上面法文教员华兰德老小姐用红笔改得满篇红色，熠熠闪着红光。这一次，长之没有说法文不应该这样结构，只是苦笑不已，大概是觉得自己的错误已经打破了世界纪录了吧。从这两个小例子上，完全可以看出，长之是有天才的人，思想极为活跃，但不受任何方面的绳墨的约束。这样的人，做思想家可能有大成就，做语言学家或自然科学家则只能有大失败。长之的一生证明了这一点。

我同长之往来是很自然的事。但是,不知道是怎样一来,我们同中文系的吴组缃和林庚也成了朋友,经常会面,原因大概是我们都喜欢文学,都喜欢舞笔弄墨。当时并没有什么"清华四剑客"之类的名称,可我们毫无意识地结成了一个团伙,则确是事实。我们会面,高谈阔论,说话则是尽量夸大,尽量偏激,"挥斥方遒",粪土许多当时的文学家。有一天,茅盾的《子夜》刚出版不久,在中国文坛上引起了极大的震动。我们四人当然不会无动于衷,就聚集在工字厅后面的一间大厅里,屋内光线不好,有点儿阴暗。但窗外荷塘里却是红荷映日,翠盖蔽天,绿柳垂烟,鸣蝉噪夏,一片暑天风光。我们四人各抒己见,有的赞美,有的褒贬,前者以组缃为代表,后者的代表是我,一直争到室内渐渐地暗了下来,已经到了吃晚饭的时候了,我们方才鸣金收兵。遥想当年的鹅湖大会,盛况也不过如此吧。

由于我们都是"文学青年",又都崇拜当时文坛上的明星,我们都不自觉地拜在郑振铎先生门下,并没有什么形式,只是旁听过他在清华讲"中国文学史"的课,又各出大洋三元订购了他的《插图本中国文学史》。郑先生是名作家兼学者,但是丝毫没有当时的教授架子,同我谈话随便,笑容满面,我们结成了忘年交,终生未变。我们曾到他燕京大学的住宅去拜访过他,对他那藏书插架之丰富,狠狠地羡慕了一番。他同巴金、靳以主编了《文学季刊》,一时洛阳纸贵。我们的名字赫然印在封面上,有的是编委,有的是特约撰稿人。虚荣心恐怕是人人有之的。我们这几个二十岁刚出头的毛头小伙子,心里有点儿飘飘然,不是很自然的吗?有一年暑假,我同长之同回济南,他在家中宴请老舍,邀我作陪,这是我认识老舍先生之始,以后也成了好朋友。

我同长之还崇拜另一位教授,北京大学德文系主任、清华大学兼任教授杨丙辰先生。他也是冯至先生的老师,早年在德国留过学,没拿什么学位,翻译过德国一些古典名著,其他没有什么著作。他在北京许多大学兼课,每月收入大洋一千余元,当时是一个很大的数目。他有一位年轻貌美的夫人,以捧京剧男角为主要业务。他则每天到中山公园闲坐喝茶为主要活动。夫妇感情极好,没有儿女。杨先生的思想极为复杂,中心信仰是"四大皆空"。因此教书比较随便,每个学生皆给高分。有一天,他拿给长之和我一本德文讲文艺理论的书,书名中有一个德文字 Literaturwissenschafe,意思是"文艺科学"。长之和我都觉得此字极为奇妙,玄机无穷,我们简直想跪下膜拜。我们俩谁也没有弄明白,葫芦里究竟卖的是什么药。后来我到了德国,才知道这是一个非常一般的字,一点儿玄妙也没有。长之却写文章,大肆吹捧杨先生,称他为"我们的导师"。长之称他自己的文学批评理论为"感情的批评主义"。我对理论一向不感兴趣。他这"感情的批评主义"是不是指愿意怎么说就怎么说,完全以主观印象为根据,我不得而知,一直到今天,我也是一点儿都不明白。

有一位姓张的中文系同学,同我们都不大来往,与长之来往极密。长之张皇"造名运动",意思是尽快出名,这位张君也是一个自命"天才"的人,在这方面与长之极为投机。对这种事情,我不置一词。但是他从图书馆借书出来,挖掉书中的藏书票,又用书来垫床腿,我则极为不满,而长之漠然置之,这却引起了我的反感。我认为,这是损人利己的行为,是不道德的。再扩大了,就会形成曹操主义:宁要我负天下人,不要天下人负我。对一个文明社会来说，是完全要不得的。我是不是故意危言耸听呢？我绝无此意。这位张君，我毕业后又见过一次面，以后就再没有听到过他的消息，不知所终了。

时间已经到了1935年。我在清华毕业后，在济南省立高中教过一年国文。这一年考取了清华与德国的交换研究生。我又回到北平办理出国手续，住在清华招待所里。此时长之大概是由于转系的原因还没有毕业。我们天天见面，曾共同到南院去拜见了闻一多先生。这是我第一次拜见一多先生，当然也就是最后一次了。长之还在他主编的天津《益世报》“文艺副刊”上写长文为我送行，又在北海为我饯行，邀集了不少的朋友。我们先在荷花丛中泛舟。虽然正在炎夏，但荷风吹来，身上尚微有凉意，似乎把酷暑已经驱除，而荷香入鼻，更令人心旷神怡。抬头见白塔，塔顶直入晴空，塔影则映在水面上，随波荡漾。祖国风光，实在迷人。我这个即将万里投荒的准游子，一时心潮腾涌，思绪万千。再看到这样的景色不知要等到何年何月了。

我同长之终于分了手。我到德国的前两年，我们还不断有书信往来。他给我寄去了日本学者高楠顺次郎等著的《印度古代哲学宗教史》，还在扉页上写了一封信。二战一起，邮路阻绝。我们彼此不相闻向者长达八九年之久。万里相思，婵娟难共。我在德国经历了战火和饥饿的炼狱，他在祖国饱尝了外寇炮火的残酷。朝不虑夕，生死难卜，各人有各人的一本难念的经。但是，有时候我还会想到长之的。忘记了是哪一年，我从当时在台湾教书的清华校友许振德的一封信中，得知长之的一些情况。他笔耕不辍，著述惊人，每年出几本著作，写多篇论文。著作中最引人注目的是《鲁迅批判》，鲁迅个人曾读到此书。当时所谓“批判”就是“评论”的意思，与后来“文革”中所习见者迥异其趣。但是，“可惜小将(也许还有老将)不读书”，这给长之招来了无穷无尽的麻烦与灾难，这是后话，在这里暂且不表了。

1946年夏天，我在离开了祖国十一年之后，终于经过千辛万苦，绕道瑞士、法国、越南、中国香港等地，又回到了祖国的怀抱。当时我热泪盈眶，激动万端，很想跪下来，吻一下祖国的土地。我先在上海见到了克家，在他的榻榻米上睡了若干天。然后又到南京，见到了长之。我们虽已分别十一年，但在当时，我们都还是三十多岁的小伙子，并显不出什么老相。长之在国立编译馆工作，我则是无业游民。我虽已接受了北大的聘约，但尚未上班，当然没有工资。我腰缠一贯也没有，在上海卖了一块从瑞士带回来的欧米茄金表，得到八两黄金，再换成法币，一半寄济南家中，一半留着自己吃饭用。住旅馆是没有钱的，晚上就睡在长之的办公桌上，活像一个流浪汉。

就这样，我的生活可以说是不安定不舒服的。确实是这样。但是也有很舒服的一面。我乍回到祖国，觉得什么东西都可爱，都亲切，都温暖。长之的办公桌，白天是要用的。因此，我一起“床”，就必须离开那里。但是，我又没有别的地方可去，只有出门到处漫游，这就给了我一个接近祖国事物和风光的机会。这就是温暖的来源。国立编译馆离开古台城不远。每天我一离开编译馆，就直奔台城。那里绿草如茵，古柳成行，是否还有“十里”长，我说不出。反正是绿叶蔽天，浓阴匝地，“依旧烟笼十里堤”的气势俨然犹在。这里当然是最能令人发思古之幽情的地方。然而我的幽情却发不出，它完全为感激之情所掩。我套用了那一首著名的唐诗，写了两句诗：“有情最是台城柳，伴我长昼度寂寥。”可见我心情之一斑。

附近的诸名胜，比如鸡鸣寺、胭脂井之类，我是每天必到。也曾文思涌动过，想写点什么；但只写了一篇《胭脂井小品序》，有序无文，成了一只断线的风筝了。

长之在星期天当然也陪我出来走走。我们一向是无话不谈的。他向我介绍了国内的情况，特别是国民党的情况。抗战胜利后，国民党派出了很多大员，也有中员和小员，到各地去接收敌伪的财产。他们你争我夺，钩心斗角，闹得一塌糊涂；但每个人的私囊都塞得鼓鼓的。这当然会引起人民群众的愤怒，一时昏天昏地。长之对我绘声绘色地讲了这些情况，可见他对国民党是不满的。他还常带我到鼓楼附近的一条大街上新华社对外报栏那里去看中共的《新华日报》。这是危险的行动，会有人盯梢照相的。他还偷偷地告诉我，济南一中同学王某是军统特务，对他说话要小心。可见长之政治警惕性是很高的。他是我初入国门的政治指导员，让我了解了很多事情。他还介绍我认识了梁实秋先生。梁先生当时也在国立编译馆工作，他设盛宴，表示为我洗尘。从此我们成了忘年交。梁先生也是名人，却毫无名人架子。我们相处时间虽不长，但是我们一生都维持着出自内心的友谊。

1946年深秋，我离开了南京，回到上海，乘轮船到达秦皇岛再转乘火车回到了阔别十一年多的北京。再过三年，就迎来了解放。此时长之也调来北京师范大学。中国老知识分子，最初都是豪情满怀，逸兴遄飞的，仿佛走的是铺满了鲜花的阳关大道。但是，不久运动就一个接一个铺天盖地而来，知识分子开始走上了坎坷不平的长满了荆棘的羊肠小道。言必有过，动辄得咎，几乎每个人都被弄得晕头转向，不知所之。但是，中国知识分子的爱国赤诚，源远流长，根深蒂固。即使是处在这样的情况下，几乎没有人心怀不满的,总是深挖自己的灵魂,搜寻自己的缺点。结果是一种中国牌的原罪感压倒了一切。据我看,这并没有产生多少消极的影响。对某一些自高自大的知识分子来说反倒会有一些好处的。这一些人有意与无意地总觉得高人一等。从建国到60年代中叶"十年浩劫"前,中国的老知识分子的心态和情况大体上就是这样。

北大一向是政治运动的发源地,学生思想非常活跃。北师大稍有不同,但每次运动也从不迟到。我在上面已经说到,长之从南京调北师大工作。我的另一位从初中就成为朋友的同学张天麟,也调到了北师大去工作。无巧不成书,每次运动,他们俩总是首先被冲击的对象,成了有名的"运动员"。张的事情在这里先不谈,只谈长之。我在上面已经说过,他并不赞成国民党,但我听说,不知道是在哪一年,他曾在文章中流露出吹捧法西斯的思想。确否不知。即使是真的,也不过只是书生狂言,也可能与他的个人英雄主义思想有关,当不得真的。最大的罪名恐怕还是他那部《鲁迅批判》。鲁迅几乎已经被尊为圣人,竟敢"批判"他,岂不是太岁头上动土!这有点咎由自取,但也不完全是这样。在莫须有的罪名满天飞的时候,谁碰上谁就倒霉。长之是不碰也得碰的。结果被加冕为"右派"。谁都知道,这一顶帽子无比地沉重,无异于一条紧箍,而且谁都能念紧箍咒。他被剥夺了教书的权利,只在图书室搞资料,成了一个"不可接触者"。"反右"后,历次政治运动,他都是带头的"运动员",遭受了不知道多少次的批判。这却不是他笔下的那种"批判",而是连灵魂带肉体双管齐下的批斗。到了"十年浩劫",他当然是绝对逃不过的。他受的是什么"待遇",我不清楚。我自己则是自觉自愿地跳出来的,反对那一位北大的"老佛爷",在牛棚中饱受痛打与折磨。我们俩都是泥菩萨过江自身难保了。

“四人帮”垮台以后，天日重明，普天同庆。长之终于摘掉了“右派”帽子。虽然仍有一顶“摘帽右派”的帽子无声无影地戴在头上，但他已经感觉到轻松多了。有一天，他来到燕园来看我，嘴里说着：“我以前真不敢来呀！”这一句话刺痛了我的心，我感到惭愧内疚。我头上并没戴“右派”的帽子，为什么没有去看他呢？我绝不是出于政治上考虑才不去看他的。我生平最大的缺点——说不定还是优点哩——就是不喜欢串门子。我同吴组缃和林庚同居一园之内，也是十年九不遇地去看看他们。但是长之毕竟与他俩不同。我不能这样一解释就心安理得，我感到不安。长之伸出了他的右手，五个手指已经弯曲僵硬如鸡爪，不能伸直。这意味着什么呢？我说不清。但是，我的泪水却向肚子里直流，我们相对无言了。

这好像是我同长之的最后一次会面。又隔了一段时间，我随对外友协代表团赴印度访问，在那里待的时间比较长。回国以后，听说长之已经去世，我既吃惊又痛苦。以长之的才华，本来还可以写一些比较好的文章共庆升平的。然而竟赍志以没。我们相交七十余年，生不能视其疾，死不能临其丧，我的心能得安宁吗？呜呼！长才未展，命途多舛；未臻耄耋，遽归道山。我还没有能达到“悲欢离合总无情”的水平。我年纪越老，长之入梦的次数越多。我已年届九旬，他还能入梦多少次啊！悲哉！

2001年5月29日写毕

许衍梁先生

在将近六十年前,我同衍梁是济南高中同学。我们俩同年生,我却比他高一级或者两级。既然不是同班,为什么又成了要好的朋友呢?这要从我们的共同爱好谈起。

日本侵略者短期占领济南于1929年撤兵之后,停顿了一年的山东省会的教育又开始复苏。当时山东全省唯一的一所高中——山东省立济南高中正式建立。在中等教育层次中,这是山东的最高学府,全省青年人才荟萃之地。当时的当政者颇为重视。专就延聘教员方面来说,请到了许多学有专长的教员,可谓极一时之选。国文教员有胡也频、董秋芳、夏莱蒂、董每戡等,都是在全国颇有名气的作家。我们的第一位国文教员是胡也频先生。他当时年少气盛,而且具有青年革命家一往无前的精神,现在看起来虽然略有点沉着不够,深思熟虑不够,但是他们视反动派如粪土,如木雕泥塑,先声夺人。在精神方面他们是胜利者。胡先生在课堂上坦诚直率地宣传革命,宣传革命文艺。每次上课几乎都在黑板上大书:"什么是现代文艺?现代文艺的使命是什么?"所谓现代文艺,当时也称之为普罗文学,也就是无产阶级文学。它的使命就是革命,就是推翻以蒋介石为首的国民党反动派的统治。他讲起来口若悬河泄水,滔滔不绝。我们当时都才十七八岁,很容易受到感染,也跟着大谈现代文艺和现代文艺的使命。

在青年学生中最积极的积极分子之一就是许衍梁。

我们当时都是山东话所说的“愣头青”,就是什么顾虑也没有,什么东西也不怕。我们虽然都不懂什么叫革命,却对革命充满了热情。胡也频先生号召组织现代文艺研究会,我们就在宿舍旁边的过道上摆上桌子,坦然怡然地登记愿意参加的会员。我们还准备出版刊物,我给刊物写过一篇文章,题目是《现代文艺的使命》。当时看了一些从日文转译过来的俄国人写的马克思文艺理论。译文极其别扭,读起来像天书一般,我也生吞活剥地写入我的“文章”,其幼稚可想而知。但是自己却颇有一点儿自命不凡的神气。记得衍梁也写了文章,题目忘记了,其幼稚程度同我恐怕也在伯仲之间。

这些举动当然会惹起国民党反动派的注意。我们学校就设有什么训导主任,专门宣传国民党党义和监视学生的活动。他们散布流言,说济南高中成了“土匪训练班”。衍梁当仁不让地是“土匪”之一。对他们眼中的“土匪”们,国民党一向是残酷消灭,手下绝不留情的。不久,就传出了“消息”,说是他们要逮捕人。胡也频先生立即逃离济南,到了上海。过了没有多久,国民党反动派终于下了毒手,他就在龙华壮烈牺牲了。

我们这些小“土匪”们失去了支柱,只好变得安分守己起来。一转眼到了1930年夏天,我毕业离校,到北平考上国立清华大学,同衍梁就失去了联系。一直到1946年,我从欧洲回国,1947

年回到济南，才再次同他见面。当时正处在解放战争高潮中，济南实际上成了一座孤城，国民党反动派眼看就要崩溃。记得我们也没有能见多少次面，我就又离开济南回北平来了。

又是一段相当长的别离。好像是到了“四人帮”垮台以后，我才又去济南见了衍梁。他当了官，对老友仍然像从前那样热情。七年前我回到济南开会，一中的老同学集会了一次。五六十年没有见面的中学老同学又见了面，实在是空前盛会，大家都兴奋异常。我想大家都会因想到杜甫的诗：“人生不相见，动如参与商。今夕复何夕？共此灯烛光。”而感慨万端。我见到了余修、黄离等等，衍梁当然也在里面，而且是最活跃的一个。此时他已经不戴乌纱帽，而搞山东科协。看来他的精神很好，身体很健康。谁也没料到，不久余修谢世，去年衍梁也病逝北京，这一次盛会不但空前，竟也绝后了。

我久已年逾古稀。但是一直到最近，我才逐渐承认自己是老人了。中国古代文人常用一个词儿，叫作“后死者”，我觉得这个词儿实在非常有意思。同许多老朋友比起来，我自己竟也成了一个“后死者”。当一个“后死者”是幸运的——谁不愿意长寿呢？但任务也是艰巨的。许多已死的老朋友的面影闪动在自己的脑海中，迷离历乱，不成章法，但又历历在目，栩栩如生。据说老年人都爱回忆过去。根据我自己的经验，这并不是老年人独有的爱好，而是在沉重的回忆的压力下不得不尔。

我常拿晚秋的树叶来比老年人。在木叶凋零的时刻，树上残留的叶片日益减少。秋风一吹，落下几片。秋风又一吹，又落下几片。树本身也许还能做梦，梦到冬去春来，树叶又可以繁茂起来。老年人是没有这种幸福的。他们只能眼睁睁地看着叶片日益稀少。淡淡的或浓浓的悲哀压在心头。屠格涅夫的一首散文诗，鲁迅的散文诗《过客》都讲道：眼前最终是一个坟墓。"人生至此，天道宁论"，古人已经叹息过了。我自认为是唯物主义者，知道这是自然规律，不可抗御，无所用其悲哀。但话虽这样说，如果说对生死绝不介意，恐怕是很难做到的。

现在我中小学的同伴生存的已经绝无仅有了，衍梁的面影，也夹在许多老朋友的面影中活跃在我的脑海里，等到我自己的面影也活跃在比我更后死的朋友的脑海中时，恐怕再没有谁还会记得起衍梁了。我现在乘着他的面影还在闪动时，写下这一篇短文，希望把他的面影保留得尽可能长一些。我现在能做的也就只这些了，呜呼，真叫作没有法子。

1987年7月23日

胡乔木先生

我认识乔木是在清华大学。当时我不到二十岁,他小我一年,年纪更轻。我念外语系而他读历史系。我们究竟是怎样认识的,现在已经回忆不起来。总之我们认识了。当时他正在从事反国民党的地下活动(后来他告诉我,他当时还不是党员)。他创办了一个工友子弟夜校,约我去上课。我确实也去上了课,就在那一座门外嵌着"清华学堂"的高大的楼房内。有一天夜里,他摸黑坐在我的床头上,劝我参加革命活动。我虽然痛恶国民党,但是我觉悟低,又怕担风险。所以,尽管他苦口婆心,反复劝说,我这一块顽石愣是不点头。我仿佛看到他的眼睛在黑暗中闪光。最后,听他叹了一口气,离开了我的房间。早晨,在盥洗室中我们的脸盆里,往往能发现革命的传单,是手抄油印的。我们心里都明白,这是从哪里来的。但是没有一个人向学校当局去报告。从此相安无事,一直到一两年后,乔木为了躲避国民党的迫害,逃往南方。

此后,我在清华毕业后教了一年书,同另一个乔木(乔冠华,后来号"南乔木",胡乔木号"北乔木")一起到了德国,一住就是十年。

此时，乔木早已到了延安，开始他那众所周知的生涯。我们完全走了两条路，恍如云天相隔，“世事两茫茫”了。

等到我于1946年回国的时候，解放战争正在激烈进行。到了1949年，解放军终于开进了北平城。就在这一年的春夏之交，我忽然接到一封从中南海寄出来的信。信开头就说：“你还记得当年在清华时一个叫胡鼎新的同学吗？那就是我，今天的胡乔木。”我当然记得的，一缕怀旧之情蓦地萦上了我的心头。他在信中告诉我说，现在形势顿变，国家需要大量的研究东方问题、通东方语文的人才。他问我是否同意把南京东方语专、中央大学边政系一部分和边疆学院合并到北大来。我同意了。于是有一段时间，东语系是全北大最大的系。原来只有几个人的系，现在顿时熙熙攘攘，车马盈门，热闹非凡。

记得也就是在这之后不久，乔木到我住的翠花胡同来看我。一进门就说：“东语系马坚教授写的几篇文章：《穆罕默德的宝剑》、《回教徒为什么不吃猪肉？》等，毛先生很喜欢，请转告马教授。”他大概知道，我们不习惯于说“毛主席”，所以用了“毛先生”这一个词儿。我当时就觉得很新鲜，所以至今不忘。

到了1951年，我国政府派出了建国后第一个大型的出国代表团——赴印缅文化代表团。乔木问我愿不愿参加，我当然非常愿意。我研究印度古代文化，却没有到过印度，这无疑是一件憾事。现在天上掉下来一个良机，可以弥补这个缺憾了。于是我畅游了印度和缅甸，留下了毕生难忘的印象。这当然要感谢乔木。

但是，我是一个上不得台盘的人，我很怕见官。两个乔木都是我的朋友，现在都当了大官。我本来就不喜欢拜访人，特别是官，不管是多熟的朋友，也不例外。建国初期，我曾请南乔木乔冠华给北大学生作过一次报告。记得送他出来的时候，路上遇到艾思奇，他们俩显然很熟识。艾说："你也到北大来老王卖瓜了！"乔说："只许你卖，就不许我卖吗？"彼此哈哈大笑。从此我就再没有同乔冠华打交道。同北乔木也过从甚少。

说句老实话，我这两个朋友，南北两乔木都没有官架子。我最讨厌人摆官架子，然而偏偏有人爱摆。这是一种极端的低级趣味的表现。我的政策是：先礼后兵。不管你是多么大的官，初见面时，我总是彬彬有礼。如果你对我稍摆官谱，从此我就不再理你，见了面也不打招呼。知识分子一向是又臭又硬的，反正我绝不想往上爬，我完全无求于你，你对我绝对无可奈何。官架子是抬轿子的人抬出来的。如果没有人抬轿子，架子何来？因此我憎恶抬轿子者胜于坐轿子者。如果有人说这是狂狷，我也只等秋风过耳边。

但是，乔木却绝不属于这一类的官。他的官越做越大，地位越来越高，被誉为"党内的才子"、"大手笔"，俨然执掌意识形态大权，名满天下。然而他并没有忘掉故人。特别是文化大革命以后，我们都有独自的经历。我们虽然没有当面谈过，但彼此心照不宣。他到我家来看过我，他的家我却是一次也没有去过。什么人送给他了上好的大米，他也要送给我一份。他到北戴河去休养，带回来了许多个儿极大的海螃蟹，也不忘记送我一筐。他并非百万富翁，这些可能都是他自己出钱买的。按照中国老规矩：来而不往，非礼也。投桃报李，我本来应该回报点东西的，可我什么吃的东西也没有送给乔木过。这是一种什么心理呢？我自己并不清楚。难道是中国旧知识分子，优秀的知识分子那种传统心理在作怪吗？

1986 年冬天，北大的学生有一点儿"不稳"，乔木大概有点儿着急。有一天他让我的儿子告诉我，他想找我谈一谈，了解一下真实的情况。但他不敢到北大来，怕学生们对他有什么行动，甚至包围他的汽车，问我愿不愿意到他那里去。我答应了。于是他把自己的车派来，接我和儿子、孙女到中南海他住的地方去。外面刚下过雪，天寒地冻。他住的房子极高极大，里面温暖如春。他全家人都出来作陪。他请他们和我的儿子、孙女到另外的屋子里去玩，只留我们两人，促膝而坐。开宗明义，他先声明："今天我们是老友会面。你眼前不是政治局委员、书记处书记，而是六十年来的老朋友。"我当然完全理解他的意思，把我对青年学生的看法，竹筒倒豆子，和盘倒出，毫不隐讳。我们谈了一个上午，只是我一个人说话。我说的要旨其实非常简明：青年学生是爱国的。在上者和年长者唯一正确的态度是理解与爱护，诱导与教育。个别人过激的言行可以置之不理。最后，乔木说话了：他完全同意我的看法，说是要把我的意见带到政治局去。能得到乔木的同意，我心里非常痛快。他请我吃午饭。他们全家以夫人谷羽同志为首和我们祖孙三代围坐在一张非常大的圆桌旁。让我吃惊的是，他们吃得竟是这样菲薄，与一般人想象的什么山珍海味、燕窝、鱼翅，毫不沾边儿。乔木是一个什么样的官儿，也就一清二楚了。

有一次，乔木想约我同他一起到甘肃敦煌去参观。我委婉地回绝了。并不是我不高兴同他一起出去，我是很高兴的。但是，一想到下面对中央大员那种逢迎招待、曲尽恭谨之能事的情景，一想到那种高楼大厦、扈从如云的盛况，我那种上不得台盘的老毛病又发作了，我感到厌恶，感到腻味，感到不能忍受。眼不见为净，还是老老实实地待在家里为好。

最近几年以来，乔木的怀旧之情好像愈加浓烈。他曾几次对我说："老朋友见一面少一面了！"我真是有点惊讶。我比他长一岁,还没有这样的想法哩。但是,我似乎能了解他的心情。

他最后一次到我家来,是老伴谷羽同志陪他来的。我的儿子也来了。后来谷羽和我的儿子到楼外同秘书和司机去闲聊,屋里只剩下了我同乔木两人。我一下回忆起几年前在中南海的会面。同一会面,环境迥异。那一次是在极为高大宽敞、富丽堂皇的大厅里。这一次却是在低矮窄小、又脏又乱的书堆中。乔木仍然用他那缓慢低沉的声调说着话。我感谢他签名送给我的诗集和文集。他赞扬我在学术研究中取得的成就,用了几个比较夸张的词儿。我顿时感到惶恐,觳觫不安。我说:“你取得的成就比我大得多而又多呀!”对此,他没有多说什么话,只是轻微地叹了一口气,慢声细语地说:“那是另外一码事儿。”我不好再说什么了。谈话时间不短了,话好像是还没有说完。他终于起身告辞。我目送他的车转过小湖,才慢慢回家,我哪里会想到,这竟是乔木最后一次到我家里来呢?

大概是在前年,我忽然听说:乔木患了不治之症。我大吃一惊,仿佛当头挨了一棍。“斯人也,而有斯疾也。”难道天道真就是这个样子吗?我没有别的办法,只能寄希望于万一。这一次,我真想破例,主动到他家去看望他。但是,儿子告诉我,乔木无论如何也不让我去看他。我只好服从他的安排。要说心里不惦念他,那是根本不可能的。六十多年的老友,世界上没有几个了。

时间也就这样过去。去年八九月间,他委托他的老伴告诉我的儿子,要我到医院里去看他。我十分了解他的心情:这是要同我最后诀别了。我怀着沉重的心情,同儿子到了他住的医院里。病房同中南海他的住房同样宽敞高大,但我的心情却无论如何也不能同那一次进中南海相比,我这一次是来同老友诀别的。乔木仰面躺在病床上，嘴里吸着氧气。床旁还有一些点滴用的器械。他看到我来了，显得有点儿激动，抓住我的手，久久不松开。看来他知道，这是最后一次握老友的手了。但是，他神态是安详的，神志是清明的，一点儿没有痛苦的表情。他仍然同平常一样慢声慢气地说着话。他曾在《人物》杂志上读过我那《留德十年》的一些篇章。不知道为什么他现在又忽然想了起来，连声说："写得好！写得好！"我此时此刻百感交集，我答应他全书出版后，一定送他一本。我明知道这只不过是空洞的谎言。这种空洞萦绕在我耳旁，使我自己都毛骨悚然。然而我不说这个又能说些什么呢？

这是我同乔木最后一次见面。过了不久，他就离开了人间。按照中国古代一些知识分子的做法，《留德十年》出版以后，我应当到他的坟上焚烧一本，算是送给他那在天之灵。然而，遵照乔木的遗嘱，他的骨灰都已撒到他革命的地方了，连一个骨灰盒都没有留下。他是"赤条条来去无牵挂"。然而，对我这后死者来说，却是极难排遣的。我面对这一本小书，泪眼模糊，魂断神销。

平心而论，乔木虽然表面上很严肃，不苟言笑，他实则是一个正直的人，一个正派的人，一个感情异常丰富的人，一个脱离了低级趣味的人。六十年的宦海风波，他不能无所感受，但是他对我半点也没有流露过。他大概知道，我根本不是此道中人，说了也是白说。在他生前，大陆和香港都有一些人把他封为"左王"，我觉得，乔木是冤枉的，他哪里是那种有意害人的人呢？

我同乔木相交六十年。在他生前，对他我有意回避，绝少主动同他接近。这是我的生性使然，无法改变。他逝世后这一年多以来，不知道是为什么，我倒常常想到他。我像老牛反刍一样，回味我们六十年交往的过程，顿生知己之感。这是我以前从来没有感到过的。现在我越来越觉得，乔木是了解我的。有知己之感是件好事。然而它却加浓了我的怀念和悲哀。这就难说是好是坏了。

随着自己的年龄的增长，我现在越来越觉得，在人世间，后死者的处境是并不美妙的，年岁越大，先他而走的亲友越多，怀念与悲思在他心中的积淀也就越来越厚，厚到令人难以承担的程度。何况我又是一个感情常常超过需要的人，我心里这一份负担就显得更重。乔木的死，无疑又在我的心灵中增加了一份极为沉重的负担。我有没有办法摆脱这一份负担呢？我自己说不出。我怅望窗外皑皑的白雪，我想得很远，很远。

1993年11月28日凌晨

吴组缃先生

组缃毕竟还是离开我们走了，永远永远地走了。最近几年来，他曾几次进出医院。有时候十分危险。然而他都逢凶化吉，走出了医院。我又能在池塘边上看到一个戴儿童遮阳帽的老人，坐在木头椅子上，欣赏湖光树影。

他前不久又进了医院。我仍然做着同样的梦，希望他能再一次化险为夷，等到春暖花开时，再一次坐在木椅子上，为朗润园增添一景。然而，这一次我的希望落了空。组缃离开我们走了，永远永远地走了。对我个人来说，我失掉了一个有六十多年友谊的老友。偌大一个风光旖旎的朗润园，杨柳如故，湖水如故，众多的贤俊依然灿如列星，为我国的文教事业增添光彩。然而却少了一个人，一个平凡又不平凡的老人。我感到空虚寂寞，名园有灵，也会感到空虚与寂寞的。

距今六十四年以前，在30年代的第一年，我就认识了组缃，当时我们都在清华大学读书。岁数相差三岁，级别相差两级，又不是一个系。然而，不知怎么一来，我们竟认识了，而且成了好友。当时同我们在一起的还有林庚和李长之，可以说是清华园 “四剑客”。大概我们都是所谓“文学青年”，都爱好舞笔弄墨，共同的爱好把我们聚拢在一起来了。我读的虽然是外国语文系，但曾旁听过朱自清先生和俞平伯先生的课。我们“四剑客”大概都偷听过当时名噪一时的女作家谢冰心先生的课和燕京大学教授郑振铎先生的课。结果被冰心先生板着面孔赶了出来。和郑振铎先生我们却交上了朋友。

我们“四剑客”是常常会面的，有时候在荷花池旁，有时候在林荫道上，更多的时候是在某一个人的宿舍里。那时我们都很年轻，我的岁数最小，还不到二十岁，正是幻想特多，不知天高地厚，仿佛前面的路上全铺满了玫瑰花的年龄。我们放言高论，无话不谈，“语不惊人死不休”。个个都吹自己的文章写得好，不是梦笔生花，就是神来之笔。林庚早晨初醒，看到风吹帐动，立即写了两句话：

破晓时天旁的水声
深林中老虎的眼睛

当天就念给我们听，眉飞色舞，极为得意。他的一篇诗稿上有一个“袭”字，看上去像是“聋”字。长之立即把这个“聋”字据为己有。原诗是“袭来了什么什么”，现在成了“聋来了什么什么”。他认为，有此一个“聋”字而境界全出了。

我们会面的地方，留给我印象最深的还是工字厅。这是一座老式建筑，里面回廊曲径，花木蓊郁，后临荷塘，那一个有名的写着“水木清华”四个大字的匾，就挂在工字厅后面。这里房间很多，数也数不清。中间有一座大厅，按现在的标准来说，也不算太大。厅里旧木家具，在薄暗中有时闪出一点儿光芒。这是一个非常清静的地方，平常很少有人到这里来。对我们“四剑客”来说，这里却是侃大山(当时还没有这个词儿)的理想的地方。我记得茅盾《子夜》出版的时候，我们四个人又凑到一起，来到这里，大侃《子夜》。意见大体上分为两派：否定与肯定。我属于前者，组缃属于后者。我觉得，茅盾的文章死板、机械，没有鲁迅那种灵气。组缃则说，《子夜》结构宏大，气象万千。这样的辩论向来不会有结果的。不过是每个人淋漓尽致地发表了意见以后，你好，我好，大家都好，又谈起别的问题来了。

组缃上中学时就结了婚。家境大概颇为富裕，上清华时，把家眷也带了来。现在听说中国留学生可以带夫人出国，名曰伴读。当时是没有这个说法的。然而组缃的所作所为不正是“伴读”吗？组缃真可谓“超前”了。有了家眷，就不能住在校内学生宿舍里。他在清华附近西柳村租了几间房子，全家住在那里。我曾同林庚和长之去看过他。除了夫人以外，还有一个三四岁的女孩，小名叫小鸠子，是非常聪慧可爱的孩子。去年下半年，我去看组缃，小鸠子正从四川赶回北京来陪伴父亲。她现在也已六十多岁，非复当日的小女孩了。我叫了一声“小鸠子！”组缃笑着说：“现在已经是老鸠子了。”相对一笑，时间流逝得竟是如此迅速，我也不禁“惊呼热中肠”了。

清华毕业后，我们“四剑客”，天南海北，在茫茫的赤县神州，在更茫茫的番邦异域，各奔前程，为了糊口，为了养家，在花花世界中，摸爬滚打，历尽苦难，在心灵上留下了累累伤痕。我们各自怀着对对方的忆念，在寂寞中，在沉默中，等待着，等待着。一直等到50年代初的院系调整，组缃和林庚又都来到了北大，我们这“三剑客”又在暌离二十年后在燕园聚首了。此时我们都已成了中年人，家事、校事、国事，事事萦心。当年的少年锐气已经磨掉了不少，非复昔日之狂纵。燕园虽秀美，但独缺少一个工字厅，缺少一个“水木清华”。我们平常难得见一次面，见面大都是在校内外召开的花样繁多的会议上。一见面，大家哈哈一笑，个中滋味，不足为外人道也。

时光是超乎物外的，它根本不管人世间的悲欢离合，从无始至无终，始终是狂奔不息。一转瞬间，已经过去了四十年。其间风风雨雨，坎坎坷坷，中国的老知识分子无不有切肤之痛，大家心照不宣，用不着再说了。我同组缃在牛棚中做过“棚友”，更别有一番滋味在心头。我们终于都离开了中年，转入老年，进而进入耄耋之年。不但青年的锐气消磨精光，中年的什么气也所余无几，只剩下了一团暮气了。幸好我们这清华园“三剑客”(长之早已离开了人间)并没有颓唐不振，仍然在各自的领域里辛勤耕耘，虽非“志在千里”，却也还能“日暮行雨，春深著花”，多少都有所建树，差堪自慰而已。

前年，胡乔木来北大参加一个什么会。会结束后，我陪他去看了林庚。他执意要看一看组缃，说他俩在清华时曾共同搞过地下革命活动。我于是从林庚家打电话给组缃，打了好久，没有人接。并非离家外出，想是高卧未起。不管怎样，组缃和乔木至终也没能再见上一面。乔木先离开了人间，现在组缃也走了。回思乔木说的那一句话，字字是真理，哪里是什么感伤！我却是乐观得有点可笑了。

我默默地接受了这个教训，赶在组缃去世之前，想亡羊补牢一番。去年我邀集了几个最老的朋友：组缃、恭三(邓广铭)、林庚、周一良等小聚了一次。大家都一致认为，老友们的兴致极高，难得浮生一夕乐。但在觥筹交错中，我不禁想到了两个人：一是长之，一是乔木，清华"剑客"于今飘零成广陵散矣。我本来想今年再聚一次，被邀请者范围再扩大一点儿。哪里想到，如果再相聚的话，又少了一个人——组缃。暮年老友见一面真也不容易呀！

不管我还能活上多少年，我现在走的反正是人生最后一段路程。最近若干年来，我以忧患余生，渐渐地成了陶渊明的信徒。他那形神相赠的诗，我深深服膺。我想努力做到"纵浪大化中，不喜亦不惧"。我想努力做到宋人词中所说的"悲欢离合总无情"。我觉得，自己的努力并没有白费。我对这花花世界确已看透，名缰利锁对我的控制已经微乎其微。然而一遇到伤心之事，我还不能"总无情"，而是深深动情，组缃之死就是一个例子。生而为人，孰能无情，一个"情"字不就是人之所异于禽兽者的那一点儿"几稀"吗？

有一件事却让我触目惊心。我舞笔弄墨之十多年于兹矣。前期和中期写的东西，不管内容如何，不管技巧如何，悼念的文章是极为稀见的。然而最近几年来，这类文章却逐渐多了起来。最初我没有理会。一旦理会到了，不禁心惊胆战。一个人到了老年，如果能活得长一点儿，当然不能说是坏事。但是，身旁的老友一个接一个地离开了自己，宛如郑板桥诗所说的"删繁就简三秋树"，如果"简"到只剩下自己这一个老枝，岂不大可哀哉！一个常常要写悼念文章的人，距离别人为自己写悼念文章，大概也为期不远了。一想到这一点，即使自己真能"不喜亦不惧"，难道就能无动于衷吗？

但是，眼前我并不消极，也不颓唐，我绝不会自寻"安乐死"的。看样子我还能活上若干年的，我耳不聋，眼稍昏，抬腿就是十里八里。王济夫同志说我是“奇迹”,他的话有点道理。我计划要做的事,其数量和繁重程度,连一些青年或中年人都会望而却步,借用冯友兰先生的话,我是“欲罢不能”。天生是辛劳的命,奈之何哉!看来悼念文章我还是要写下去的。我并没有老友臧克家要活到一百二十岁那样的雄心壮志,退而求其次,活到九十多岁,大概不成问题。我还有多少悼念文章要写呀,恐怕没有人敢说了。

1994年2月2日

第三辑 留德十年

留学德国时的季羡林。

楔　子

七十多年的生命像一场春梦似的逝去了。这样的梦并不总是像“春宵一刻值千金”那样轻灵美妙。有时候也难免有惊涛骇浪，龙蛇竞舞的场面。不管怎样，我的生命像梦一般地逝去了。

对于这些梦有没有留恋之感呢？应该说是有的。人到了老年，往往喜爱回忆往事。古今中外，概莫能外。我当然也不能成为例外。英国人常说什么“往日的可爱的时光”，实有会于我心。往日的时光，回忆起来，确实感到美妙可爱。“当时只道是寻常”，然而一经回忆，却往往觉得美妙无比，回味无穷。我现在就经常陷入往事的回忆中。

但是，我从来也没有想到，把这些轻梦或者噩梦从回忆中移到纸上来。我从来没有感到，有这样的需要。我只是一个人在夜深人静时，伏在枕上，让逝去的生命一幕一幕地断断续续地在我眼前重演一遍，自己仿佛成了一个旁观者，顾而乐之。逝去的生命不能复归，也用不着复归。但是，回忆这样的生命，意识到自己是这样活过来的，阳关大道、独木小桥，都走过来了，风风雨雨都经过了，一直到今天，自己还能活在世上，还能回忆往事，这难道还不能算是莫大的幸福吗？

只是到了最近一两年，比我年轻的一些朋友，多次向我建议写一点儿自传之类的东西。他们认为，像我这样的知识分子，已经活到了将近耄耋之年，古稀之年早已甩在背后了，而且经历了几个时代，在中国历史上，也是一个难能可贵的机会；我这样的经历，过去知识分子经历者恐怕不是太多。我对世事沧桑的阅历，人情世态的体会，恐怕有很多值得别人借鉴的地方。今天年轻的知识分子，甚至许多中年知识分子，大都不能体会。有时候同他们谈一点过去的情况，他们往往瞪大了眼睛，像是在听"天方夜谭"。因此，他们的意见是，我应当把这些经历写出来，不要过于"自私自利"，只留在自己脑海中，供自己品味玩赏。这应该说是我这一辈人的责任，不容推卸。

我考虑他们的意见，觉得是正确的。就我个人来说，我生于辛亥革命那一年的夏秋之交，距离10月10日，只有一个月多一点儿。在这一段时间内，我当过大清皇帝的臣民，我大概也算是一个"遗少"吧。我在极小的时候，就听到"朝廷"这个词儿，意思是大清皇帝。在我的幻想中，"朝廷"是一个非人非神非龙非蛇，然而又是人是神是龙是蛇的东西。最后一个"朝廷"一退位，立刻来了袁世凯，紧跟着是军阀混战。赤县神州，群魔乱舞。我三岁的时候，第一次世界大战爆发。我对此毫无所知。对于"五四"运动，所知也不多，只对文言改白话觉得新鲜而已。在小学和初中时期，跟着大孩子游行示威，焚烧日货和英货，情绪如疯如狂。高中时期，国民党统治开始，是另一种群魔乱舞，是国民党内部的群魔。大学时期，日本军国主义者蠢蠢欲动。"九一八"事变以后，我曾随清华同学卧轨绝食,赴南京请愿。生平第一次也是最后一次见到蒋介石。留学时期,“七七”事变发生,半壁河山,沦入外寇铁蹄之下。我的家乡更是早为外寇占领,让我无法回国。“等是有家归未得,杜鹃休向耳边啼。”我漂泊异乡,无从听到杜鹃鸣声,我听到的是天空中轰炸机的鸣声,伴随着肚中的饥肠辘辘声。有时候听到广播中希特勒疯狗似的狂吠声。如此度过了八年。“烽火连八岁,家书抵亿金。”抵亿金的家书一封也没能收到。大战终于结束。我在瑞士待了将近半年,费了千辛万苦,经法国、越南回到祖国。在狂欢之余,灾星未退,又在通货疯狂膨胀中度过了三年,终于迎来了新中国成立。在更大的狂欢之余,知道道路并不是总有玫瑰花铺地,有时难免也有狂风恶浪。就这样,风风雨雨,坎坎坷坷,一直活到了今天,垂垂老矣。

如此丰富复杂的经历,并不是每一个人都能有的。而且从某种意义上来看,这些经历也是十分可宝贵的。经验和教训,从中都可以吸取,对人对己都会有点好处的。我自己如果秘而不宣,确有“自私自利”之嫌。因此,我决心听从别人的建议,改变以前的想法,把自己一生的经历实事求是地写出来。我特别强调“实事求是”四字,因为写自传不是搞文学创作,让自己的幻想纵横驰骋。我写自传,只写事实。这是否也能写成文学作品,我在这里存而不论。古今中外颇有大文学家把自传写成文学创作的。德国最伟大的诗人歌德就是其中之一。他的*Dichtung und Wahrheit*(《创作与真理》)可以为证。我个人认为,大文学家可以,我则不可。我这里只有Wahrheit,而无Dichtung。

但是,如此复杂的工作绝不能毕其功于一役。我目前还有很多工作要做,没有太多的余闲,我只能分段解决。我把我七十多年的生命分成八个阶段：

一 故乡时期

二 在济南上中学时期

三 清华大学、中学教员时期

四 留德十年

五 解放前夕

六 五六十年代

七 牛棚杂忆

八 1978年以后

在1988年，我断断续续写成了四和七两部草稿。现在先把四“留德十年”整理出来，让它带着我的祝福走向世界吧！捋扯雪芹做一绝：

毫无荒唐言

半把辛酸泪

作者并不痴

人解其中味

以上算是楔子。

一 留学热

五六十年以前，一股浓烈的留学热弥漫全国，其声势之大绝不下于今天。留学牵动着成千上万青年学子的心。我曾亲眼看到，一位同学听到别人出国而自己则无份时，一时浑身发抖，眼直口呆，满面流汗，他内心震动之剧烈可想而知。

为什么会出现这样的现象呢？仔细分析其中原因，有的同今天差不多，有的则完全不同。相同的原因我在这里不谈了。不同的原因，其根底是社会制度不同。那时候有两句名言："毕业即失业"；"要努力抢一只饭碗"。一个大学毕业生，如果没有后门，照样找不到工作，也就是照样抢不到一只饭碗。如果一个人能出国一趟，当时称之为"镀金"，一回国身价百倍，金光闪烁，好多地方会抢着要他，成了"抢手货"。

当时要想出国，无非走两条路：一条是私费，一条是官费。前者只有富商、大贾、高官、显宦的子女才能办到。后者又有两种：一种是全国性质的官费，比如留英庚款、留美庚款之类；一种是各省举办的。二者都要经过考试。这两种官费人数都极端少，只有一两个。在芸芸学子中，走这条路，比骆驼钻针眼还要困难。是否有走后门的？我不敢说绝对没有。但是根据我个人的观察，一般是比较公道的，录取的学员中颇多英俊之才。这种官费钱相当多，可以在国外过十分舒适的生活，往往令人羡煞。

我当然也患了留学热，而且其严重程度绝不下于别人。可惜我投胎找错了地方，我的家庭在乡下是贫农，在城里是公务员，连个小官都算不上。平常日子，勉强糊口。我于1934年大学毕业时，叔父正失业，家庭经济实际上已经破了产，其贫窘之状可想而知。私费留学，我想都没有想过，我这个癞蛤蟆压根儿不想吃天鹅肉，我还没有糊涂到那个程度。官费留学呢，当时只送理工科学生，社会科学受到歧视。今天歧视社会科学，源远流长，我们社会科学者运交华盖，只好怨我们命苦了。

总而言之，我大学一毕业，立刻就倒了霉，留学无望，饭碗难抢；临渊羡鱼，有网难结；穷途痛哭，无地自容。母校(省立济南高中)校长宋还吾先生要我回母校当国文教员，好像绝处逢生。但是我学的是西洋文学，满脑袋歌德、莎士比亚，一旦换为屈原、杜甫，我换得过来吗？当时中学生颇有"驾"教员的风气。所谓"驾"，就是赶走。我自己"驾"人的经验是有一点儿的，被"驾"的经验却无论如何也不想沾边。我考虑再三，到了暑假离开清华园时，我才咬了咬牙："你敢请我，我就敢去！"大有破釜沉舟之概了。

省立济南高中是当时全山东唯一的一所高级中学。国文教员，待遇优渥，每月一百六十块大洋，是大学助教的一倍，折合今天人民币，至少可以等于三千二百元。这是颇有一些吸引力的。为什么这样一只"肥"饭碗竟无端落到我手中了呢？原因是有一点的。我虽然读西洋文学，但从小喜欢舞笔弄墨，发表了几篇散文，于是就被认为是作家，而在当时作家都是被认为能教国文的，于是我就成了国文教员。但是，如人饮水，冷暖自知，我深知自己能吃几碗干饭，心虚在所难免。我真是如履薄冰似的走上了讲台。

但是，宋校长真正聘我的原因，还不就这样简单。当时山东中学界抢夺饭碗的搏斗是异常激烈的。常常是一换校长，一大批教员也就被撤换。一个校长身边都有一个行政班子，教务长、总务长、训育主任、会计等等，一应俱全，好像是一个内阁。在外围还有一个教员队伍。这些人都是与校长共进退的。这时山东中学教育界有两大派系：北大派与师大派，两者钩心斗角，争夺地盘。宋校长是北大派的头领，与当时的教育厅长何思源，是菏泽六中和北京大学的同学，私交颇深。有人说，如果宋校长再是美国哥伦比亚大学的学生，与何在国外也是同学，则他的地位会更上一层楼，不止是校长，而是教育厅的科长了。

总之，宋校长率领着北大派浩荡大军，同师大派两军对垒。他需要支持，需要一支客军。于是一眼就看上了我这个超然于两派之外的清华大学毕业生兼高中第一级的毕业生。他就请我当了国文教员，授意我组织高中毕业同学会，以壮他的声势。我虽涉世未深，但他这一点儿苦心，我还是能够体会的。可惜我天生不是干这种事的料，我不会吹牛拍马，不愿陪什么人的太太打麻将。结果同学会没有组成，我感到抱歉，但是无能为力。宋校长对别人说："羡林很安静！"宋校长不愧是北大国文系毕业生，深通国故，有很高的古典文学造诣，他使用了"安静"二字，借用王国维的说法，一着此二字，则境界全出，胜似别人的千言万语。不幸的是，我也并非白痴，多少还懂点世故，聆听之下，心领神会；然而握在手中的那一只饭碗，则摇摇欲飞矣。

因此,我必须想法离开这里。

离开这里,到哪里去呢?“抬眼望尽天涯路”,我只看到人海茫茫,没有一个归宿。按理说,我当时的生活和处境是相当好的。我同学生相处得很好。我只有二十三岁,不懂什么叫架子。学生大部分同我年龄差不多,有的比我还要大几岁,我觉得他们是伙伴。我在一家大报上主编一个文学副刊,可以刊登学生的文章,这对学生是极有吸引力的。同教员同事关系也很融洽,几乎每周都同几个志同道合者,出去吃小馆,反正工资优厚,物价又低,谁也不会吝啬,感情更易加深。从外表看来,真似神仙生活。

然而我情绪低沉,我必须想法离开这里。

离开这里,至高无上的梦就是出国镀金。我常常面对屋前的枝叶繁茂花朵鲜艳的木槿花,面对小花园里的亭台假山,做着出国的梦。同时,在灯红酒绿中,又会蓦地感到手中的饭碗在动摇。二十刚出头的年龄,却心怀百岁之忧。我的精神无论如何也振作不起来。我有时候想:就这样混下去吧,反正自己毫无办法,空想也白搭。俗话说:“车到山前必有路。”我这辆车还没驶到山前,等到了山前再说吧。

然而不行。别人出国留学镀金的消息,不时传入自己耳中。一听到这种消息,就像我看别人一样,我也是浑身发抖。我遥望欧山美水,看那些出国者如神仙中人。而自己则像人间凡夫,“更隔蓬山千万重”了。

我就这样度过了一整年。

二　天赐良机

正当我心急似火而又一筹莫展的时候，真像是天赐良机，我的母校清华大学同德国学术交换处(DAAD)签订了一个合同：双方交换研究生，路费制装费自己出，食宿费相互付给，中国每月三十块大洋，德国一百二十马克。条件并不理想，一百二十马克只能勉强支付食宿费用。相比之下，官费一个月八百马克，有天渊之别了。

然而，对我来说，这却像是一根救命的稻草，非抓住不行了。我在清华名义上主修德文，成绩四年全优(这其实是名不副实的)，我一报名，立即通过。但是，我的困难也是明摆着的：家庭经济濒于破产，而且亲老子幼。我一走，全家生活靠什么来维持呢？我面对的都是切切实实的现实困难，在狂喜之余，不由得又心忧如焚了。

我走到了一个岔路口上：一条路是桃花，一条路是雪。开满了桃花的路上，云蒸霞蔚，前程似锦，不由得你不想往前走。堆满了雪的路上，则是黯淡无光，摆在我眼前是终生青衾，老死学宫，天天为饭碗而搏斗，时时引“安静”为鉴戒。究竟何去何从？我逢到了生平第一次重大抉择。

出我意料之外，我得到了我叔父和全家的支持。他们对我说：我们咬咬牙，过上两年紧日子；只要饿不死，就能迎来胜利的曙光，为祖宗门楣增辉。这种思想根源，我是清清楚楚的。当时封建科举的思想，仍然在社会上流行。人们把小学毕业看作秀才，高中毕业看作举人，大学毕业看作进士，而留洋镀金则是翰林一流。在人们眼中，我已经中了进士。古人说：没有场外的举人；现在则是场外的进士。我眼看就要入场，焉能悬崖勒马呢？

认为我很“安静”的那一位宋还吾校长，也对我完全刮目相看，表现出异常的殷勤，亲自带我去找教育厅长，希望能得到点资助。但是，我不成才，我的“安静”又害了我，结果空手而归，再一次让校长失望。但是，他热情不减，又是勉励，又是设宴欢送，相期学成归国之日再共同工作，令我十分感动。

我高中的同事们，有的原来就是我的老师，有的是我的同辈，但年龄都比我大很多。他们对我也是刮目相看。年轻一点儿的教员，无不患上了留学热。也都是望穿秋水，欲进无门，谁也没有办法。现在我忽然捞到了镀金的机会，洋翰林指日可得，宛如蛰龙升天，他年回国，绝不会再待在济南高中了。他们羡慕的心情溢于言表。我忽然感觉到，我简直成了《儒林外史》中的范进，虽然还缺一个老泰山胡屠户和一个张乡绅，然而在众人心目中，我忽然成了特殊人物，觉得非常可笑。我虽然还没有春风得意之感，但是内心深处是颇为高兴的。

但是，我的困难是显而易见的。除了前面说到的家庭经济困难之外，还有制装费和旅费。因为知道，到了德国以后，不可能有余钱买衣服，在国内制装必须周到齐全。这都需要很多钱。在过去一年内，我从工资中节余了一点儿钱，数量不大；向朋友借了点儿钱，七拼八凑，勉强做了几身衣服，装了两大皮箱。长途万里的旅行准备算是完成了。此时，我心里不知道是什么滋味，酸、甜、苦、辣，搅和在一起，但是绝没有像调和鸡尾酒那样美妙。我充满了渴望，而又忐忑不安，有时候想得很美，有时候又忧心忡忡，在各种思想矛盾中，迎接我生平第一次大抉择、大冒险。

三　在北平的准备工作

我终于在 1935 年 8 月 1 日离开了家。我留下的是一个破败的家，老亲、少妻、年幼子女。这样一个家和我这一群亲人，他们的命运谁也不知道，正如我自己的命运一样。生离死别，古今同悲。江文通说："黯然销魂者，惟别而已矣。"他又说："割慈忍爱，离邦去里，沥泣共诀，抆血相视。"我从前读《别赋》时，只是欣赏它的文采。然而今天自己竟成了赋中人。此情此景实不足为外人道也。

临离家时，我思绪万端。叔父、婶母、德华(妻子)，女儿婉如牵着德华的手，才出生几个月的延宗酣睡在母亲怀中，都送我到大门口，娇女、幼子，还不知道什么叫离别，也许还觉得好玩。双亲和德华是完全理解的。我眼里含着泪，硬把大量的眼泪压在肚子里，没有敢再看他们一眼——我相信，他们眼里也一定噙着泪珠——扭头上了洋车，只有大门楼上残砖败瓦的影子在我眼前一闪。

我先乘火车到北平。办理出国手续，只有北平有可能，济南是不行的。到北平以后，我先到沙滩找了一家公寓，赁了一间房子，存放那两只大皮箱。立即赶赴清华园，在工字厅招待所找到了一个床位，同屋的是一位比我高几级的清华老毕业生，他是什么地方保险公司的总经理。夜半联床，娓娓对谈。他再三劝我，到德国后学保险，将来回国，饭碗绝不成问题，也许还是一只金饭碗。这当然很有诱惑力。但却同我的愿望完全相违。我虽向无大志，可是对做官、经商，却绝无兴趣，对发财也无追求。对这位老学长的盛意，我只有心领了。

此时正值暑假，学生几乎都离校回家了。偌大一个清华园，静悄悄的。但是风光却更加旖旎，高树蔽天，浓荫匝地，花开绿丛，蝉鸣高枝；荷塘里的荷花正迎风怒放，西山的紫气依旧幻奇。风光虽美，但是我心中却感到无边的寂寞。仅仅在一年前，当我还是学生的时候，我那众多的小伙伴都还聚在一起，或临风朗读，或月下抒怀。黄昏时漫步荒郊，回校后余兴尚浓，有时候沿荷塘步月，领略荷塘月色的情趣，其乐融融，乐不可支。然而曾几何时，今天却只剩下我一个人又回到水木清华，睹物思人，对月兴叹，人去楼空，宇宙似乎也变得空荡荡的，令人无法忍受了。

我住的工字厅是清华的中心。我的老师吴宓先生的"藤影荷声之馆"就在这里。他已离校，我只能透过玻璃窗子看室中的陈设，不由得忆起当年在这里高谈阔论时的情景，心中黯然。离开这里不远就是那一间临湖大厅，"水木清华"四个大字的匾就挂在后面。这个厅很大，里面摆满了红木家具，气象高雅华贵，平常很少有人来，因此幽静得很。几年前，我有时候同吴组缃、林庚、李长之等几个好友，到这里来闲谈。我们都还年轻，有点儿不知道天高地厚，说话海阔天空，旁若无人。我们不是粪土当年万户侯，而是挥斥当代文学家。记得茅盾的《子夜》出版时，我们几个人在这里碰头，议论此书。当时意见截然分成两派：一派完全肯定，一派基本否定。大家争吵了个不亦乐乎。我们这种侃大山，一向没有结论，也不需要有结论。各自把自己的话尽量夸大其词地说完，然后再谈别的问题，觉得其乐无穷。今天我一个人来到这间大厅里，睹物思人，又不禁有点伤感了。

在这期间，我有的是空闲。我曾拜见了几位老师。首先是冯友兰先生，据说同德国方面签订合同，就是由于他的斡旋。其次是蒋廷黻先生，据说他在签订合同中也出了力。他恳切劝我说，德国是法西斯国家，在那里一定要谨言慎行，免得惹起麻烦。我感谢师长的叮嘱。我也拜见了闻一多先生。这是我同他第一次见面，不幸的是，也是最后一次见面。等到十一年后我回国时，他早已被国民党反动派暗杀了。他是一位我异常景仰的诗人和学者。当时谈话的内容我已经完全忘记，但是他的形象却永远留在我心中。

有一个晚上，吃过晚饭，孤身无聊，信步走出工字厅，到朱自清先生的《荷塘月色》中所描写的荷塘边上去散步。于时新月当空，万籁无声。明月倒影荷塘中，比天上那一个似乎更加圆明皎洁。在月光下，荷叶和荷花都失去了色彩，变成了灰蒙蒙的一个颜色。但是缕缕荷香直逼鼻管，使我仿佛能看到翠绿的荷叶和红艳的荷花。荷叶丛中闪熠着点点的火花，是早出的萤火虫。小小的火点动荡不定，忽隐忽现，仿佛要同天上和水中的那个大火点，争光比辉。此时，宇宙间仿佛只剩下了我一个人。前面的鹏程万里，异乡漂泊；后面的亲老子幼的家庭，都离开我远远的，远远的，陷入一层薄雾中，望之如蓬莱仙山了。

但是，我到北平来是想办事儿的，不是来做梦的。当时的北平没有外国领馆，办理出国护照的签证，必须到天津去。于是我同乔冠华就联袂乘火车赴天津，到俄、德两个领馆去请求签证。手续绝没有现在这样复杂，领馆的俄、德籍的工作人员，只简简单单地问了几句话，含笑握手，并祝我们一路顺风。我们的出国手续就全部办完，只等出发了。

回到北平以后，几个朋友在北海公园为我饯行，记得有林庚、李长之、王锦弟、张露薇等。我们租了两只小船，荡舟于荷花丛中。接天莲叶，映日荷花，在太阳的照射下，红是红，绿是绿，各极其妙。同那天清华园的荷塘月色，完全不同了。我们每个人都兴高采烈，臧否人物，指点时政，意气风发，所向无前，“语不惊人死不休”，我们真仿佛成了主宰沉浮的英雄。玩了整整一天，尽欢而散。

千里凉棚，没有不散的筵席。终于到了应该启程的日子。8月31日，朋友们把我们送到火车站，就是现在的前门老车站。当然又有一番祝福，一番叮嘱。在登上火车的一刹那，我脑海里忽然浮现出一句旧诗：“万里投荒第二人。”

四　满洲车上

当年想从中国到欧洲去，飞机没有，海路太遥远又麻烦，最简便的路程就是苏联西伯利亚大铁路。其中一段通过中国东三省。这几乎是唯一的可行的路；但是有麻烦，有困难，有疑问，有危险。日本军国主义分子在东三省建立了所谓“满洲国”，这里有危险。过了“满洲国”，就是苏联，这里有疑问。我们一心想出国，必须面对这些危险和疑问，义无反顾。明知山有虎，偏向虎山行，我们仿佛成了那样的英雄了。

车到了山海关，要进入“满洲国”了。车停了下来，我们都下车办理入“国”的手续。无非是填几张表格，这对我们并无困难。但是每人必须交手续费三块大洋。这三块大洋是一个人半月的饭费，我们真有点舍不得。既要入境，就必须缴纳，这个“买路钱”是省不得的。我们万般无奈，掏出三块大洋，递了上去，脸上尽量不流露出任何不满的表情，说话更是特别小心谨慎，前方是一个布满了荆棘的火坑，这一点我们比谁都清楚。

幸而没有出麻烦，我们顺利过了“关”，又登上车。我们意识到自己所在的是一个什么地方，个个谨慎小心，说话细声细气。到了夜里，我们没有注意，有一个年轻人进入我们每四个人一间的车厢，穿着长筒马靴，英俊精神，给人一个颇为善良的印象，年纪约莫二十五六岁，比我们略大一点儿。他向我们点头微笑，我们也报以微笑，以示友好。逢巧他就睡在我的上铺上。我们并没有对他有特别的警惕，觉得他不过是一个平平常常的旅客而已。

我们睡下以后，车厢里寂静下来，只听到火车奔驰的声音。车外是满洲大平原，我们什么也看不到，什么也不想去看，一任“火车擒住轨，在黑夜里直奔，过山，过水，过陈死人的坟”。我正蒙眬欲睡，忽然上铺发出了声音：

“你是干什么的？”

“学生。”

“你从什么地方来的？”

“北平。”

“现在到哪里去？”

“德国。”

“去干吗？”

“留学。”

一阵沉默。我以为天下大定了。头顶上忽然又响起了声音，而且一个满头黑发的年轻的头从上铺垂了下来。

“你觉得‘满洲国’怎么样？”

“我初来乍到，说不出什么意见。”

又一阵沉默。

“你看我是哪一国人？”

“看不出来。”

“你听我说话像哪一国人？”

“你中国话说得蛮好，只能是中国人。”

“你没听出我说话中有什么口音吗？”

“听不出来。”

“是否有点儿朝鲜味？”

“不知道。”

“我的国籍在今天这个地方无法告诉。”

“那没有关系。”

“你大概已经知道我的国籍了，同时也就知道了我同日本人和‘满洲国’的关系了。”

我立刻警惕起来：

“我不知道。”

“你谈谈对‘满洲国’的印象，好吗？”

“我初来乍到，实在说不出来。”

又是一阵沉默。只听到车下轮声震耳。我听到头顶上一阵窸窣声，年轻的头缩回去了，微微地叹息了一声，然后真正天下太平，我也真正进入了睡乡。

第二天(9月2日)早晨到了哈尔滨，我们都下了车。那个年轻人也下了车，临行时还对我点头微笑。但是，等我们办完了手续，要离开车站时，我扭头瞥见他穿着笔挺的警服，从警察局里走了出来，仍然是那一双长筒马靴。我不由得一下子出了一身冷汗。回忆夜里车厢里的那一幕，我真不寒而栗，心里充满了后怕。如果我不够警惕顺嘴发表了什么意见，其结果将会是怎样？我不敢想下去了。

啊，“满洲国”！这就是“满洲国”！

留学德国时的季羡林(右)与友人。

五 在哈尔滨

我们必须在哈尔滨住上几天，置办长途旅行在火车上吃的东西。这在当时几乎是人人都必须照办的。

这是我第一次到哈尔滨来。第一个印象是，这座城市很有趣。楼房高耸，街道宽敞，到处都能看到俄国人，所谓白俄，都是十月革命后从苏联逃出来的。其中有贵族，也有平民；生活有的好，有的坏，差别相当大。我久闻白俄大名，现在才在哈尔滨见到，心里觉得非常有趣。

我们先找了一家小客店住下，让自己紧张的精神松弛一下。在车站时，除了那位穿长筒马靴的"朝鲜人"给我的刺激以外，还有我们同行的一位敦福堂先生。此公是学心理学的，但是他的心理却实在难以理解。就要领取行李离车站，他忽然发现，他托运行李的收据丢了，行李无法领出。我们全体同学六人都心急如焚，于是找管理员，找站长，最后用六个人所有的证件，证明此公确实不想冒领行李，问题才得到解决。到了旅店，我们的余悸未退，精神依然亢奋。然而敦公向口袋里一伸手，行李托运票赫然具在。我们真是啼笑皆非，敦公却怡然自得。以后在半个多月的长途旅行中，这种局面重复了几次。我因此得出了一个结论：此公凡是能丢的东西一定要丢一次，最后总是化险为夷，逢凶化吉。关于这样的事情，下面就不再谈了。

在客店办理手续时，柜台旁边坐着一个赶马车的白俄小男孩，年纪不超过十五六岁。我对他一下子发生了兴趣，问了他几句话，他翻了翻眼，指着柜台上那位戴着老花眼镜、满嘴山东胶东话的老人说：

"我跟他明白，跟你不明白。"

我懂得他的意思了，一笑置之。

在哈尔滨山东人很多，大到百货公司的老板，小到街上的小贩，几乎无一不是山东人。他们大都能讲一点儿洋泾浜俄语，他们跟白俄能明白。这里因为白俄极多，俄语相当流行，因而产生了一些俄语译音字，比如把面包叫作"裂巴"等等。中国人嘴里的俄语，一般都不讲究语法完全正确，音调十分地道，只要对方"明白"，目的就算达到了。我忽然想到，人与人之间的交际离不开语言，同外国人之间的交际离不开外国语言。然而语言这玩意儿也真奇怪。一个人要想精通本国语和外国语，必须付出极大的劳动；穷一生之精力，也未必真通。可是要想达到一般交际的目的，又似乎非常简单。洋泾浜姑无论矣，有时只会一两个外国词儿，也能行动自如。一位国民党政府驻意大利的大使，只会意大利文"这个"一个单词儿，也能指挥意大利仆人。比如窗子开着，他只念"这个"，用手一指窗子，仆人立即把窗子关上。反之，如果窗子是关着的，这位大使阁下一声"这个"，仆人立即把窗子打开。窗子无非是开与关，绝无第三种可能。一声"这个"，圆通无碍，超过佛法百倍矣。

话扯得太远了，还是回来谈哈尔滨。

我们在旅店里休息了以后，走到大街上去置办火车上的食品。这件事办起来一点儿也不费事。大街上有许多白俄开的铺子，你只要走进去，说明来意，立刻就能买到一大篮子装好的食品。主体是几个重约七八斤的大“裂巴”，辅之以一两个几乎同粗大的香肠，再加上几斤干奶酪和黄油，另外再配上几个罐头，共约四五十斤重，足供西伯利亚火车上约莫八九天之用。原来火车上本来是有餐车的。可是据过去的经验，餐车上的食品异常贵，而且只收美元，其指导思想是清楚的——苏联是无产阶级专政的国家，要“念念不忘阶级斗争”。外国人一般被视为资产阶级，是无产阶级的对立面；只要有机会，就必须与之“斗争”。餐费昂贵无非是斗争的方式。可惜我们这些“资产阶级”囊中羞涩，实在付不出那样多美元。于是哈尔滨的白俄食品店尚矣。

除了食品店以外，大街两旁高楼大厦的地下室里，有许许多多的俄餐馆，主人都是白俄。女主人往往又胖又高大，穿着白大褂，宛如一个白色巨人。然而服务却是热情而又周到。饭菜是精美而又便宜。我在北平久仰俄式大菜的大名，只是无缘品尝。不意今天到了哈尔滨，到处都有俄式大菜，就在简陋的地下室里，以无意中得之，真是不亦乐乎。我们吃过罗宋汤、牛尾、牛舌、猪排、牛排，这些菜不一定很“大”，然而主人是俄国人，厨师也是俄国人，有足够的保证，这是俄式大菜。好像我们在哈尔滨，天天就吃这些东西，不记得在哪个小旅店里吃过什么饭。

黄昏时分，我们出来逛马路。马路很多是用小碎石子压成的，很宽，很长，电灯不是很亮，到处人影历乱。白俄小男孩——就是我在上面提到的在旅店里见到的那样的——驾着西式的马车，送客人，载货物，驰骋长街之上。车极高大，马也极高大，小男孩短小的身躯，高居马车之上，仿佛坐在楼上一般，大小极不协调。然而小车夫却巍然高坐，神气十足，马鞭响处，骏马飞驰，马蹄子敲在碎石子上，迸出火花一列，如群萤乱舞，渐远渐稀，再配上马嘶声和车轮声，汇成声光大合奏，我们外来人实在是闻所未闻，见所未见，不禁顾而乐之了。

哈尔滨就是这样一个地方。

谁来到哈尔滨，大概都不会不到松花江上去游览一番。我们当然也不会自甘落后，我们也去了。当时正值初秋，气温可并不高。我们几个人租了一条船，放舟中流，在浑浑茫茫的江面上，真是一叶扁舟。远望铁桥一线，跨越江上，宛如一段没有颜色的彩虹。此时，江面平静，浪涛不兴，游人如鲫，喧声四起。我们都异常的兴奋，谈笑风生。回头看划船的两个小白俄男孩子，手持双桨主划的竟是一个瞎子，另一个明眼孩子掌舵，决定小船的航向。我们都非常吃惊。松花江一下子好像是不存在了，眼前只有这个白俄盲童。我们很想了解一下真情，但是我们跟他们"不明白"，只好自己猜度。事情是非常清楚的。这个盲童家里穷，没有办法，万般无奈，父母——如果有父母的话——才让自己心爱的儿子冒着性命的危险，干这种划船的营生。江阔水深，危机四伏，明眼人尚须随时警惕，战战兢兢，何况一个盲人！但是，这个盲童，由于什么都看不见的缘故，心中只有手中的双桨，怡然自得，面含笑容。这时候，我心里不知道是什么味道。环顾四周，风光如旧，但我心里却只有这一个盲童，什么游人，什么水波，什么铁桥，什么景物，统统都消失了。我自己思忖：盲童家里的父、母、兄、妹等等，可能都在望眼欲穿地等他回家，拿他挣来的几个钱，买上个大"裂巴"，一家人好不挨饿。他家是什么时候逃到哈尔滨来的？我不清楚。他说不定还是沙皇时代的贵族，什么侯爵、伯爵。当日的荣华富贵，从年龄上来看，他大概享受不到。他说不定就出生于哈尔滨，他绝不会有什么“故国不堪回首月明中”的感慨。……我浮想联翩，越想越多，越想越乱，我自己的念头，理不出一个头绪，索性横一横心，此时只可赏风光。我又抬起头来，看到松花江上，依旧游人如鲫，铁桥横空，好一派夏日的风光。

此时，太阳已经西斜，是我们应该回去的时候了。我们下了船，尽我们所能，多给两个划船的白俄小孩一些酒钱。看到他们满意的笑容，我们也满意了，觉得是做了一件好事。

回到旅店，我一直想着那个白俄小孩。就是在以后一直到今天，我仍然会不时想起那个小孩来。他以后的命运怎样了？经过了几十年的沧海桑田，他活在世上的可能几乎没有了。我还是祝愿白俄们的东正教的上帝会加福给他！

六　过西伯利亚

我们在哈尔滨住了几天，登上了苏联经营的西伯利亚火车，时间是9月4日。

车上的卧铺,每间四个铺位。我们六个中国学生,住在两间屋内,其中一间有两个铺位,是别人睡的,经常变换旅客,都是苏联人。车上有餐车,听说价钱极贵,而且只收美元。因此,我们一上车,就要完全靠在哈尔滨带上来的那只篮子过日子了。

火车奔驰在松嫩大平原上。车外草原百里,一望无际。黄昏时分,一轮红日即将下落,这里不能讲太阳落山,因为根本没有山,只有草原;这时,在我眼中,草原蓦地变成了大海,火车成了轮船。只是这大海风平浪静,毫无波涛汹涌之状,然而气势却依然宏伟非凡,不亚于真正的大海。

第二天,车到了满洲里,是苏联与"满洲国"接壤的地方。火车停了下来,据说要停很长的时间。我们都下了车,接受苏联海关的检查。我绝没有想到,苏联官员竟检查得这样细致,又这样慢条斯理,这样万分认真。我们所有的行李,不管是大是小,是箱是筐,统统一律打开，一一检查，巨细不遗。我们躬身侍立，随时准备回答垂询。我们准备在火车上提开水用的一把极其平常又极其粗糙的铁壶，也未能幸免，而且受到加倍的垂青。这件东西，一目了然，然而苏联官员却像发现了奇迹，把水壶翻来覆去，推敲研讨，又碰又摸，又敲又打，还要看一看壶里面是否有“夹壁墙”。连那一个薄铁片似的壶盖，也难逃法网，敲了好几遍。这里只缺少一架显微镜，如果真有一架的话，不管是多么高度的，他们也绝不会弃置不用。我怒火填膺，真想发作。旁边一位同车的外国老年朋友，看到我这个情况，拍了拍我的肩膀，用英文说了句：“Patience is the great virtue.（忍耐是大美德）”我理解他的心意，相对会心一笑，把怒气硬是压了下去，恭候检查如故。大概当时苏联人把外国人都当成“可疑分子”，都有存心颠覆他们政权的嫌疑，所以不得不尔。

检查完毕，我的怒气已消，心里恢复了平静。我们几个人走出车站，到市内去闲逛。满洲里只是一个边城小镇，连个小城都算不上。只有几条街，很难说哪一条是大街。房子基本上都是用木板盖成的，同苏联的西伯利亚差不多，没有砖瓦，而多木材，就形成了这样的建筑特点。我们到一家木板房商店里去，买了几个甜酱菜罐头，是日本生产的，带上车去，可以佐餐。

再回到车上，天下大定，再不会有什么干扰了。车下面是横亘欧亚的万里西伯利亚大铁路。从此我们就要在这车上住上七八天。“人是地里仙，一天不见走一千”，我们现在一天绝不止走一千，我们要在风驰电掣中过日子了。

车上的生活，单调而又丰富多彩。每天吃喝拉撒睡，有条不紊，有简便之处，也有复杂之处。简便是，吃东西不用再去操持，每人两个大篮子，饿了伸手拿出来就吃。复杂是，喝开水极成问题，车上没有开水供应，凉水也不供应。每到一个大一点的车站，我们就轮流手持铁壶，飞奔下车，到车站上的开水供应处，拧开开水龙头，把铁壶灌满，再回到车上，分而喝之。有一位同行的欧洲老太太，白发盈颠，行路龙钟，她显然没有自备铁壶；即使自备了，她也无法使用。我们的开水壶一提上车，她就颤巍巍地走了过来，手里拿着一个杯子，说着中国话："开开水！开开水！"我们心领神会，把她的杯子倒满开水，一笑而别。从此一天三顿饭，顿顿如此。看来她这个"老外"，这个外国"资产阶级"，并不比我们更有钱。她也不到餐车里去吃牛排、喝罗宋汤，没有大把地挥霍着美金。

说到牛排，我们虽然没有吃到，却是看到了。有一天，吃中饭的时候，忽然从餐车里走出来了一个俄国女餐车服务员，身材高大魁梧，肥胖有加，身穿白色大褂，头戴白布高帽子，至少有一尺高，帽顶几乎触到车厢的天花板，却足蹬高跟鞋，满面春风，而又威风凛凛，嘚嘚地走了过来，宛如一个大将军，八面威风。右手托着一个大盘子，里面摆满新出锅的炸牛排，肉香四溢，透人鼻官，确实有极大的诱惑力，让人馋涎欲滴。但是，一问价钱，却吓人一跳：每块三美元。我们这个车厢里，没有一个人肯出三美元一快朵颐的。这位女"大将军"托着盘子，走了一趟，又原盘托回。她是不是鄙视我们这些外国资产阶级呢？她是不是会在心里想：你们这些人个个赛过莎士比亚《威尼斯商人》中的吝啬鬼夏洛克呢？我不知道。这一阵香风过后，我们的肚子确已饿了，赶快拿出篮子，大啃其"裂巴"。

我们吃的问题大体上就是这个样子。你想了解俄国人怎样吃饭吗？他们同我们完全不一样，这是可想而知的。他们绝不会从中国的哈尔滨带一篮子食品来，而是就地取材。我在上面提到过，我们中国学生的两间车厢里，有两个铺位不属于我们，而是经常换人。有一天进来了一个红军军官，我们不懂苏联军官的肩章，不知道他是什么爵位。可是他颇为和蔼可亲，一走进车厢，用蓝色的眼睛环视了一下，笑着点了点头。我们也报之以微笑，但是跟他“不明白”，只能打手势来说话。他从怀里拿出来了一个身份证之类的小本子，里面有他的相片，他打着手势告诉我们，如果把这个证丢了，他用右手在自己脖子上做杀头状，那就是要杀头的。这个小本子神通广大。每到一个大站，他就拿着它走下车去，到什么地方领到一份“裂巴”，还有奶油、奶酪、香肠之类的东西，走回车厢，大嚼一顿。红军的供给制度大概就是这个样子。

车上的吃喝问题就是这样解决的。谈到拉撒，却成了天大的问题。一节列车供着四五十口子人，却只有两间厕所，经常是人满为患。我每天往往是很早就起来排队。有时候自己觉得已经够早了，但是推门一看，却已有人排成了长龙，赶紧加入队伍中，望眼欲穿地看着前面，你想，一个人刷牙洗脸，再加上大小便，会用多少时间呀。如果再碰上一个患便秘的人，情况就会更加严重。自己肚子里的那些东西蠢蠢欲动，前面的队伍却不见缩短，这是什么滋味，一想就可以知道了。

但是，车上的生活也不全是困难，也有愉快的一面。我们六个中国学生一般都是挤坐在一间车厢里。虽然在清华大学时都是同学，但因行当不同，接触并不多。此时却被迫聚在一起，几乎都成了推心置腹的朋友。我们闲坐无聊，便上天下地，胡侃一通。我们都是二十三四岁的大孩子，阅世未深，每个人眼前都是一个未知的世界，堆满了玫瑰花，闪耀着彩虹。我们的眼睛是亮的，心是透明的，说起话来，一无顾忌，二无隔阂，从来没有谈不来的时候，小小的车厢里，其乐融融。也有一时无话可谈的时候，我们就下象棋。物理学家王竹溪是此道高手。我们五个人，单个儿跟他下，一盘输，二盘输，三盘四盘，甚至更多的盘，反正总是输。后来我们联合起来跟他下，依然是输，输，输。哲学家乔冠华的哲学也帮不了他。在车上的八九天中，我们就没有胜过一局。

侃大山和下象棋，觉得乏味了，我就凭窗向外看。万里长途，车外风光变化不算太大。一般都只有大森林，郁郁葱葱，好像是无边无际。林中的产品大概是非常丰富的。有一次，我在一个森林深处的车站下了车，到站台上去走走。看到一个苏联农民提着一篮子大松果来兜售，松果实在大得令人吃惊，非常可爱。平生从来没有见到过的，我抵抗不住诱惑，拿出了五角美元，买了一个。这是我在西伯利亚唯一的一次买东西，是无法忘记的。除了原始森林以外，还有大草原，不过似乎不多。留给我印象最深的是贝加尔湖。我们的火车绕行了这个湖的一多半，用了将近半天的时间。山洞一个接一个，不知道究竟钻过几个山洞。山上丛林密布，一翠到顶。铁路就修在岸边上，从火车上俯视湖水，了如指掌。湖水碧绿，靠岸处清可见底，渐到湖心，则转成深绿色，或者近乎黑色，下面深不可测。真是天下奇景，直到今天，我一闭眼睛，就能见到。

就这样，我们在车上，既有困难，又有乐趣，一转眼，就过去了八天，于9月14日晚间，到了莫斯科。

七　在赤都

莫斯科是当时全世界唯一的一个社会主义国家的首都，颇具神秘色彩，是世界上许多人所向往的地方。我也颇感兴趣。

任何行车时间表上，也都没有在这里停车两天的规定。然而据以前的旅行者说，列车到了莫斯科，总用种种借口，停上一天。我想，原因是十分明显的：苏联当局想让我们这些资本主义国家的人，领略一下社会主义的风采，沾一点儿社会主义的甘露，给我们洗一洗脑筋，让我们在大吃一惊之余，转变一下自己的世界观，在灰色上涂上一点儿红。

对我们青年来说，赤都不是没有吸引力的。我个人心里却有一点儿矛盾。我对外蒙古"独立"问题，很不理解。现在我自己到了苏联的首都，由于沿途的经历并没能给我留下什么好印象，如今要我们在赤都留上一天看一看，那就看一看吧。

火车一停，路局就宣布停车一天，修理车辆。接着来了一位女导游员，年轻貌美，白脸长身，穿着非常华贵、时髦，涂着口红，染着指甲，一身珠光宝气。我确实大吃一惊。当时还没有极"左"这个词儿，我的思想却是极“左”的。我想象中的“普罗”小姐完全不是这个样子。我眼前这一位“普罗”，同资产阶级贵小姐究竟还有什么区别呢？她的灵魂也可能是红色的，但那我看不见。我看见的却让我大惑不解，惘惘然看着这位搔首弄姿的俄国女郎。

我们这一群外国旅客被送上一辆大轿车，到莫斯科市内去观光。导游小姐用英文讲解。车子走到一个什么地方，眼前一片破旧的大楼，导游说：在第几个五年计划，这座楼将被拆掉，盖上新楼。这很好，难道说还不好吗？车子到了另一个地方，导游又冷漠地说：在第几个五年计划，这片房子将被拆掉，盖成新楼。这仍然很好，难道说不好吗？但是，接着到了第三个地方、第四个地方，导游说的仍然是那一套，只是神色更加冷漠，脸含冰霜，毫无表情。我们一座新楼也没有看到，只是学了一下苏联的五年计划。我疑团满腹：哪怕是给我们看一座新楼呢，这样不是会更好吗？难道这就叫社会主义吗？

这一位导游女郎最后把我们带到一幢非常富丽堂皇的大楼里面。据说这是十月革命前一位沙皇大臣的官邸，现在是国家旅游总局的招待所。大理石铺地，大理石砌墙，大理石柱子，五光十色，金碧辉煌，天花板上悬挂的玻璃大吊灯，至少有十米长。我仿佛置身于一个神话世界。这里的工作人员，年轻貌美的女郎居多数，个个唇红齿白，十指纤纤，指尖上闪着红光；个个珠光宝气，气度非凡。我刚从荒寒的西伯利亚来到这里，莽莽苍苍的原始森林的影子，还留在脑海中，一旦置身此地，不但像神话世界，简直像太虚幻境了。

其他旅客，有的留在这里吃午饭，花费美元，毫无可疑。我们几个中国学生，应中国驻莫斯科大使馆一位清华同学的邀请，到一家餐馆里去吃饭。这家饭店也十分豪华，我生平第一次品尝到俄国名贵的鱼子酱。其他菜肴也都精美无比。特别是我们这一群在火车上啃了八天干"裂巴"的年轻人，见到这样的好饭，简直像饿鬼扑食一般，开怀畅吃。我们究竟吃了多少，谁也没去注意。反正这是我一生最精美、最难忘的一餐，足可以载入史册了。饭后算账，共付三百卢布，约二百美元。我们都非常感激我们这位老同学谢子敦先生。可惜以后，由于风云屡变，我竟没有同他再联系。他还活在人间吗？时间已经逝去半个多世纪，我现在虔心为他祝福！

晚上，我们又回到火车上。同车的外国旅客又聚会了。那一位在火车上索要"开开水"的老太太，还有那一位在满洲里海关上劝我忍耐的老头儿，都回来了。我问老头儿，他们在哪里吃的午饭？老头儿向我狡猾地挤了一挤眼睛，告诉我，他们吃了一顿非常精美而又非常便宜的饭。他看到我大惑不解的神情，低声对我说：他们在哈尔滨时已经在黑市上用美元换了卢布，同官价相差十几倍。在莫斯科，他们也有路子，能够用美元在黑市上换卢布。因此他们只需花上八个美元，便可以美美地"撮"上一顿。我恍然大悟：这些人都是旅行的老油子，神通广大，无孔不入。然而，时隔半个多世纪以后，那里依然黑市猖獗，这就不能不发人深省了。

一宿无话，夜里不知是在什么时候，火车又开动了。第二天下午，到了苏联与波兰接界的地方，叫斯托尔扑塞(Stolpce)，在这里换乘波兰车。晚上过波京华沙。14日晨四时进入德国境内。

在波兰境内行驶时，上下车的当然都是波兰人。这些人同俄国人有很大的不同，他们衣着比较华丽，态度比较活泼，而且有相当高的外语水平，很多人除了本国话以外，能讲俄语和德语，少数人能讲一点儿英语。这样一来，我们跟谁都能"明白"了，用不着再像在苏联一样，用手势来说话了。霎时间，车厢里就热闹了起来。波兰人显然对中国人也感兴趣。我们就乱七八糟地用德语和英语交谈起来。不知道是在什么时候，一个年纪很轻的波兰女孩子悄没声地走进了车厢：圆圆的脸庞，两只圆圆的眼睛，晶莹澄澈，天真无邪，环顾了一下四周，找了一个座位，坦然地坐了下来。我们几个中国学生都觉得很有趣，便搭讪着用英语同她交谈，没想到，她竟然会说英语，而且大大方方地回答我们的提问，一点儿忸怩的态度也没有。我们问她的名字。她说，叫Wala。这有点像中文里面的“哇啦”。同行的谢家泽立刻大笑起来，嘴里“哇啦！哇啦”不止。小女孩子显然有点儿摸不着头脑，圆睁双目，瞪着小谢，脸上惊疑不定。后来我们越谈越热闹，小小的车厢里，充满了笑语声。坐在我身旁的一位中年男子，看了看小女孩子，对我撇了撇嘴，露出一副鄙夷的神情。我大惑不解，我也没有看出，这个小女孩子身上究竟有什么值得鄙夷的地方。这一下子轮到我“丈二和尚——摸不着头脑”了。小女孩子和其他中国学生都根本没有注意到这位中年人的撇嘴，依然谈笑不辍。这时车厢里更加热闹了，颇有点中国古书上所说的“履舄交错”的样子。我不记得，小女孩子什么时候离开了车厢。萍水相聚，转瞬永别。这在人生中时刻都能遇到的情况，不值得大惊小怪。但是同这个波兰小女孩子的萍水相聚，我却怎么也不能忘怀，十年以后，我终于写成了一篇散文《Wala》。

早晨八时，火车到了德国首都柏林。长达十日的长途火车旅行就在这里结束。

八　初抵柏林

柏林是我这一次万里长途旅行的目的地，是我的留学热的最后归宿，是我旧生命的结束，是我新生命的开始。在我眼中，柏林是一个无比美妙的地方。经过长途劳顿，跋山涉水，我终于来到了。我心里的感觉是异常复杂的，既有兴奋，又有好奇；既有兴会淋漓，又有忐忑不安。从当时不算太发达的中国，一下子来到这里，置身于高耸的楼房之中，漫步于宽敞的长街之上，自己宛如大海中的一滴水。

清华老同学赵九章等，到车站去迎接我们，为我们办理了一切应办的手续，使我们避免了许多麻烦，在离开家乡万里之外，感到故园的温暖。然而也有不太愉快的地方。我在上面提到的敦福堂，在柏林车站上，表演了他最后的一次特技——丢东西。这次丢的东西更是至关重要，丢的是护照。虽然我们同行者都已十分清楚，丢的东西终究会找回来的，但是我们也一时有点儿担起心来。敦公本人则是双目发直，满脸流汗，翻兜倒衣，搜索枯肠，在车站上的大混乱中，更增添了混乱。等我们办完手续，走出车站，敦公汗已流完,伸手就从裤兜中把那个在国外至关重要的护照掏了出来。他自己莞尔一笑,我们则是啼笑皆非。

老同学把我们先带到康德大街彼得公寓, 把行李安顿好,又带我们到中国饭店去吃饭。当时柏林的中国饭馆不是很多,据说只有三家。饭菜还可以,只是价钱太贵。除了大饭店以外,还有一家可以包饭的小馆子,男主人是中国北方人,女主人则是意大利人。两个人的德国话都非常蹩脚,只是服务极为热情周到,能蒸又白又大的中国馒头,菜也炒得很好,价钱又不太贵。所以中国留学生都趋之若鹜,生意非常好。我们初到的几个人却饶有兴趣地探讨另一个问题:店主夫妇二人怎样交流思想呢? 都不懂彼此的语言。难道他们都是我上面提到的那一位国民党政府驻意大利大使的信徒,只使用“这个”一个词儿,就能涵盖宇宙、包罗天地吗?

这样的事确实与我们无关,不去管它也罢。我们的当务之急是找到一间房子。德国人是非常务实而又简朴的人民。他们不管是干什么的,一般说来,房子都十分宽敞,有卧室、起居室、客厅、厨房、厕所,有的还有一间客房。在这些房间之外,如果还有余房,则往往出租给外地的或外国的大学生,连待遇优厚的大学教授也不例外。出租的方式非常奇特,不是出租空房间,而是出租房间里的一切东西,桌椅沙发不在话下,连床上的被褥也包括在里面,租赁者不需要带任何行李,面巾、浴巾等等,都不需要。房间里的所有的服务工作,铺床叠被,给地板扫除打蜡,都由女主人包办。房客的皮鞋,睡觉前脱下来,放在房门外面,第二天一起床,女主人已经把鞋擦得闪光锃亮了。这些工作,教授夫人都要亲自下手,她们丝毫也没有什么下贱的感觉。德国人之爱清洁,闻名天下。女主人每天一个上午都在忙忙叨叨,擦这擦那,自己屋子里面不必说了，连外面的楼道，都天天打蜡；楼外的人行道，不但打扫，而且打上肥皂来洗刷。室内室外，楼内楼外，任何地方，都是洁无纤尘。

清华老同学汪殿华和他的德国夫人，在夏洛滕堡区的魏玛大街，为我们找到了一间房子，房东名叫罗斯瑙(Rosenau)，看长相是一个犹太人。一提到找房子，人们往往会想到老舍早期的几部长篇小说中讲到中国人在英国伦敦找房子的情况。那是非常困难的。如果出租招贴上没有明说可以租给中国人，你就别去问，否则一定会碰钉子。在德国则没有这种情况。在柏林，你可以租到任何房子。只有少数过去中国学生住过的房子是例外。在这里你会受到白眼，遭到闭门羹。个中原因，一想便知，用不着我来啰唆了。

说到犹太人，我必须讲一讲当时犹太人在德国的处境，顺便讲一讲法西斯统治的情况。法西斯头子希特勒于1933年上台。我是1935年到德国的，我一直看到他恶贯满盈，自杀身亡，几乎与他的政权相始终。对德国法西斯政权，我是目击者，是有点儿发言权的。我初到的时候，柏林的纳粹味还不算太浓，当然已经有了一点儿。希特勒的相片到处悬挂，卐字旗也随处可见。人们见面时，不像以前那样说一声“早安”“日安”“晚安”等等，分手时也不说“再见”。而是右手一举，喊一声“希特勒万岁”便能表示一切。我们中国学生，不管在什么地方，到饭馆去吃饭，进商店去买东西，总是一仍旧贯，说我们的“早安”等等，出门时说“再见”。有的德国人，看我们是外国人，也用旧方式向我们表示敬意。但是，大多数人仍然喊他们的“万岁”。我们各行其是，互不干扰，并没有遇到什么不如意的事情。根据法西斯圣经——希特勒的《我的奋斗》，犹太人和中国人都被列为劣等民族，是人类文化的破坏者，而金黄头发的“北方人”，则被法西斯认为是优秀民族，是人类文化的创造者。可惜的是，据个别人偷偷地告诉我，希特勒自己那一副尊容，他那满头的黑红相间的头发，一点儿也不“北方”，成为极大的讽刺。不管怎样，中国人在法西斯眼中，反正是劣等民族，同犹太人成为难兄难弟。

在这里，需要讲一点儿欧洲历史。欧洲许多国家仇视犹太人，由来久矣。有莎士比亚的名剧《威尼斯商人》可以为证。在中世纪，欧洲一些国家就发生过大规模屠杀犹太人的惨剧。在这方面，希特勒只是继承过去的衣钵，他并没有什么发明创造。如果有的话，那就是，他对犹太人进行了“科学的”定性分析。在他那一架政治化学天平上，他能够确定犹太人的“犹太性”，计有百分之百的犹太人，也就是，祖父母和父母双方都是犹太人；二分之一犹太人，就是父母双方一方为犹太人；四分之一犹太人，就是祖父母或外祖父母一方为犹太人，其余都是德国人；八分之一等等依此类推。这就是纳粹“民族政策”的理论根据。百分之百的犹太人必须迫害，绝不手软；二分之一的稍逊；至于四分之一的则是处在政策的临界线上，可以暂时不动；八分之一以下则可以纳入“人民内部”，不以“敌我矛盾”论处了。我初到柏林的时候，此项政策大概刚进行了第一阶段，迫害还只限于全犹太人和一部分二分之一者，后来就愈演愈烈了。我的房东可能属于二分之一者，所以能暂时平安。希特勒们这一架特制的天平，能准确到什么程度，我是门外人，不敢多说。但是，德国人素以科学技术蜚声天下，天平想必是可靠的了。

至于德国普通老百姓怎样看待这迫害犹太人的事件，我初来乍到，不敢乱说。德国人总的来说是很可爱的，很淳朴老实的，他们毫无油滑之气，有时候看起来甚至有些笨手笨脚，呆头呆脑。比如说，你到商店里去买东西，店员有时候要找钱。你买了七十五分尼的东西，付了一马克。若在中国，店员过去用算盘，今天用计算器，或者干脆口中念念有词：三五一十五，三六一十八，一口气说出了应该找的钱数——二十五分尼。德国店员什么也不用，他先说七十五分尼，把五分尼摆在桌子上，说一声：八十分尼；然后再摆一个十分尼，说一声：九十分尼；最后再摆一个十分尼，说一声：一马克，于是完了，皆大欢喜。

我还遇到过一件小事，更能说明德国人的老实忠厚。根据我的日记，这件事情发生在9月17日。我的表坏了，走到大街上一个钟表店去修理，约定第二天去拿。可是我初到柏林，在高楼大厦的莽丛中，在车水马龙的喧闹中，我仿佛变成了初进大观园的刘姥姥，晕头转向，分不出东西南北。第二天，我出去取表的时候，影影绰绰，隐隐约约，记得是这个表店，迈步走了进去。那个店员老头儿，胖胖的身子，戴一副老花镜，同昨天见的那一个一模一样。我拿出了发票，递给他，他就到玻璃橱里去找我的表，没有。老头儿有点儿急了，额头上冒出了汗珠，从眼镜上面射出了目光，看着我，说："你明天再来一趟吧！"我回到家，心里直念叨这一件事。第二天又去了，表当然找不到。老头儿更急了，额头上冒出了更多的汗珠，手都有点儿发抖了。在玻璃橱里翻腾了半天，忽然灵光一闪，好像上帝佑护，他仔细看了看发票，说："这不是我的发票！"我于是也恍然大悟，是我找错了门。这一件小事我曾写过一篇散文：《表的喜剧》收在我的散文集里。

这样的洋相，我还出过不少次。我只说一次。德国人每天只吃一顿热餐，这就是中午。晚饭则只吃面包和香肠、干奶酪等等，佐之以热茶。有一天，我到肉食店里去买了点香肠，准备回家去吃晚饭。晚上，我兴致勃勃地泡了一壶红茶，准备美美地吃上一顿。但是，一咬香肠，觉得不是味，原来里面的火腿肉全是生的。我大为气愤，愤愤不平："德国人竟这样戏弄外国人，简直太不像话了，真正岂有此理！"连在梦中，也觉得难咽下这一口气去。第二天一大早，我就到那个肉食店里去，摆出架势，要大兴问罪之师。一位女店员听了我的申诉，看了看我手中拿的香肠，起初有点儿大惑不解，继而大笑起来。她告诉我说："在德国，火腿都是生吃的，有时连肉也生吃，而且只有最好最新鲜的肉，才能生吃。"我还有什么话好说呢？自己是一个地道的阿木林。

我到德国来，不是专门来吃香肠的，我是来念书的。要想念好书，必须先学好德语。我在清华学德语，虽然四年得了八个优，其实是张不开嘴的。来到柏林，必须补习德语口语，不再成为哑巴。远东协会的林德(Linde)和罗哈尔(Rochall)博士热心协助，带我到柏林大学的外国学院去，见到校长，他让我念了几句德文，认为满意，就让我参加柏林大学外国留学生德语班的最高班。从此我就成了柏林大学的学生，天天去上课。教授名叫赫姆(Höhm)，我从来没有遇到这样好的外语教员。他发音之清晰，讲解之透彻，简直达到了神妙的程度。在9月20日的日记里，我写道："教授名叫Höhm，真讲得太好了，好到不能说。我是第一次听德文讲书，然而没有一句不能懂，并不是我的听的能力大，只是他说得太清楚了。"可见我当时的感受。我上课时，总和乔冠华在一起。我们每天乘城内火车到大学去上课，乐此不疲。

说到乔冠华，我要讲一讲我同他的关系，以及同其他中国留学生中我的熟人的关系，也谈一谈一般中国学生的情况。我同乔是清华同学，他是哲学系，比我高两级。在校时，他经常腋下夹一册又厚又大的德文版《黑格尔全集》，昂首阔步，旁若无人，徜徉于清华园中。因为不是一个行道，我们虽认识，但并不熟。同被录取为交换研究生，才熟了起来。到了柏林以后，更是天天在一起，几乎形影不离。我们共同上课、吃饭、访友、游玩婉湖(Wansee)和动物园。我们都是书呆子，念念不忘逛旧书铺，颇买了几本好书。他颇有些才气，有一些古典文学的修养。我们很谈得来。有时候闲谈到深夜，有几次就睡在他那里。我们同敦福堂已经几乎断绝了往来，我们同他总有点儿格格不入。我们同一般的中国留学生也不往来，同这些人更是格格不入，毫无共同的语言。

当时在柏林的中国留学生，人数是相当多的。原因并不复杂。我前面谈到"镀金"问题，到德国来镀的金是24K金，在中国社会上声誉卓著，是抢手货。所以有条件的中国青年趋之若鹜。这样的机会，大官儿们和大财主们，是绝不会放过的，他们纷纷把子女派来，反正老子有的是民脂民膏，不愁供不起纨绔子弟们挥霍浪费。蒋介石、宋子文、孔祥熙、冯玉祥、戴传贤、居正，以及许许多多的国民党的大官，无不有子女或亲属在德国，而且几乎都聚集在柏林。因为这里有吃，有喝，有玩，有乐，既不用上学听课，也用不着说德国话。有一部分留德学生，只需要四句简单的德语，就能够供几年之用。早晨起来，见到房东，说一声"早安"就甩手离家，到一个中国饭馆里，洗脸，吃早点，然后打上几圈麻将，就到了吃午饭的时候。午饭后，相约出游。晚饭时回到饭馆。深夜回家，见到房东，说一声"晚安"，一天就过去了。再学上一句"谢谢"，加上一句"再见"，语言之功毕矣。我不能说这种人很多，但确实是有，这是事实，无法否认。

我同乔冠华曾到中国饭馆去吃过几次饭。一进门，高声说话的声音,吸溜呼噜喝汤的声音,吃饭呱唧嘴的声音,碗筷碰盘子的声音,汇成了一个大合奏,其势如暴风骤雨,迎面扑来。我仿佛又回到了中国。欧洲人吃饭,都是异常安静的,有时甚至正襟危坐,喝汤绝不许出声,吃饭呱唧嘴更是大忌。我不说,这就是天经地义,但是总能给人以文明的印象,未可厚非。我们的留学生把祖国的这一份国粹,带到了万里之外,无论如何,也让人觉得不舒服。再看一看一些国民党的"衙内"们那种狂傲自大、唯我独尊的神态,听一听他们谈话的内容:吃、喝、玩、乐,甚至玩女人、嫖娼妓等等,像我这样的乡下人实在有点儿受不了。他们眼眶里根本没有像我同乔冠华这样的穷学生。然而我们眼眶里又何尝有这一批卑鄙龌龊的纨绔子弟呢?我们从此再没有进这里中国饭馆的门。

但是,这些"留学生"的故事,却接二连三地向我们耳朵里涌,什么稀奇古怪的事情都有。很多留学生同德国人发生了纠葛,有的要法律解决。既然打官司,就需要律师。德国律师很容易找,但花费太大。于是有识之士应运而生。有一位老留学生,在柏林待得颇有年头了,对柏林的大街小巷,五行八作,都了如指掌,因此绰号叫"柏林土地",真名反隐而不扬。此公急公好义,据说学的是法律,他公开扬言,要用自己的专业知识,替中国留学生打官司,分文不取,连车马费都自己掏腰包。我好像是没有见到这一位英雄。对他我心里颇有矛盾,一方面钦佩他的义举,一方面又觉得十分奇怪。这个人难道说头脑是正常的吗?

柏林的中国留学生界,情况就是这个样子。10月17日的日记里,我写道:"在没有出国以前,我虽然也知道留学生的泄气,然而终究对他们存着敬畏的观念,觉得他们终究有神圣的地方,尤其是德国留学生。然而现在自己也成了留学生了。在柏林看到不知道有多少中国学生，每人手里提着照相机，一脸满不在乎的神气。谈话，不是怎样去跳舞，就是国内某某人做了科长了，某某做了司长了。不客气地说，我简直还没有看到一个像样的‘人’。到今天我才真知道了留学生的真面目！”这都是原话，我一个字也没有改。从中可见我当时的真实感情。我曾动过念头，写一本《新留西外史》。如果这一本书真能写成的话，我相信，它一定会是一部杰作，洛阳纸贵，不卜可知。可惜我在柏林待的时间太短，只有一个多月，致使这一部杰作没能写出来，真要为中国文坛惋惜。

我到德国来念书，柏林只是一个临时站，我还要到别的地方去的。但是，到哪里去呢？德国学术交换处的魏娜(Wiehner)，最初打算把我派到东普鲁士的哥尼斯堡(Königsberg)大学去。德国最伟大的古典哲学家康德就在这里担任教授。这当然是一个十分令人神往的地方。但是这地方离柏林较远，比较偏僻，我人地生疏，表示不愿意去。最后，几经磋商，改派我到格丁根(Göttingen)大学去，我同意了。我因此就想到，人的一生实在非常复杂，因果交互影响。我的老师吴宓先生有两句诗："世事纷纭果造因，错疑微似便成真。"这的确是很有见地的话，是参透了人生真谛才能道出的。如果我当年到了哥尼斯堡，那么我的人生道路就会同今天的截然不同。我不但认识不了西克教授和瓦尔德施米特教授，就连梵文和巴利文也不会去学。这样一个季羡林今天会是什么样子呢？那只有天晓得了。

决定到格丁根去，这算是大局已定，我心头的一块石头落了地。我到处打听格丁根的情况，幸遇老学长乐森玛先生。他正在格丁根大学读书，现在来柏林办事。他对我详细谈了格丁根大学的情况。我心中的疑团尽释，大有耳聪目明之感。又在柏林待了一段时间,最后在大学开学前终于离开了柏林。我万万没有想到,此番一去就是七年,没有再回来过。我不喜欢柏林,也不喜欢这里那些成群结队的中国留学生。

九 格丁根

我于1935年10月31日，从柏林到了格丁根。原来只打算住两年，焉知一住就是十年整，住的时间之长，在我的一生中，仅次于济南和北京，成为我的第二故乡。

格丁根是一个小城，人口只有十万，而流转迁移的大学生有时会到二三万人，是一个典型的大学城。大学已有几百年的历史，德国学术史和文学史上许多显赫的名字，都与这所大学有关。以他们的名字命名的街道，到处都是，让你一进城，就感到洋溢全城的文化气和学术气，仿佛是一个学术乐园，文化净土。

格丁根素以风景秀丽闻名全德。东面山林密布，一年四季，绿草如茵，即使冬天下了雪，绿草埋在白雪下，依然翠绿如春。此地，冬天不冷，夏天不热，从来没遇到过大风，既无扇子，也无蚊帐，苍蝇、蚊子成了稀有动物，跳蚤、臭虫更是闻所未闻。街道洁净得邪性，你躺在马路上打滚，绝不会沾上任何一点儿尘土。家家的老太婆用肥皂刷洗人行道，已成为家常便饭。在城区中心，房子都是中世纪的建筑，至少四五层。人们置身其中，仿佛回到了中世纪去。

古代的城墙仍然保留着，上面长满了参天的橡树。我在清华念书时，喜欢读德国短命抒情诗人赫尔德林(Hölderlin)的诗歌，他似乎非常喜欢橡树，诗中经常提到它，可是我始终不知道，橡树是什么样子。今天于无意中遇之，喜不自胜。此后，我常常到古城墙上来散步，在橡树的浓荫里，四面寂无人声，我一个人静坐沉思，成为格丁根十年生活中最有诗意的一件事，至今忆念难忘。

我初到格丁根时，人地生疏。老学长乐森玙先生到车站去接我，并且给我安排好了住房。房东姓欧朴尔(Oppel)，老夫妇俩，只有一个儿子。儿子大了，到外城去上大学，就把他住的房间租给我。男房东是市政府的一个工程师，一个典型的德国人，老实得连话都不大肯说。女房东大约有五十来岁，是一个典型的德国家庭妇女，受过中等教育，能欣赏德国文学，喜欢德国古典音乐，趣味偏于保守，一提到爵士乐，就满脸鄙夷的神气，冷笑不止。她有德国妇女的一切优点：善良、正直，能体贴人，有同情心。但也有一些小小的不足之处，比如，她有一个最好的朋友，一个寡妇，两个人经常来往。有一回，她这位女友看到她新买的一顶帽子，喜欢得不得了，想照样买上一顶，她就大为不满，对我讲了她对这位女友的许多不满意的话。原来西方妇女——在某些方面，男人也一样——绝对不允许别人戴同样的帽子，穿同样的衣服。这一点我们中国人无论如何也是难以理解的。从这里可以看出，我这位女房东小市民习气颇浓。然而，瑕不掩瑜，她是我生平遇到的最好的妇女之一，善良得像慈母一般。

我就是在这样一个只有一对老夫妇的德国家庭里住了下来，同两位老人晨昏相聚，成为这个家庭的一员，一住就是十年，没有搬过一次家。我在这里先交代这个家庭的一般情况，细节以后还要谈到。

我初到格丁根时的心情怎样呢？为了真实起见，我抄一段我到格丁根后第二天的日记：

> 终于又来到格丁根了。这以后，在不安定的漂泊生活里会有一段比较长一点的安定的生活。我平常是喜欢做梦的，而且我还自己把梦涂上种种的彩色。最初我做到德国来的梦，德国是我的天堂，是我的理想国。我幻想德国有金黄色的阳光，有 Wahrheit(真)，有 Schönheit(美)。我终于把梦捉住了，我到了德国。然而得到的是失望和空虚。我的一切希望都泡影似的幻化了去。然而，立刻又有新的梦浮起来。我梦想，我在格丁根，在这比较长一点的安定的生活里，我能读一点书，读点古代有过光荣而这光荣将永远不会消灭的文字。现在又终于到了格丁根了。我不知道我能不能捉住这梦。其实又有谁能知道呢？
>
> 1935 年 11 月 1 日

从这一段日记里可以看出，我当时眼前仍然是一片迷茫，还没有找到自己要走的道路。

十　道路终于找到了

在格丁根，我要走的道路终于找到了，我指的是梵文的学习。这条道路，我已经走了将近六十年，今后还将走下去，直到不能走路的时候。

这条道路同格丁根大学是分不开的。因此我在这里要讲讲大学。

我在上面已经对大学介绍了几句，因为，要想介绍格丁根，就必须介绍大学。我们甚至可以说，格丁根之所以成为格丁根，就是因为有这一所大学。这所大学创建于中世纪，至今已有几百年的历史，是欧洲较为古老的大学之一。它共有五个学院：哲学院、理学院、法学院、神学院、医学院。一直没有一座统一的建筑，没有一座统一的大楼。各个学院分布在全城各个角落，研究所更是分散得很，许多大街小巷，都有大学的研究所。学生宿舍更没有大规模的。小部分学生住在各自的学生会中，绝大部分分住在老百姓家中。行政中心叫Aula，楼下是教学和行政部门，楼上是格丁根科学院。文法学科上课的地方有两个：一个叫大讲堂(Auditorium)，一个叫研究班大楼(Seminargebäude)。白天,大街上走的人中有一大部分是到各地上课的男女大学生。熙熙攘攘,煞是热闹。

在历史上,大学出过许多名人。德国最伟大的数学家高斯(Gauss),就是这个大学的教授。在高斯以后,这里还出过许多大数学家。从19世纪末起,一直到我去的时候,这里公认是世界数学中心。当时当代最伟大的数学家大卫·希尔伯特(David Hilbert)虽已退休,但还健在。他对中国学生特别友好。我曾在一家书店里遇到过他,他走上前来,跟我打招呼。除了数学以外,理科学科中的物理、化学、天文、气象、地质等,教授阵容都极强大。有几位诺贝尔奖金获得者,在这里任教。蜚声全球的化学家A.温道斯(Windaus)就是其中之一。

文科教授的阵容,同样也是强大的。在德国文学史和学术史上占有重要地位的格林兄弟,都在格丁根大学待过。他们的童话流行全世界,在中国也可以说是家喻户晓。他们的大字典,一百多年以后才由许多德国专家编纂完成,成为德国语言研究中的一件大事。

格丁根大学文理科的情况大体就是这样。

在这样一座面积虽不大但对我这样一个异域青年来说仍然像迷宫一样的大学城里,要想找到有关的机构,找到上课的地方,实际上是并不容易的。如果没有人协助、引路,那就会迷失方向。我三生有幸,找到了这样一个引路人,这就是章用。章用的父亲是鼎鼎大名的"老虎总长"章士钊。外祖父是在朝鲜统兵抗日的吴长庆。母亲是吴弱男,曾做过孙中山的秘书,名字见于钱基博的《现代中国文学史》。总之,他出身于世家大族,书香名门。但却同我在柏林见到的那些"衙内"完全不同,一点儿纨绔习气也没有。他毋宁说是有点儿孤高自赏，一身书生气。他家学渊源，对中国古典文献有湛深造诣，能写古文，做旧诗，却偏又喜爱数学，于是来到了格丁根这个世界数学中心，读博士学位。我到的时候，他已经在这里住了五六年，老母吴弱男陪儿子住在这里。格丁根中国留学生本来只有三四人。章用脾气孤傲，不同他们来往。我因从小喜好杂学，读过不少的中国古典诗词，对文学、艺术、宗教等有自己的一套看法。乐森玙先生介绍我认识了章用，经过几次短暂的谈话，简直可以说是一见如故，情投意合。他也许认为我同那些言语乏味、面目可憎的中国留学生迥乎不同，所以立即垂青，心心相印。他赠过一首诗：

空谷足音一识君
相期诗伯苦相薰
体裁新旧同尝试
胎息中西沐见闻
胸宿赋才徕物与
气嘘大笔发清芬
千金敝帚孰轻重
后世凭猜定小文

可见他的心情。我也认为，像章用这样的人，在柏林中国饭馆里面是绝对找不到的，所以也很乐于同他亲近。章伯母有一次对我说："你来了以后，章用简直像变了一个人。他平常是绝对不去拜访人的，现在一到你家，就老是不回来。"我初到格丁根，陪我奔波全城，到大学教务处，到研究所，到市政府，到医生家里，等等，注册选课,办理手续的,都是章用。他穿着那一身黑色的旧大衣,动摇着瘦削不高的身躯,陪我到处走。此情此景,至今宛然如在眼前。

他带我走熟了格丁根的路;但我自己要走的道路还没能找到。

我在上面提到,初到格丁根时,就有意学习古代文字。但这只是一种朦朦胧胧的想法,究竟要学习哪一种古文字,自己并不清楚。在柏林时,汪殿华曾劝我学习希腊文和拉丁文,认为这是当时祖国所需要的。到了格丁根以后,同章用谈到这个问题,他劝我只读希腊文,如果兼读拉丁文,两年时间来不及。在德国中学里,要读八年拉丁文,六年希腊文。文科中学毕业的学生,个个精通这两种欧洲古典语言,我们中国学生完全无法同他们在这方面竞争。我经过初步考虑,听从了他的意见。第一学期选课,就以希腊文为主。德国大学是绝对自由的。只要中学毕业,就可以愿意入哪个大学,就入哪个,不懂什么叫入学考试。入学以后,愿意入哪个系,就入哪个;愿意改系,随时可改;愿意选多少课,选什么课,悉听尊便;学文科的可以选医学、神学的课;也可以只选一门课,或者选十门、八门。上课时,愿意上就上,不愿意上就走;迟到早退,完全自由。从来没有课堂考试。有的课开课时需要教授签字,这叫开课前的报到(Anmeldung),学生就拿课程登记簿(Studienbuch)请教授签;有的在结束时还需要教授签字,这叫课程结束时的教授签字(Abmeldung)。此时,学生与教授可以说是没有多少关系。有的学生,初入大学时,一学年,或者甚至一学期换一个大学。经过几经转学,二三年以后,选中了自己满意的大学,满意的系科,这时才安定住下,同教授接触,请求参加他的研究班,经过一两个研究班,师生互相了解了,教授认为孺子可教,才给博士论文题目。再经过几年努力写作，教授满意了，就举行论文口试答辩，及格后，就能拿到博士学位。在德国，是教授说了算，什么院长、校长、部长都无权干预教授的决定。如果一个学生不想作论文，绝没有人强迫他。只要自己有钱，他可以十年八年地念下去。这就叫作“永恒的学生”(Ewiger Student)，是一种全世界所无的稀有动物。

我就是在这样一种绝对自由的气氛中，在第一学期选了希腊文。另外又杂七杂八地选了许多课，每天上课六小时。我的用意是练习听德文，并不想学习什么东西。

我选课虽然以希腊文为主，但是学习情绪时高时低，始终并不坚定。第一堂课印象就不好。1935年12月5日日记中写道：

> 上了课，Rabbow的声音太低，我简直听不懂。他也不问我，如坐针毡，难过极了。下了课走回家来的时候，痛苦啃着我的心——我在格丁根做的唯一的美丽的梦，就是学希腊文。然而，照今天的样子看来，学希腊文又成了一种绝大的痛苦。我岂不将要一无所成了吗？

日记中这样动摇的记载还有多处，可见信心之不坚。其间，我还自学了一段时间的拉丁文。最有趣的是，有一次自己居然想学古埃及文。心情之混乱可见一斑。

这都说明，我还没有找到要走的路。

至于梵文，我在国内读书时，就曾动过学习的念头。但当时国内没有人教梵文，所以愿望没有能实现。来到格丁根，认识了一位学冶金学的中国留学生湖南人龙丕炎(范禹)，他主攻科技，不知道为什么却学习过两个学期的梵文。我来到时，他已经不学了，就把自己用的施滕茨勒(Stenzler)著的一本梵文语法送给了我。我同章用也谈过学梵文的问题,他鼓励我学。于是,在我选择道路徘徊踟蹰的混乱中,又增加了一层混乱。幸而这混乱只是暂时的,不久就从混乱的阴霾中流露出来了阳光。12月16日日记中写道:

我又想到我终于非读Sanskrit(梵文)不行。中国文化受印度文化的影响太大了。我要对中印文化关系彻底研究一下,或能有所发明。在德国能把想学的几种文字学好,也就不虚此行了,尤其是Sanskrit,回国后再想学,不但没有那样的机会,也没有那样的人。

第二天的日记中又写道:

我又想到Sanskrit,我左想右想,觉得非学不行。

1936年1月2日的日记中写道:

仍然决意读Sanskrit。自己兴趣之易变,使自己都有点吃惊了。决意读希腊文的时候,自己发誓而且希望,这次不要再变了,而且自己也坚信不会再变了,但终于又变了。我现在仍然发誓而且希望不要再变了。再变下去,会一无所成的。不知道Schicksal(命运)可能允许我这次坚定我的信念吗?

我这次的发誓和希望没有落空,命运允许我坚定了我的信念。

我毕生要走的道路终于找到了，我沿着这一条道路一走走了半个多世纪，一直走到现在，而且还要走下去。

格丁根实际上是学习梵文最理想的地方。除了上面说到的城市幽静、风光旖旎之外，格丁根大学有悠久的研究梵文和比较语言学的传统。19 世纪上半叶研究《五卷书》的一个转译本《卡里来和迪木乃》的大家、比较文学史学的创建者本发伊(T.Benfey)就曾在这里任教。19 世纪末弗朗茨·基尔霍恩(Frantz Kielhorn)在此地任梵文教授。接替他的是海尔曼·奥尔登堡(Hermann Oldenberg)教授。奥尔登堡教授的继任人是读通吐火罗文残卷的大师西克教授。1935 年，西克退休，瓦尔德施米特接掌梵文讲座。这正是我到格丁根的时候。被印度学者誉为活着的最伟大的梵文家雅各布·瓦克纳格尔(Jakob Wackernagel)曾在比较语言学系任教。真可谓梵学天空，群星灿列。再加上大学图书馆，历史极久，规模极大，藏书极富，名声极高，梵文藏书甲德国，据说都是基尔霍恩从印度搜罗到的。这样的条件，在德国当时，是无与伦比的。

我决心既下，1936 年春季开始的那一学期，我选了梵文。4 月 2 日，我到高斯–韦伯楼东方研究所去上第一课。这是一座非常古老的建筑。当年大数学家高斯和大物理学家韦伯(Weber)试验他们发明的电报，就在这座房子里，它因此名扬全球。楼下是埃及学研究室，巴比伦、亚述、阿拉伯文研究室。楼上是斯拉夫语研究室，波斯、土耳其语研究室和梵文研究室。梵文课就在研究室里上。这是瓦尔德施米特教授第一次上课，也是我第一次同他会面。他看起来非常年轻。他是柏林大学梵学大师海因里希·吕德斯(Heinrich Lüders)的学生，是研究新疆出土的梵文佛典残卷的专家，虽然年轻，已经在世界梵文学界颇有名声。可是选梵文课的却只有我一个学生，而且还是外国人。虽然只有一个学生，他仍然认真严肃地讲课，一直讲到四点才下课。这就是我梵文学习的开始。研究所有一个小图书馆，册数不到一万，然而对一个初学者来说，却是应有尽有。最珍贵的是奥尔登堡的那一套上百册的德国和世界各国梵文学者寄给他的论文汇集，分门别类，装订成册，大小不等，语言各异。如果自己去搜集，那是无论如何也不会这样齐全的，因为有的杂志非常冷僻，到大图书馆都不一定能查到。在临街的一面墙上，在镜框里贴着德国梵文学家的照片，有三四十人之多。从中可见德国梵学之盛。这是德国学术界十分值得骄傲的地方。

我从此就天天到这个研究所来。

我从此就找到了我真正想走的道路。

十一　怀念母亲

我一生有两个母亲：一个是生我的那个母亲；一个是我的祖国母亲。

我对这两个母亲怀着同样崇高的敬意和同样真挚的爱慕。

我六岁离开我的生母，到城里去住。中间曾回故乡两次，都是奔丧，只在母亲身边待了几天，仍然回到城里。最后一别八年，在我读大学二年级的时候，母亲弃养，只活了四十多岁。我痛哭了几年，食不下咽，寝不安席。我真想随母亲于地下。我的愿望没能实现。从此我就成了没有母亲的孤儿。一个缺少母爱的孩子，是灵魂不全的人。我怀着不全的灵魂，抱终天之恨。一想到母亲，就泪流不止，数十年如一日。如今到了德国，来到格丁根这一座孤寂的小城，不知道是为什么，母亲频来入梦。

我的祖国母亲，我这是第一次离开她。离开的时间只有短短几个月，不知道是为什么，我这个母亲也频来入梦。

为了保存当时真实的感情，避免用今天的情感篡改当时的感情，我现在不加叙述，不做描绘，只从初到格丁根的日记中摘抄几段：

1935年11月16日

不久外面就黑起来了。我觉得这黄昏的时候最有意思。我不开灯,只沉默地站在窗前,看暗夜渐渐织上天空,织上对面的屋顶。一切都沉在朦胧的薄暗中。我的心往往在沉静到不能再沉静的氛围里,活动起来。这活动是轻微的,我简直不知道有这样的活动。我想到故乡,故乡里的老朋友,心里有点酸酸的,有点凄凉。然而这凄凉却并不同普通的凄凉一样,是甜蜜的,浓浓的,有说不出的味道,浓浓地糊在心头。

11月18日

从好几天以前,房东太太就向我说,她的儿子今天家来,从学校回家来,她高兴得不得了。……但儿子只是不来,她的神色有点沮丧。她又说,晚上还有一趟车,说不定他会来的。我看了她的神气,想到自己的在故乡地下卧着的母亲,我真想哭!我现在才知道,古今中外的母亲都是一样的!

11月20日

我现在还真是想家,想故国,想故国里的朋友。我有时简直想得不能忍耐。

11月28日

我仰在沙发上,听风声在窗外过路,风里夹着雨,天色阴得如黑夜。心里思潮起伏,又想到故国了。

12月6日

近几天来，心情安定多了。以前我真觉得两年太长，同时，在这里无论衣食住行哪一方面都感到不舒服，所以这两年简直似乎无论如何也忍受不下来了。

从初到格丁根的日记里，我暂时引用这几段。实际上，类似的地方还有不少，从这几段中也可见一斑了。总之，我不想在国外待 。一想到我的母亲和祖国母亲，就心潮腾涌，惶惶不可终日，留在国外的念头连影儿都没有。几个月以后，在1936年7月11日，我写了一篇散文，题目叫《寻梦》。开头一段是：

夜里梦到母亲，我哭着醒来。醒来再想捉住这梦的时候，梦却早不知道飞到什么地方去了。

下面描绘在梦里见到母亲的情景。最后一段是：

天哪！连一个清清楚楚的梦都不给我吗？我怅望灰天，在泪光里，幻出母亲的面影。

我在国内的时候，只怀念，也只有可能怀念一个母亲。现在到国外来了，在我的怀念中就增添了一个祖国母亲。这种怀念，在初到格丁根的时候，异常强烈，以后也没有断过。对这两位母亲的怀念，一直伴随着我度过了在德国的十年，在欧洲的十一年。

十二　二年生活

清华大学与德国学术交换处订的合同，规定学习期限为两年。我原来也只打算在德国住两年。在这期间，我的身份是学生。在德国十年中，这二年的学生生活可以算是一个阶段。

在这二年内，一般说来，生活是比较平静的，没有大风大浪，没有剧烈的震动。希特勒刚上台不几年，德国崇拜他如疯如狂。我认识一个女孩子，年轻貌美。有一次同她偶尔谈到希特勒，她脱口而出："如果我能同希特勒生一个孩子，是我莫大的光荣！"我真是大吃一惊，做梦也没有想到。我没有见过希特勒本人，只是常常从广播中听到他那疯狗的狂吠声。在德国人中，反对他的微乎其微。他手下那著名的两支队伍：S A(Sturmabteilung，冲锋队)和 S S (Schutzstaffel，党卫军)，在街上随时可见。前者穿黄制服，我们称之为"黄狗"；后者着黑制服，我们称之为"黑狗"。这黄黑二狗从来没有跟我们中国学生找过麻烦。进商店，会见朋友，你喊你的"希特勒万岁"，我喊我的"早安"、"日安"、"晚安"，各行其是，互不侵犯，井水不犯河水，倒也能和平共处。我们同一般德国人从来不谈政治。

实际上，在当时，无论是在中国，还是在德国，都是处在大风暴的前夕。两年以后，情况就大大地改变了。

这一点我是有所察觉的，不过是无能为力，只好能过一天平静的日子，就过一天，苟全性命于乱世而已。

从表面上来看，市场还很繁荣，食品供应也极充足，限量制度还没有实行，只要有钱，什么都可以买到。我每天早晨在家里吃早点：小面包、牛奶、黄油、干奶酪，佐之以一壶红茶。然后到梵文研究所去，或上课，或学习。中午在外面饭馆里吃，吃完，仍然回到研究所，从来不懂什么睡午觉。下午也是或上课，或学习。晚上六点回家，房东老太太把他们中午吃的热饭菜留一份给我晚上吃。因此我就不必像德国人那样，晚饭只吃面包香肠喝茶了。

就这样，日子过得有条有理，满惬意的。

一到星期日，当时住在格丁根的几个中国留学生：龙丕炎、田德望、王子昌、黄席棠、卢寿枬等就不约而同地到城外山下一片叫作"席勒草坪"的绿草地去会面。这片草地终年绿草如茵，周围古木参天，东面靠山，山上也是树木繁茂，大森林长宽各几十里。山中颇有一些名胜，比如俾斯麦塔，高居山巅，登临一望，全城尽收眼底。此外还有几处咖啡馆和饭店。我们在席勒草坪会面以后，有时也到山中去游逛，午饭就在山中吃。见到中国人，能说中国话，真觉得其乐无穷。往往是在闲谈笑话中忘记了时间的流逝。等到注意到时间时，已是暝色四合，月出于东山之上了。

至于学习，我仍然是全力以赴。我虽然原定只能留两年，但我仍然做参加博士考试的准备。根据德国的规定，考博士必须读三个系：一个主系，两个副系。我的主系是梵文、巴利文等所谓印度学(Indologie),这是大局已定。关键是在两个副系上,然而这件事又是颇伤脑筋的。当年我在国内患"留学热"而留学一事还渺茫如蓬莱三山的时候,我已经立下大誓:绝不写有关中国的博士论文。鲁迅先生说过,有的中国留学生在国外用老子与庄子谋得了博士头衔,令洋人大吃一惊;然而回国后讲的却是康德、黑格尔。我鄙薄这种博士,绝不步他们的后尘。现在到了德国,无论主系和副系绝不同中国学沾边。我听说,有一个学自然科学的留学生,想投机取巧,选了汉学做副系。在口试的时候,汉学教授问的第一个问题是:中国的杜甫与英国的莎士比亚,谁先谁后?中国文学史长达几千年,同屈原等比起来,杜甫是偏后的。而在英国则莎士比亚已算较古的文学家。这位留学生大概就受这种印象的影响,开口便说:"杜甫在后。" 汉学教授说:"你落第了! 下面的问题不需要再提了。"

谈到口试,我想在这里补充两个小例子,以见德国口试的情况,以及教授的权威。19世纪末,德国医学泰斗微耳和(Virchow)有一次口试学生,他把一盘子猪肝摆在桌子上,问学生道:"这是什么?"学生瞠目结舌,半天说不出话来。他哪里会想到教授会拿猪肝来呢。结果是口试落第。微耳和对他说:"一个医学工作者一定要实事求是,眼前看到什么,就说是什么。连这点本领和勇气都没有,怎能当医生呢?"又一次,也是这位微耳和在口试,他指了指自己的衣服,问:"这是什么颜色?"学生端详了一会儿,郑重答道:"枢密顾问(德国成就卓著的教授的一种荣誉称号)先生! 您的衣服曾经是褐色的。"微耳和大笑,立刻说:"你及格了!"因为他不大注意穿着,一身衣服穿了十几年,原来的褐色变成黑色了。这两个例子虽小,但是意义却极大。它告诉我们,德国教授是怎样处心积虑地培养学生实事求是不受任何外来影响干扰的观察问题的能力。

回头来谈我的副系问题。我坚决不选汉学,这已是定不可移的了。那么选什么呢?我考虑过英国语言学和德国语言学。后来,又考虑过阿拉伯文。我还真下工夫学了一年阿拉伯文。后来,又觉得不妥,决定放弃。最后选定了英国语言学与斯拉夫语言学。但斯拉夫语言学,不能只学一门俄文。我又加学了南斯拉夫文。从此天下大定。

斯拉夫语研究所也在高斯-韦伯楼里面。从那以后,我每天到研究所来,学习一整天。主要精力当然是用到学习梵文和巴利文上。梵文班原先只有我一个学生。大概从第三学期开始,来了两个德国学生:一个是历史系学生,一个是一位乡村牧师。前者在我来格丁根以前已经跟西克教授学习过几个学期。等到我第二学年开始时,他来参加,没有另外开班,就在一个班上。我最初对他真是肃然起敬,他是老学生了。然而,过了不久,我就发现,他学习颇为吃力。尽管他在中学时学过希腊文和拉丁文,又懂英文和法文,但是对付这个语法规则烦琐到匪夷所思的程度的梵文,他却束手无策。在课堂上,只要老师一问,他就眼睛发直、口发呆,嗫嗫嚅嚅,说不出话来。一直到第二次世界大战爆发,他被征从军,他始终没能征服梵文,用我的话来说,就是,他没有跳过龙门。

我自己学习梵文,也并非一帆风顺。这一种在现在世界上已知的语言中语法最复杂的古代语言,形态变化之丰富,同汉语截然相反。我当然会感到困难。但是,既然已经下定决心要学习,就必然要把它征服。在这二年内,我曾多次暗表决心:一定要跳过这个龙门。

十三 章用一家

我上面屡次提到章用，对他的家世也做了一点儿简要的介绍，现在集中谈他的一家。

章士钊下台以后，夫妇俩带着三个儿子，到欧洲来留学，就定居在格丁根。后来章士钊先回国，大儿子章可转赴意大利去就学，三儿子章因到英国去念书。只有二儿子章用留在格丁根，陪伴母亲。我到格丁根的时候，情况就是这样，母子在这里已经住了几年了。

他们租了一层楼，是在一座小洋楼的顶层，下面两层德国房东自己住。男房东一脸横肉，从来不见笑容，是一个令人见而生厌的人。他有一个退休的老母亲，看样子有七八十岁了，老态龙钟，路都走不全，孤身一人，住在二楼的一间小房子里。母子不在一起吃饭。我拜访章用时，有时候看到她的卧室门外地上摆着一份极其粗粝的饭菜，一点儿热气都没有。用中国话说就是“连狗都不吃的”。男房东确实养着一条大狼狗。他这条狗不但不吃这样的饭，据说非吃牛肉不行。牛肉吃多了，患了胃病，还要请狗大夫会诊。

有一次，老太太病了，我到章家去，一连几天，看到同一份饭摆在房门口，清冷，寂寞，在等候着老太太享用。可惜这时候她大概连床都起不来了。

这是顺便提到的闲话，还是谈主题吧。

章老太太(我同龙丕炎管她叫“章伯母”)是英国留学生，英文蛮好的。她当孙中山的秘书，据说就是管英文的。她崇拜英国，到了五体投地的程度。英国人的傲慢与偏见，她样样俱全。对英文的崇拜，也绝不下于英国人。英国人常以英文自傲。他们认为，口叼雪茄烟而能运用自如的语言，大千世界中只有英文。因此，在西方国家中，最不肯学外国语言的人，就是英国人。而其他国家的人则必须以学习英文为神圣职责。在这方面，章伯母是一个地地道道的英国人。她来德国几年，连一句“早安”、“晚安”都不会说。她每天必须出去买东西。无论有多大本领，多少偏见，她反正无法让德国店员都履行自己的神圣职责。无已，她就手持一本英德文小字典，想买什么东西，先找出英文，下面跟着就是德文，只需用手指头一指，店员就明白了。要买三个或者三斤，再伸出三个手指头。于是这一个买卖活动立即完成，不费吹灰之力，皆大欢喜。

她不肯说德国话，当然更不肯认德国字，德国的花体字母更成了她的眼中钉，这种字母与英法德等国通用的拉丁字母不同，认起来比较麻烦。法西斯锐意提倡花体字，以表示自己德意志超于一切的爱国主义。街名牌子多半改用了这种字母。因此，章伯母就遇到了更大的麻烦。再加上，她识别方向记忆街名的能力低到惊人的水平。在格丁根住了几年，依然不辨东西南北。有几次出门，走路比较远了一点儿，结果是找不回家来。

章伯母就是这样一个人。她虽然已年逾花甲，但是却幼稚而单纯，似乎有点儿不失其赤子之心。在别的方面也有同样的表现，她出身名门大族，自己是留英学生，做过孙中山的秘书，嫁的丈夫又是北洋政府的总长。很自然地养成一种恶性发展的门第优越感。别人也许有这种优越感，但总是想方设法来掩蔽起来，也许还做出一点儿谦恭下士的伪装。章伯母不懂这一套，她认为自己是“官家”，我们都是“民家”，官民悬隔，有如天壤，泾渭分明，不容混淆。她一开口就是我们官家如何如何，你们民家又如何如何。态度坦率泰然，毫不忸怩。我们听了，最初是吃一大惊，继之是觉得可笑。有时候也来点恶作剧，故意提高了声音说：“你们官家也是用筷子吃饭，用茶杯喝茶吗？”她丝毫也觉察不出我们的用心，继续“官家”“民家”嚷嚷不休。在这方面，她已修炼得超凡入圣，我辈凡人实在是束手无策。

她儿子章用是很聪明的人，对自己母亲这种举动当然是看不惯的。他是一个沉默寡言的人，又是一个很孝顺的人。他从不打断母亲的话。但是从他那紧蹙的眉头来看，他是很不愉快的。他经常好像是在考虑什么问题，也许是数学问题，也许是什么别的东西。平日家居，大概不大同母亲闲聊。老太太独处危楼，举目无亲，没有任何德国朋友，没有人可以说话，一定是寂寞得难以忍耐。所以一见我们这些“民家”，便喜笑颜开，嘴里连连说着：“我告诉你一件大事！”连气都喘不上来。她所说“大事”，都是屁大的小事。她喋喋不休，话总说不完。但是她一不读书，二不看报，可谈的话题实在有限。往往是三句话过后，就谈章士钊。谈章士钊同她结婚时的情景。章士钊当了大官，但是对待妻子，总以西方礼节为准。上汽车给她开车门，走路挽着她的胳臂，而且满嘴喊 Darling(亲爱的)不止。她自己如坐云端，认为自己是普天之下最幸福的妇女。但是，天有不测风云，有一天，她忽然发现真实情况完全不是这个样子。于是立刻从九天之上的云端坠了下来。适逢章士钊也下了台，于是夫妇同儿子们来到了格丁根。

她谈的有关章士钊的情况，远远不止这一点。为了尊贤者讳，我在这里就讲这一些。在将近二年的时间内，她讲丈夫的故事，不知讲了多少遍，有时候绘形绘声，讲得琐细生动之至。这对章用当然更是刺激。他虽然照常是沉默不语，然而眉头却蹙得更加厉害了。

就这样，章伯母欢迎我们到她家去，我自己也愿意去看一看这一位简单天真的老人。我的目的主要是去找章用，听他谈一些问题。他母亲说，我一去，章用就好像变了一个人，脸上有了笑容，话也多了起来。这时，老太太显然也高兴了起来，立刻拿点心，沏龙井茶，还多半要留我吃饭，嘴里一方面讲章士钊，一方面忙前忙后，忙得不可开交。我同章用谈论什么问题，也谈得兴致正浓。有几次，在这样谈话的间隙中，忽然听到楼外雷声如擂鼓。从楼顶上的小玻璃窗子里看出去，天空阴云翻滚，东面山上的丛林被乱云封住，迷蒙成一片，颇感到大自然的威力。但是，我们谈兴不减，稍一注意，就听到大雨敲窗的声音。

这样美好的时光并不很长，可能只有1936年一个夏天。一转到1937年，章家的国内经济来源出了问题，无力供给在德、英、意三个国家的孩子读书和生活。他们决定，章用先回国去探听探听。章用走了以后，老太太孤身一人，留在格丁根，等候儿子的消息。此时，我同龙丕炎就承担了照看老太太的责任。我们三个人每天在饭馆里一起吃午饭。每天见面时，老太太照例气喘吁吁地说："我告诉你一件大事！"我们知道，没有什么大事。吃过午饭，送老太太回家,天天如此。后来,章用从国内来了信:经济问题无法解决,章用不能回来了,要老太太也立即回国。我们于是又帮她退房子,收拾东西,办护照,买车船票,忙成一团。就在这样的非常时期,老太太还并没有忘记了自己的“官家”身份。她照了相,要我们帮她挑选“标准相”,回国后好送给新闻记者。

老太太终于走了,章用一家在格丁根长达六七年的生活也终于结束了。章用在德国苦读了六七年,最终也没有能再回德国来,没有能取得博士学位。从此以后,我同他们母子都没有能再见面。章用先在浙江大学教书,抗战军兴,到处播迁,在颠沛流离之中,他没有忘记我,也没有忘记写诗。时常有信给我,有时附上自己的诗。我现在还能记住一些他的诗,比如“常歌建德非吾土,岂意祁门来看山”等等。不记得是在哪一年了,他把自己生平写的不算太多的诗全部寄给了我。我不知道,他是怎样考虑的。难道他已经预感到自己肺病缠身,将不久于人世,因而尽早把自己的心血的结晶寄给可靠的朋友,传之其人吗?他的预感是正确的,不久他就在流离播迁中离开人世,只剩下我这个受他重托的人还活在人间。综观章用一生,他是一个寂寞的人,一个孤傲的人,一个落落寡合的人,一个短命的才人。他是把我这个同他仅仅有一年多交谊的人,看作自己唯一的知己的。此境可悲,此情可感!现在茫茫人世,芸芸众生,知道章用,想到章用的人,恐怕只有我一个了。我愈来愈感到,我也失去了一位难得的知己。然而人天悬隔,欲哭无泪,“上穷碧落下黄泉,两处茫茫皆不见”,恐怕我要抱恨终天了。悲夫!

留学德国时的季羡林(右)与友人。

十四　汉学研究所

章用一家走了，1937 年到了，我的交换期满了，是我应该回国的时候了。然而，国内“七七”事变爆发，不久我的家乡山东济南就被日军占领，我断了退路，就同汉学研究所发生了关系。

这个所的历史，我不清楚，我从来也没有想去研究过。汉学虽然也属于东方学的范畴，但并不在高斯-韦伯楼东方研究所内，而是在另外一个地方，在一座大楼里面。楼前有一个大草坪，盖满绿草，有许多株参天的古橡树。整个建筑显得古穆堂皇，颇有一点儿气派。一进楼门，有极其宽敞高大的过厅，楼梯也是极宽极高，是用木头建成的。这里不见什么人，但是打扫得也是油光锃亮。研究所在二楼，有七八间大房子，一间所长办公室，一间课堂，其余全是藏书室和阅览室。这里藏书之富颇令我吃惊。在这几间大房子里，书架从地板一直高达天花板，全整整齐齐地排满了书，中国书和日本出版的汉籍，占绝大多数，也有几架西文书，里面颇有一些珍贵的古本，我记得有几种明版的小说，即使放在国内图书馆中，也得算作善本书。其中是否有海内孤本，因为我对此道并非行家里手，不敢乱说。这些书是怎样到格丁根来的，我也没有打听。可能有一些是在中国的传教士带回去的。

所长是古斯塔夫·哈隆(Gustav Haloun)教授，是苏台德人，在感情上与其说他是德国人，毋宁说他是捷克人。他反对法西斯，自是意内事。我到格丁根后不久，章用就带我来看过哈隆。在过去二年内，我们有一些来往，但不很密切。我交换期满的消息，传到了他的耳朵里，他主动跟我谈这个问题，问我愿意不愿意留下。我已是有家归不得，正愁没有办法。他的建议自然使我喜出望外，于是交换期一满，我立即受命为汉文讲师。原来我到汉学研究所来是做客，现在我也算是这里的主人了。

哈隆教授为人亲切和蔼，比我约长二十多岁。我到研究所后，仍然是梵文研究所的博士生，仍然天天到高斯-韦伯楼去学习，我的据点仍然在梵文研究所。但是，既然当了讲师，就有授课的任务，授课地点就在汉学研究所内，我到这里来的机会就多了起来，同哈隆和他夫人见面的机会也就多了起来。我们终于成了无话不谈的知心朋友，也可以说是忘年交吧。哈隆虽然不会说中国话，但汉学的基础是十分雄厚的。他对中国古代文献，比如《老子》、《庄子》之类，是有很高的造诣的。甲骨文尤其是他的拿手好戏，讲起来头头是道，颇有一些极其精辟的见解。他对古代西域史的钻研很深，他的名作《月氏考》，蜚声国际士林。他非常关心图书室的建设。闻名欧洲的格丁根大学图书馆，不收藏汉文典籍。所有的汉文书都集中在汉学研究所内。购买汉文书籍的钱好像也由他来支配。我曾经替他写过不少的信，给中国北平琉璃厂和隆福寺的许多旧书店，订购中国古籍。中国古籍也确实源源不断地越过千山万水，寄到研究所内。我曾特别从国内订购虎皮宣，给这些线装书写好书签,贴在上面。结果是整架的蓝封套上都贴上了黄色小条,黄蓝相映,闪出了异样的光芒,给这个研究所增添了无量光彩。

因为哈隆教授在国际汉学界广有名声,他同许多国家的权威汉学家都有来往。又由于格丁根大学汉学研究所藏书丰富,所以招徕了不少外国汉学家来这里看书。我个人在汉学研究所藏书室里就见到了一些世界知名的汉学家。留给我印象最深的是英国汉学家阿瑟·韦利 (Arthur Waley),他以翻译中国古典诗歌蜚声世界。他翻译的唐诗竟然被收入著名的《牛津英国诗选》。这一部诗选有点儿像中国的《唐诗三百首》之类的选本,被选入的诗都是久有定评的不朽名作。韦利翻译的中国唐诗,居然能置身其间,其价值概可想见了,韦利在英国文学界的地位也一清二楚了。

我在这里还见到了德国汉学家奥托·冯·梅兴–黑尔芬(Oto von Mänchen–Helfen)。他正在研究明朝的制漆工艺。有一天,他拿着一部本所的藏书,让我帮他翻译几段。我忘记了书名,只记得纸张印刷都异常古老,白色的宣纸已经变成了淡黄色,说不定就是明版书。我对制漆工艺毫无通解,勉强帮他翻译了一点儿,自己也不甚了了。但他却连连点头。他因为钻研已久,精于此道,所以一看就明白了。从那一次见面后,再没有见到他过。后来我在一本英国杂志上见到他的名字。此公大概久已移居新大陆,成了美籍德人了。

可能就在"七七"事变后一两年内,哈隆有一天突然告诉我,他要离开德国到英国剑桥大学,去任汉学教授了。他在德国多年郁郁不得志,大学显然也不重视他,我从没有见到他同什么人来往过。他每天一大早同夫人从家中来到研究所。夫人做点针线活,或看点闲书。他则伏案苦读,就这样一直到深夜才携手回家。在寂寞凄清中，夫妇俩相濡以沫，过的几乎是形单影只的生活。看到这情景，我心里充满了同情。临行前，我同田德望在市政府地下餐厅为他饯行。他以极其低沉的声调告诉我们，他在格丁根这么多年，真正的朋友只有我们两个中国人！泪光在他眼里闪动。我此时似乎非常能理解他的心情。他被迫去国，丢下他惨淡经营的图书室，心里是什么滋味，难道还不值得我一洒同情之泪吗？后来，他从英国来信，约我到英国剑桥大学去任教，我回信应允。可是等到我于1946年回国后，亲老，家贫，子幼，我不忍心再离开他们了。我回信说明了情况，哈隆回信，表示理解。我再没有能见到他。他在好多年以前已经去世，岁数也不会太大。一直到现在，我每想到我这位真正的朋友，心内就悲痛不已。

十五　第二次世界大战爆发

一转眼，时间已经到了1939年。

在这以前的两年内，德国的邻国，每年春天一次，秋天一次，患一种奇特的病，称之为“侵略狂”或者“迫害狂”都是可以的，我没有学过医，不敢乱说。到了此时，德国报纸和广播电台就连篇累牍地报道，德国的东西南北四邻中有一个邻居迫害德国人了，挑起争端了，进行挑衅了，说得声泪俱下，气贯长虹。德国人心激动起来了，全国沸腾了。但是接着来的是德国出兵镇压别人，占领了邻居的领土，他们把这种行动叫作“抵抗”，到邻居家里去“抵抗”。德国法西斯有一句名言：“谎言说上一千遍，就变成了真理。”这就是他们新闻政策的灵魂。连我最初都有点儿相信，德国人不必说了。但是到了下半年，或者第二年的上半年，德国的某一个邻居又患病了，而且患的是同一种病，不由得我不起疑心。德国人聪明绝世，在政治上却幼稚天真如儿童。他们照例又激动起来了，全国又沸腾起来了。结果又有一个邻国倒了霉。

我预感到情况不妙，大有“山雨欲来风满楼”之势了。

事实证明,我的预感是正确的。

1939 年 9 月 1 日,德国的东邻波兰犯了上面说的那种怪“病”,德国“被迫”出兵“抵抗”,没有用很多的时间,波兰的“病”就完全治好了,全国被德军占领。如此接二连三,许多邻国的“病”都被德国治好,国土被他们占领。等到法国的马其诺防线被突破,德军进占巴黎以后,德国的四邻的“病”都已完全被法西斯治好了,我预感,德国又要寻找新的病人了。这个病人不是别的国家,只能是苏联。

事实证明,我的预感又不幸而言中了。

1941 年 6 月 22 日,我早晨一起来,女房东就告诉我,德国同苏联已经开了火。我的日记上写道:“这一着早就料到,却没想到这样快。”这本来应该说是一件天大的事,但是德国人谁也不紧张。原因大概是,最近几年来,几乎每年两次出现这样的事,“司空见惯浑无事”了。我当然更不会紧张。前两天约好同德国朋友苹可斯(Pinks)和格洛斯(Gross)去郊游,照行不误。整整一天,我们乘车坐船,几次渡过小河,在旷野绿林中,步行了几十公里,唱歌,拉手风琴,野餐,玩了个不亦乐乎,尽欢而归,在灯火管制、街灯尽熄的情况下,在黑暗中摸索着走回了家。无论是对我,还是对德国朋友来说,今天早晨德苏宣战的消息,没有给我们留下任何印象。

第一次世界大战爆发时,我刚三岁,什么事情都不知道。后来读了一些关于这方面的书,看到战火蔓延之广,双方搏斗之激烈,伤亡人数之多,财产损失之重,我总想象,这样大的大事开始时一定是惊天地,泣鬼神,上至三十三天,下达十八层地狱,无不震动,无不惊恐,才合乎情理。现在,我竟有幸亲身经历了规模比第一次世界大战要大得多、时间要长得多、伤亡要重得多的第二次世界大战的开端。可是万万没有想到，这一出人类历史上罕见的大戏，开端竟是这样平淡无奇。事后追思，真颇有点儿失望不过瘾的感觉了。

然而怪事还在后面。

战争既已打响，不管人们多么淡漠，总希望听到进一步的消息：是前进了呢？是后退了呢？是相持不下呢？然而任何消息都没有。23日没有，24日没有，25日没有，26日没有，27日仍然没有。到了28日，我在日记中写道："东战线的消息，一点儿都不肯定。我猜想，大概德军不十分得手。"隐含幸灾乐祸之意。然而，在整整沉默了一个礼拜之后，到了又一个礼拜日29日，广播却突如其来地活泼，一个早晨就播送了八个"特别广播"：德军已在苏联境内长驱直入，势如破竹，一个"特别广播"报告一个重大胜利。一直表现淡漠的德国人，震动起来了，他们如疯似的，山呼"万岁"。而我则气得内心暴跳如雷。一听特别广播，神经就极度紧张，浑身发抖，没有办法，就用双手堵住耳朵，心里数着一、二、三、四等等，数到一定的程度，心想广播恐已结束；然而一松手，广播喇叭怪叫如故。此时我心中热血沸腾，直冲脑海。晚上需要吃加倍的安眠药，才能勉强入睡。30日的日记里写道："住下去，恐怕不久就会进疯人院。"

我的失眠症从此进入严重的阶段了。

十六　完成学业，尝试回国

精神是苦闷的，形势是严峻的，但是我的学业仍然照常进行。

在我选定的三个系里，学习都算是顺利。主系梵文和巴利文，第一学期，瓦尔德施米特教授讲梵文语法，第二学期就念梵文原著《那罗传》，接着读迦梨陀娑的《云使》等。从第五学期起，就进入真正的 Seminar(讨论班)，读中国新疆吐鲁番出土的梵文佛经残卷，这是瓦尔德施米特教授的拿手好戏，他的老师 H.吕德斯和他自己都是这方面的权威。第六学期开始，他同我商量博士论文的题目，最后定为研究《大事》(*Mahāvastu*)偈陀部分的动词变化。我从此就在上课教课之余，利用一切可利用的时间，啃那厚厚的三大册《大事》。第二次世界大战爆发后不久，我的教授被征从军。已经退休的西克教授，以垂暮之年，出来代替他上课。西克教授真正是诲人不倦，第一次上课他就对我郑重宣布：他要把自己毕生最专长的学问，统统地毫无保留地全部传授给我，一个是《梨俱吠陀》，一个是印度古典语法《大疏》，一个是《十王子传》，最后是吐火罗文，他是读通了吐火罗文的世界大师。就这样，在瓦尔德施米特教授从军期间，我就一方面写论文，一方面跟西克教授上课。学习是顺利的。

一个副系是英国语言学，另一个副系是斯拉夫语言学，我也照常上课，这些课也都是顺利的。

专就博士论文而论，这是学位考试至关重要的一项工作。教授看学生的能力，也主要是通过论文。德国大学对论文要求十分严格，题目一般都不大，但必须有新东西，才能通过。有的中国留学生在德国已经待了六七年，学位始终拿不到，关键就在于论文。章用就是一个例子，一个姓叶的留学生也碰到了相同的命运。我的论文，题目定下来以后，我积极写作，到了1940年，已经基本写好。瓦尔德施米特从军期间，西克也对我加以指导。瓦尔德施米特回家休假，我就把论文送给他看。我自己不会打字，帮我打字的是迈耶(Meyer)家的大女儿伊姆加德(Irmgard)，一位非常美丽的女孩子。这一年的秋天，我天天晚上到她家去。因为梵文字母拉丁文转写，符号很多，穿靴戴帽，我必须坐在旁边，才不致出错。9月13日，论文打完。事前已经得到瓦尔德施米特的同意。10月9日，把论文交给文学院长戴希格雷贝尔(Deichgräber)教授。德国规矩，院长安排口试的日期，而院长则由最年轻的正教授来担任。戴希格雷贝尔是希腊文、拉丁文教授，是刚被提升为正教授的。按规矩本应该三个系同时口试。但是瓦尔德施米特正值休假回家，不能久等，英文教授勒德尔(Roeder)却有病住院，在1940年12月23日口试时，只有梵文和斯拉夫语言学，英文以后再补。我这一天的日记是这样写的：

早晨五点就醒来。心里只是想到口试，再也睡不着。七点起来,吃过早点,又胡乱看了一阵书,心里极慌。

九点半到大学办公处去。走在路上,像待决的囚徒。十点多开始口试。Prof.Waldschmidt(瓦尔德施米特教授)先问,只有 Prof.Deichgräber (戴希格雷贝尔教授) 坐在旁边。Prof.Braun(布劳恩教授)随后才去。主科进行得异常顺利。但当 Prof.Braun 开始问的时候,他让我预备的全没问到。我心里大慌。他的问题极简单,简直都是常识。但我还不能思维,颇呈慌张之相。

十二点下来,心里极难过。此时,及格不及格倒不成问题了。

我考试考了一辈子,没想到在这最后一次考试时,自己竟会这样慌张。第二天的日记:

心绪极乱。自己的论文不但 Prof.Sieg、Prof.Waldschmidt 认为极好,就连 Prof.Krause 也认为难得,满以为可以做一个很好的考试;但昨天俄文口试实在不佳。我所知道的他全不问,问的全非我所预备的。到现在想起来,心里还极难过。

这可以说是昨天情绪的余波。但是当天晚上:

七点前到 Prof.Waldschmidt 家去,他请我过节(羡林按:指圣诞节)。飘着雪花,但不冷。走在路上,心里只是想到昨天考试的结果,我一定要问他一问。一进门,他就向我恭喜,说我的论文是 sehr gut(优),印度学(Indologie)sehr gut,斯拉夫语言也是 sehr gut。这实在出我意料,心里对 Prof.Braun 发生了无穷的感激。

他的儿子先拉提琴,随后吃饭。吃完把圣诞树上的蜡烛都点上,喝酒,吃点心,胡乱谈一气。十点半回家,心里仍然想到考试的事情。

到了第二年 1941 年 2 月 19 日,勒德尔教授病愈出院,补英文口试,瓦尔德施米特教授也参加了,我又得了一个 sehr gut。连论文加口试,共得了四个 sehr gut。我没有给中国人丢脸,可以告慰我亲爱的祖国,也可以告慰母亲在天之灵了。博士考试一幕就此结束。

至于我的博士论文,当时颇引起了一点儿轰动。轰动主要来自 Prof.Krause(克劳泽教授)。他是一位蜚声世界的比较语言学家,是一位非凡的人物,自幼双目失明,但有惊人的记忆力,过耳不忘,像照相机那样准确无误。他能掌握几十种古今的语言, 北欧几种语言,他都能说。上课前,只需别人给他念一遍讲稿,他就能几乎是一字不差地讲上两个小时。他也跟西克教授学过吐火罗语,他的大著《西吐火罗语语法》,被公认为能够跟西克、西格灵(Siegling)、舒尔策(Schulze)的吐火罗语语法媲美。他对我的博士论文中关于语尾-mathe 的一段附录,给予了极高的评价,因为据说在古希腊文中有类似的语尾, 这种偶合对研究印欧语系比较语言学有突破性的意义。1941 年 1 月 14 日我的日记中有下列一段话:

Hartmann(哈特曼)去了。他先祝贺我的考试,又说:Prof. Krause 对我的论文赞不绝口, 关于 Endung matha (动词语尾

matha)简直可以说是一个重要的发现。他立刻抄了出来,说不定从这里还可以得到有趣的发明。这些话伯恩克(Boehncke)小姐已经告诉过我。我虽然也觉得自己的论文并不坏,但并不以为有什么不得了。这样一来,自己也有点飘飘然起来了。

关于口试和论文,就写这样多。因为这是我留德十年中比较重要的问题,所以写多了。

我为什么非要取得一个博士学位不行呢?其中原因有的同一般人一样,有的则可能迥乎不同。中国近代许多大学者,比如王国维、梁启超、陈寅恪、郭沫若、鲁迅等等,都没有什么博士头衔,但都会在学术史上有地位的。这一点我是知道的。可这些人都是不平凡的天才,博士头衔对他们毫无用处。但我扪心自问,自己并不是这种人,我从不把自己估计过高,我甘愿当一个平凡的人,而一个平凡的人,如果没有金光闪闪的博士头衔,则在抢夺饭碗的搏斗中必然是个失败者。这可以说是动机之一,但是还有之二。我在国内时对某一些趾高气扬不可一世的留学生看不顺眼,窃以为他们也不过在外国炖了几年牛肉,一旦回国,在非留学生面前就摆起谱来了。但自己如果不也是留学生,则一表示不平,就会有人把自己看成一个吃不到葡萄而说葡萄酸的狐狸。我为了不当狐狸,必须出国,而且必须取得博士学位。这个动机,说起来十分可笑,然而却是真实的。多少年来,博士头衔就像一个幻影,飞翔在我的眼前,或近或远,或隐或显。有时候近在眼前,似乎一伸手就可以抓到。有时候又远在天边,可望而不可即。有时候熠熠闪光,有时候又晦暗不明。这使得我时而兴会淋漓,时而又垂头丧气。一个平凡人的心情,就是如此。

现在多年的夙愿终于实现了，我立即又想到自己的国和家。山川信美非吾土，漂泊天涯胡不归。适逢1942年德国政府承认了南京汉奸汪记政府，国民党政府的公使馆被迫撤离，撤到瑞士去。我经过仔细考虑，决定离开德国，先到瑞士去，从那里再设法回国。我的初中同班同学张天麟那时住在柏林，我想去找他，看看有没有办法可想。决心既下，就到我认识的师友家去辞行。大家当然都觉得很惋惜，我心里也充满了离情别绪。最难过的一关是我的女房东。此时男房东已经故去，儿子结了婚，住在另外一个城市里。我是她身边唯一的一个亲人，她是拿我当儿子来看待的。回忆起来她丈夫逝世的那一个深夜，是我跑到大街上去叩门找医生，回家后又伴她守尸的。如今我一旦离开，五间房子里只剩下她孤身一人，冷冷清清，戚戚惨惨，她如何能忍受得了！她一听到我要走的消息，立刻放声痛哭。我一想到相处七年，风雨同舟，一旦诀别，何日再见？也不禁热泪盈眶了。

到了柏林以后，才知道，到瑞士去并不那么容易。即便到了那里，也难以立即回国。看来只能留在德国了。此时战争已经持续了三年。虽然小的轰炸已经有了一些，但真正大规模的猛烈的轰炸，还没有开始。在柏林，除了食品短缺外，生活看上去还平平静静。大街上仍然是车水马龙，行人熙攘，脸上看不出什么惊慌的神色。我抽空去拜访了大教育心理学家施普兰格尔(E.Spranger)。又到普鲁士科学院去访问西克灵教授，他同西克教授共同读通了吐火罗文。我读他的书已经有些年头了，只是从未晤面。他看上去非常淳朴老实，木讷寡言。在战争声中仍然伏案苦读，是一个典型的德国学者。就这样，我在柏林住了几天，仍然回到了格丁根，时间是1942年10月30日。

我一回到家，女房东仿佛凭空拣了一只金凤凰，喜出望外。我也仿佛有游子还家的感觉。回国既已无望，我只好随遇而安，丢掉一切不切实际的幻想，同德国共存亡，同女房东共休戚了。

我又恢复了七年来的刻板单调的生活。每天在家里吃过早点，就到高斯-韦伯楼梵文研究所去，在那里一直工作到中午。午饭照例在外面饭馆子里吃。吃完仍然回到研究所。我现在已经不再是学生，办完了退学手续，专任教员了。我不需要再到处跑着去上课，只是有时到汉学研究所去给德国学生上课。主要精力用在自己读书和写作上。我继续钻研佛教混合梵语，沿着我的博士论文所开辟的道路前进。除了肚子饿和间或有的空袭外，生活极有规律，极为平静。研究所对面就是大学图书馆，我需要的大量的有时甚至极为稀奇古怪的参考书，这里几乎都有，真是一个理想的学习和写作的环境。因此，我的写作成果是极为可观的。在博士后的五年内，我写了几篇相当长的论文，刊登在格丁根科学院院刊上，自谓每一篇都有新的创见；直到今天，已经过了将近半个世纪，还不断有人引用。这是我毕生学术生活的黄金时期，从那以后再没有过了。

日子虽然过得顺利，平静。但也不能说，一点儿波折都没有。德国法西斯政府承认了汪伪政府。这就影响到我们中国留学生的居留问题：护照到了期，到哪里去请求延长呢？这个护照算是哪一个国家的使馆签发的呢？这是一个事关重大又亟待解决的问题。我同张维等几个还留在格丁根的中国留学生，严肃地商议了一下，决意到警察局去宣布自己为无国籍者。这在国际法上是可以允许的。所谓“无国籍者”就是对任何国家都没有任何义务，但同时也不受任何国家的保护。其中是有一点儿风险的，然而事已至此，只好走这一步了。从此我们就变成了像天空中的飞鸟一样的人，看上去非常自由自在，然而任何人都能伤害它。

事实上，并没有任何人伤害我们。在轰炸和饥饿的交相压迫下，我的日子过得还算是平静的。我每天又机械地走过那些我已经走了七年的街道，我熟悉每一座房子，熟悉每一棵树。即使闭上眼睛，我也绝不会走错了路。但是，一到礼拜天，就来了我难过的日子。我仍然习惯于一大清早就到席勒草坪去，脚步不由自主地向那个方向转。席勒草坪风光如故，面貌未改，仍然是绿树四合，芳草含翠。但是，此时我却是形单影只，当年那几个每周必碰头的中国朋友，都已是天各一方，世事两茫茫了。

我感到凄清与孤独。

十七　大轰炸

然而来了大轰炸。

战争已经持续了三四年。最初一两年，英美苏的飞机也曾飞临柏林上空，投掷炸弹。但那时技术水平还相当低，炸弹只能炸坏高层楼房的最上一二层，下面炸不透。因此每一座高楼都有的地下室就成了全楼的防空洞，固若金汤，人们待在里面，不必担忧。即使上面中了弹，地下室也只是摇晃一下而已。德国法西斯头子都是说谎专家、牛皮大王。这一件事他们也不放过。他们在广播里报纸上，嘲弄又加吹嘘，说盟军的飞机是纸糊的，炸弹是木制的，德国的空防系统则是铜墙铁壁。政治上比较天真的德国人民，哗然和唱，全国一片欢腾。

然而曾几何时，盟军的轰炸能力陡然增强。飞来的次数越来越多，每一次飞机的数目也越增越多。不但白天来，夜里也能来。炸弹穿透力量日益提高，由穿透一两层提高到穿透七八层，最后十几层楼也抵挡不住。炸弹由楼顶穿透到地下室，然后爆炸。此时的地下室就再无安全可言了。我离开柏林不久，英国飞机白天从西向东飞，美国飞机晚上从东向西飞，在柏林“铺起了地毯”。所谓“铺地毯”是此时新兴的一个名词，意思是，飞机排成了行列，每隔若干米丢一颗炸弹，前后左右，不留空隙，就像客厅里铺地毯一样。到了此时，法西斯头子王顾左右而言他，以前的牛皮仿佛根本没有吹过，而老实的德国人民也奉陪健忘，再也不提什么纸糊木制了。

格丁根是个小城，最初盟国飞机没有光临。到了后来，大城市已经炸遍，有的是接二连三地炸，小城市于是也蒙垂青。格丁根总共被炸过两次，都是极小规模的，铺地毯的光荣没有享受到。这里的人民普遍大意，全城没有修筑一个像样的防空洞。一有警报，就往地下室里钻。灯火管制还是相当严的。每天晚上，在全城一片黑暗中，不时有“Licht aus!”(灭灯!)的呼声喊起，回荡在夜空中，还颇有点儿诗意哩。有一夜，英国飞机光临了，我根本无动于衷，拥被高卧。后来听到炸弹声就在不远处，楼顶上的窗子已被震碎。我一看不妙，连忙狼狈下楼，钻入地下室里。心里自己念叨着：以后要多加小心了。

第二天早起进城，听到大街小巷都是清扫碎玻璃的哗啦哗啦声。原来是英国飞机开了一个不大不小的玩笑：他们投下的是气爆弹，目的不在伤人，而在震碎全城的玻璃。他们只在东西城门处各投一颗这样的炸弹，全城的玻璃大部分都被气流摧毁了。

万没有想到，我在此时竟碰到一件怪事。我正在哗啦声中，沿街前进，走到兵营操场附近，从远处看到一个老头儿，弯腰屈背，仔细看什么。他手里没有拿着笤帚之类的东西，不像是扫玻璃的。走到跟前，我才认清，原来是德国飞机制造之父、蜚声世界的流体力学权威普兰特尔(Prandtl)教授。我赶忙喊一声：“早安，教授先生!"他抬头看到我,也说了声:"早安!"他告诉我,他正在看操场周围的一段短墙,看炸弹爆炸引起的气流是怎样摧毁这一段短墙的。他嘴里自言自语:"这真是难得的机会!我的流体力学试验室里是无论如何也装配不起来的。"我陡然一惊,立刻又肃然起敬。面对这样一位抵死忠于科学研究的老教授,我还能说些什么呢?

无独有偶。我听说,在南德慕尼黑城,有一天夜里,盟军大批飞机,飞临城市上空,来"铺地毯"。正在轰炸高峰时,全城到处起火。人们都纷纷从楼上往楼下地下室或防空洞里逃窜,急急如漏网之鱼。然而独有一个老头儿却反其道而行之,他是从楼下往楼顶上跑,也是健步如飞,急不可待。他是一位地球物理学教授。他认为,这是极其难得的做实验的机会,在实验室里无论如何也不会有这样的现场:全城震声冲天,地动山摇。头上飞机仍在盘旋,随时可能有炸弹掉在他的头上。然而他全然不顾,宁愿为科学而舍命。对于这样的学者,我又有什么话好说呢?

大轰炸就这样在全国展开。德国人民怎样反应呢?法西斯头子又怎么办呢?每次大轰炸之后,德国人在地下室或防空洞里蹲上半夜,饥寒交迫,担惊受怕,情绪当然不会高。他们天性不会说怪话,至于有否腹诽,我不敢说。此时,法西斯头子立即宣布,被炸城市的居民每人增加"特别分配"一份,咖啡豆若干粒,还有一点儿别的什么。外国人不在此列。不了解当时德国情况的人,无法想象德国人对咖啡偏爱之深。有一本杂志上有一幅漫画:一只白金戒指,上面镶的不是宝石,不是金刚钻,而是一颗咖啡豆。可见咖啡身价之高。挨过一次炸,正当接近闹情绪的节骨眼儿上,忽然皇恩浩荡,几粒咖啡豆从天而降,一杯下肚,精神焕发,又大唱德国必胜的滥调了。

在格丁根第一次被轰炸之后,我再也不敢麻痹大意了。只要警笛一响,我立即躲避。到了后来,英国飞机几乎天天来。用不着再在家里恭候防空警报了。我吃完早点,就带着一个装满稿子的皮包,走上山去,躲避空袭。另外还有几个中国留学生加入了这个队伍,各自携带着认为有价值的东西,走向山中。最奇特的是刘先志和滕莞君两夫妇携带的东西,他们只提着一只篮子,里面装的一非稿子,二非食品,而是一只乌龟。提起此龟,大有来历,还必须解释几句。原来德国由于粮食奇缺,不知道从哪一个被占领的国家运来了一大批乌龟,供人食用。但是德国人吃东西是颇为保守的,对于这一批敢同兔子赛跑的勇士,有点儿见而生畏,哪里还敢往肚子里填!于是德国政府又大肆宣扬乌龟营养价值之高,引经据典,还不缺少统计图表,证明乌龟肉简直赛过仙丹醍醐。刘氏夫妇在柏林时买了这只乌龟。但看到它笨拙的躯体,灵活的小眼睛,一时慈上心头,不忍下刀,便把它养了起来,又从柏林带到格丁根,陪我们天天上山,躲避炸弹。我们仰卧在绿草上,看空中英国飞机编队飞过格丁根上空,一躺往往就是几个小时。在我们身旁绿草丛中,这一只乌龟瞪着小眼睛,迈着缓慢的步子,仿佛想同天空中飞驰的大东西,赛一个你输我赢一般。我们此时顾而乐之,仿佛现在不是乱世,而是乐园净土,天空中带着死亡威胁的飞机的嗡嗡声,霎时间变成了阆苑仙宫的音乐,我们忘掉了周围的一切,有点儿忘乎所以了。

十八　在饥饿地狱中

同轰炸并驾齐驱的是饥饿。

我初到德国的时候，供应十足充裕，要什么有什么，根本不知饥饿为何物。但是，法西斯头子侵略成性，其实法西斯的本质就是侵略，他们早就扬言：要大炮，不要奶油。在最初，德国人桌子上还摆着奶油，肚子里填满了火腿，根本不了解这句口号的真正意义。于是，全国翕然响应，仿佛他们真不想要奶油了。大概从 1937 年开始，逐渐实行了食品配给制度。最初限量的就是奶油，以后接着是肉类，最后是面包和土豆。到了 1939 年，希特勒悍然发动第二次世界大战，德国人的腰带就一紧再紧了。这一句口号得到了完满的实现。

我虽生也不辰，在国内时还没有真正挨过饿。小时候家里穷，一年至多只能吃两三次白面，但是吃糠咽菜，肚子还是能勉强填饱的。现在到了德国，才真受了“洋罪”。这种“洋罪”是慢慢地感觉到的。我们中国人本来吃肉不多，我们所谓“主食”实际上是西方人的“副食”。黄油从前我们根本不吃，所以在德国人开始沉不住气的时候,我还优哉游哉,处之泰然。但是,到了我的“主食”面包和土豆限量供应的时候,我才感到有点儿不妙了。黄油失踪以后,取代它的是人造油。这玩意儿放在汤里面,还能呈现出几个油珠儿。但一用来煎东西,则在锅里嗞嗞几声,一缕轻烟,油就烟消云散了。在饭馆里吃饭时,要经过几次思想斗争,从战略观点和全局观点反复考虑之后,才请餐馆服务员(Herr Ober)“煎”掉一两肉票。倘在汤碗里能发现几滴油珠,则必大声唤起同桌者的注意,大家都乐不可支了。

最困难的问题是面包。少且不说,实质更可怕。完全不知道里面掺了什么东西。有人说是鱼粉,无从否认或证实。反正是只要放上一天,第二天便有腥臭味,而且吃了,能在肚子里制造气体。在公共场合出虚恭,俗话就是放屁,在德国被认为是极不礼貌,有失体面的。然而肚子里带着这样的面包去看电影,则在影院里实在难以保持体面。我就曾在看电影时亲耳听到虚恭之声,此伏彼起,东西应和。我不敢耻笑别人。我自己也正在同肚子里过量的气体作殊死斗争,为了保持体面,想把它镇压下去,而终于还以失败告终。

但是也不缺少令人兴奋的事:我打破了纪录,是自己吃饭的纪录。有一天,我同一位德国女士骑自行车下乡,去帮助农民摘苹果。在当时,城里人谁要是同农民有一些联系,别人会垂涎三尺的,其重要意义绝不亚于今天的走后门。这一位女士同一户农民挂上了钩,我们就应邀下乡了。苹果树都不高,只要有一个短梯子,就能照顾全树了。德国苹果品种极多,是本国的主要果品。我们摘了半天,工作结束时,农民送了我一篮子苹果,其中包括几个最优品种的,另外还有五六斤土豆。我大喜过望,跨上了自行车,有如列子御风而行，一路青山绿水看不尽，轻车已过数重山。到了家，把土豆全部煮上，蘸着积存下的白糖，一鼓作气，全吞进肚子，但仍然还没有饱意。

"挨饿"这个词儿，人们说起来，比较轻松。但这些人都是没有真正挨过饿的。我是真正经过饥饿炼狱的人，其中滋味实不足为外人道也。我非常佩服东西方的宗教家们，他们对人情世事真是了解到令人吃惊的程度，在他们的地狱里，饥饿是被列为最折磨人的项目之一。中国也是有地狱的，但却是舶来品，其来源是印度。谈到印度的地狱学，那真是博大精深，蔑以加矣。"死鬼"在梵文中叫 Preta，意思是"逝去的人"。到了中国译经和尚的笔下，就译成了"饿鬼"，可见"饥饿"在他们心目中占多么重要的地位。汉译佛典中，关于地狱的描绘，比比皆是。《长阿含经》卷十九《地狱品》的描绘可能是有些代表性的。这里面说，共有八大地狱：第一大地狱名想，其中有十六小地狱：第一小地狱名曰黑沙，二名沸屎，三名五百钉，四名饥，五名渴，六名一铜釜，七名多铜釜，八名石磨，九名脓血，十名量火，十一名灰河，十二名铁丸，十三名釿斧，十四名豺狼，十五名剑树，十六名寒冰。地狱的内容，一看名称就能知道。饥饿在里面占了一个地位。这个饥饿地狱里是什么情况呢？《长阿含经》说：

> (饿鬼)到饥饿地狱。狱卒来问："汝等来此，欲何所求？"报言："我饿！"狱卒即捉扑热铁上，舒展其身，以铁钩钩口使开，以热铁丸着其口中，焦其唇舌，从咽至腹，通彻下过，无不焦烂。

这当然是印度宗教家的幻想。西方宗教家也有地狱幻想。在但丁的《神曲》里面也有地狱。第六篇，但丁在地狱中看到一个怪物，张开血盆大口，露出长牙。但丁的引导人俯下身子，在地上抓了一把泥土，对准怪物的嘴，投了过去。怪物像狗一样狺狺狂吠，无非是想得到食物。现在嘴里有了东西，就默然无声了。西方的地狱内容实在太单薄，比起东方地狱来，大有小巫见大巫之势了。

为什么东西方宗教家都幻想地狱，而在地狱中又必须忍受饥饿的折磨呢？他们大概都认为饥饿最难忍受，恶人在地狱中必须尝一尝饥饿的滋味。这个问题我且置而不论。不管怎样，我当时实在是正处在饥饿地狱中，如果有人向我嘴里投掷热铁丸或者泥土，为了抑制住难忍的饥饿，我一定会毫不迟疑地不顾一切地把它们吞了下去，至于肚子烧焦不烧焦，就管不了那么多了。

我当时正在读俄文原文的果戈理的《钦差大臣》。在第二幕第一场里，我读到了奥西普躺在主人的床上独白的一段话：

> 现在旅馆老板说啦，前账没有付清就不开饭，可我们要是付不出钱呢？(叹口气)唉，我的天，哪怕有点菜汤喝喝也好呀。我现在恨不得要把整个世界都吞下肚子里去。

这写得何等好呀！果戈理一定挨过饿，不然的话，他无论如何也写不出要把整个世界都吞下去的话来。

长期挨饿的结果是，人们都逐渐瘦了下来。现在有人害怕肥胖，提倡什么减肥，往往费上极大的力量，却不见效果。于是有人说："我就是喝白水，身体还是照样胖起来的。"这话现在也许是对的，但在当时却完全不是这样。我的男房东在战争激烈时因心脏病死去。他原本是一个大胖子，到死的时候，体重已经减轻了二三十公斤，成了一个瘦子了。我自己原来不胖，没有减肥的物质基础。但是饥饿在我身上也留下了伤痕：我失掉了饱的感觉，大概有八年之久。后来到了瑞士，才慢慢恢复过来。此是后话，这里不提了。

十九　山中逸趣

置身饥饿地狱中，上面又有建造地狱时还不可能有的飞机的轰炸，我的日子比地狱中的饿鬼还要苦上十倍。

然而，打一个比喻说，在英雄交响乐的激昂慷慨的乐声中，也不缺少像莫扎特的小夜曲似的情景。

格丁根的山林就是小夜曲。

格丁根的山不是怪石嶙峋的高山，这里土多于石，但是却又有山的气势。山顶上的俾斯麦塔高居群山之巅，在云雾升腾时，在乱云中露出的塔顶，望之也颇有蓬莱仙山之概。

最引人入胜的不是山，而是林。这一片丛林究竟有多大，我住了十年也没能弄清楚，反正走几个小时也走不到尽头。林中主要是白杨和橡树，在中国常见的柳树、榆树、槐树等，似乎没有见过。更引人入胜的是林中的草地。德国冬天不冷，草几乎是全年碧绿。冬天雪很多，在白雪覆盖下，青草也没有睡觉，只要把上面的雪一扒拉，青翠欲滴的草立即显露出来。每到冬春之交时，有白色的小花，德国人管它叫"雪钟儿"，破雪而出，成为报春的象征。再过不久，春天就真的来到了大地上，林中到处开满了繁花，一片锦绣世界了。

到了夏天，雨季来临，格丁根的雨非常多，从来没听说有什么旱情。本来已经碧绿的草和树木，现在被雨水一浇，更显得浓翠逼人。整个山林，连同其中的草地，都绿成一片，绿色仿佛塞满了寰中，涂满了天地，到处是绿，绿，绿，其他的颜色仿佛一下子都消逝了。雨中的山林，更别有一番风味。连绵不断的雨丝，同浓绿织在一起，形成一张神奇、迷茫的大网。我就常常孤身一人，不带什么伞，也不穿什么雨衣，在这一张覆盖天地的大网中，踽踽独行。除了周围的树木和脚底下的青草以外，仿佛什么东西都没有，我颇有佛祖释迦牟尼的感觉，“天上天下，唯我独尊”了。

一转入秋天，就到了格丁根山林最美的季节。我曾在《忆章用》一文中描绘过格城的秋色，受到了朋友的称赞，我索性抄在这里：

> 格丁根的秋天是美的，美到神秘的境地，令人说不出，也根本想不到去说。有谁见过未来派的画没有？这小城东面的一片山林在秋天就是一幅未来派的画。你抬眼就看到一片耀眼的绚烂。只说黄色，就数不清有多少等级，从淡黄一直到接近棕色的深黄，参差地抹在一片秋林的梢上，里面杂了冬青树的浓绿，这里那里还点缀上一星星鲜红，给这惨淡的秋色涂上一片凄艳。

我想，看到上面这一段描绘，格城的秋山景色就历历如在目前了。

一到冬天,山林经常为大雪所覆盖。由于温度不低,所以覆盖不会太久就融化了;又由于经常下雪,所以总是有雪覆盖着。上面的山林,一部分依然是绿的;雪下面的小草也仍旧碧绿。上下都有生命在运行着。格丁根城的生命活力似乎从来没有停息过,即使是在冬天,情况也依然如此。等到冬天一转入春天,生命活力没有什么覆盖了,于是就彰明昭著地腾跃于天地之间了。

格丁根的四时的情景就是这个样子。

从我来到格城的第一天起,我就爱上了这山林。等到我堕入饥饿地狱,等到天上的飞机时时刻刻在散布死亡时,只要我一进入这山林,立刻在心中涌起一种安全感。山林确实不能把我的肚皮填饱,但是在饥饿时安全感又特别可贵。山林本身不懂什么饥饿,更用不着什么安全感。当全城人民饥肠辘辘,在英国飞机下心里忐忑不安的时候,山林却依旧郁郁葱葱,"依旧烟笼十里堤"。我真爱这样的山林,这里真成了我的世外桃源了。

我不知道有多少次,一个人到山林里来;也不知道有多少次,同中国留学生或德国朋友一起到山林里来。在我记忆中最难忘记的一次畅游,是同张维和陆士嘉在一起的。这一天,我们的兴致都特别高。我们边走,边谈,边玩,真正是忘路之远近。我们走呀,走呀,已经走到了我们往常走到的最远的界限。但在不知不觉之间就走越了过去,仍然一往直前。越走林越深,根本不见任何游人。路上的青苔越来越厚,是人迹少到的地方。周围一片寂静,只有我们的谈笑声在林中回荡,悠扬,遥远。远处在林深处听到柏叶上有窸窣的声音,抬眼一看,是几只受了惊的梅花鹿,瞪大了两只眼睛,看了我们一会儿,立即一溜烟似的逃到林子的更深处去了。我们最后走到了一个悬崖上,下临深谷,深谷的那一边仍然是无边无际的树林。我们无法走下去,也不想走下去,这里就是我们的天涯海角了。回头走的路上,遇到了雨。躲在大树下,避了一会儿雨。然而雨越下越大,我们只好再往前跑。出我们意料之外,竟然找到了一座木头凉亭,真是避雨的好地方。里面已经先坐着一个德国人。打了一声招呼,我们也就坐下,同是深林躲雨人,相逢何必曾相识。我们没有通名报姓,就上天下地胡谈一通,宛如故友相逢了。

这一次畅游始终留在我的记忆里,至今难忘。山中逸趣,当然不止这一桩。大大小小、琐琐碎碎的事情,还可以写出一大堆来。我现在一律免掉。我写这些东西的目的,是想说明,就是在那种极其困难的环境中,人生乐趣仍然是有的。在任何情况下,人生也绝不会只有痛苦,这就是我悟出的禅机。

二十　烽火连八岁，家书抵亿金

逸趣虽然有，但环境日益险恶，也是不可否认的事实。

随着形势的日益险恶，我的怀乡之情也日益腾涌。这比刚到格丁根时的怀念母亲之情，其剧烈的程度不可同日而语了。

这种怀乡之情并不是由于受了德国方面的什么刺激而产生的。正相反，看了德国人的沉着冷静的神态，使我颇感安慰。他们该干什么，就干什么，看不出什么紧张。比如说，就拿轰炸来说吧。我原以为，轰炸到了铺地毯的程度，已经是蔑以复加矣。然而不然。原来还有更高的层次。最初，敌机飞临德国上空时，总要拉响警笛的。警笛也有不同的层次，以敌机距离本城的远近来划分。敌机一飞走，警报立即解除。我们都绝对要听从警笛的指挥，不敢稍有违反。在这里也表现出德国人遵守纪律、热爱秩序的特点。但是，到了后来，东线战争毫无进展，德国从四面受到包围。防空能力一度吹嘘得像神话一般，现在则完全垮了台。敌机随时可以飞临上空，也不论白天和夜晚，愿意投弹则投弹，不愿意投弹，则以机关枪向地面扫射。警笛无法拉响，警报无法发出。因为一天二十四小时，时时刻刻都在警报中，警笛已经是英雄无用武之地了。到了此时，我们出门，先抬头看一看天空，天上有飞机，则到街道旁边的房檐下躲一躲。飞机一过，立即出来，该干什么干什么。常常听到人说，什么地方的村庄和牛被敌机上的机关枪扫射了，子弹比平常的枪弹要大得多。听到这些消息，再加上空中的机声，然而人们丝毫也不紧张，而有点儿处之泰然了。

再拿食品来说吧。日益短缺，这自在意料之中，不足为怪。奇怪的倒是德国人，他们也是处之泰然的，不但没有怪话，而且有时还颇有些幽默感。我曾在一张报纸上看到一幅漫画，画的是一家在吃饭。舅舅用叉子叉着一块兔子肉，嘴里连声称赞："真好吃呀！"而坐在对面的小外甥，则低头垂泪。这兔子显然是小孩豢养大的。从城里来的舅舅只知道肉好吃，全然不理解小孩的心情。德国人给人的印象是严肃、认真、淳朴，他们的彻底性是有口皆碑的。他们似乎不像英国人那样欣赏幽默。然而在食品缺乏到可怕的程度的时候，他们居然并不缺少幽默。我提到的这一幅漫画不是一个绝好的证明吗？

德国人这种对待轰炸和饥饿的超然泰然的态度，当然会感染了我。但是我身处异域，离开自己的祖国和亲人有千山万水之遥。比起德国人来，祖国和亲人就在眼前，当然感受完全不同。我是一个"老外"，是在异域受"洋罪"。自己的一些牢骚、一些想法，平常日子无法宣泄，自然而然地就在梦中表现出来。我不是庄子所谓的"至人无梦"的"至人"，我的梦非常多。我的一些希望在梦中肆无忌惮地得到了满足。我梦得最多的是祖国的食品。我这个人素无大志，在食品方面亦然。我从来没有梦到过什么燕窝、鱼翅、猴头、熊掌，这些东西本来就与我缘分不大。我做梦梦到最多的是吃炒花生米和锅饼(北京人叫“锅盔”)。这都是小时候常吃而直到今天耄耋之年仍然经常吃的东西。每天平旦醒来,想到梦中吃的东西,怀乡之情如大海怒涛,奔腾汹涌,无论如何也抑制不住。

此时,大学的情况,也真让人触目伤心。大战爆发以后,有几年的时间,男生几乎都被征从军,只剩下了女生,奔走于全城各研究所之间,格丁根大学变成一个女子大学。无论走进哪一间教室或实验室,都是粉白黛绿,群雌粥粥,仿佛到了女儿国一般。等到战争越过了最高峰逐渐走向结束的时候,从东部苏联前线上送回来了大量的德国伤兵,一部分就来到了格丁根。这时候,在大街上奔走于全城各研究所之间的,除了女生以外,就是缺胳膊断腿的拄着双拐或单拐,甚至乘坐轮椅的伤残大学生。在上课的大楼中,在洁净明亮的走廊上,拐杖触地的清脆声,处处可闻。这种声音回荡在粉白黛绿之间,让人听了,不知应当作何感想。德国的大音乐家还没有哪一个谱过拐声交响乐。我这个外乡人听了,真是欲哭无泪。

同德国伤兵差不多同时拥进格丁根城的是苏联、波兰、法国等国的俘虏,人数也是很多的。既然是俘虏,最初当然有德国人看管。后来大概是由于俘虏太多,而派来看管的德国男人则又太少了,我看到好多俘虏自由自在地在大街上闲逛。我也曾在郊外农田里碰到过苏联俘虏,没有看管人员,他们就带了锅,在农田挖掘收割剩下的土豆,挖出来,就地解决,找一些树枝,在锅里一煮,就狼吞虎咽地吃开了。他们显然是饿得够戗的。俘虏中是有等级的,苏联和法国俘虏级别似乎高一点儿,而波兰的战俘和平民,在法西斯眼中是亡国之民,受到严重的侮辱性的歧视,每个人衣襟上必须缝上一个写着P字的布条,有如印度的不可接触者,让人一看就能够分别。法显《佛国记》中说是“击木以自异”，在现代德国是“挂条以自异”。有一天，我忽然在一个我每天必须走过的菜园子里，看到一个襟缝P字的波兰少女在那里干活，圆圆的面孔，大大的眼睛，非常像八九年前我在波兰火车上碰到的Wala。难道真会是她吗？我不敢贸然搭话。从此我每天必然看到她在菜地里忙活。“同是天涯沦落人”，我首先想到的就是这一句话。我心里痛苦万端，又是欲哭无泪。经过长期酝酿，我写成了那一篇《Wala》，表达了我的沉痛心情。

我当时的心情就是这个样子。

此时，我同家里早已断了书信。祖国抗日战争的情况也几乎完全不清楚。偶尔从德国方面听到一点儿消息，由于日本是德国盟国，也是全部谎言。杜甫的诗说：“烽火连三月，家书抵万金。”我想把它改为“烽火连八岁，家书抵亿金”，这样才真能符合我的情况。日日夜夜，不知道有多少事情揪住了我的心。祖国是什么样子了？家里又怎样了？叔父年事已高，家里的经济来源何在？婶母操持这样一个家，也真够她受的。德华带着两个孩子，日子不知是怎样过的？“遥怜小儿女，未解忆长安。”我想，他们是能够忆长安的。他们大概知道，自己有一个爸爸在很远很远的地方。家里还有一条名叫“憨子”的小狗，在国内时，我每次从北京回家，一进门就听到汪汪的吠声，但一看到是我，立即摇起了尾巴，憨态可掬。这一切都是我时刻想念的。连院子里那两棵海棠花也时来入梦。这些东西都使我难以摆脱。真正是抑制不住的离愁别恨，数不尽的不眠之夜！

我特别经常想到母亲。初到格丁根时思念母亲的情景，上面已经谈过了。当我同祖国和家庭完全断掉联系的时候，我思母之情日益剧烈。母亲入梦，司空见惯。但可恨的是，即使在梦中看到母亲的面影，也总是模模糊糊的。原因很简单，我的家乡是穷乡僻壤，母亲一生没照过一张相片。我脑海里那一点儿母亲的影子，是我在十几岁时离开她用眼睛摄取的，是极其不可靠的。可怜我这个失母的孤儿，连在梦中也难以见到母亲的真面目，老天爷不是对我太残酷了吗？

二十一　我的老师们

在深切怀念我的两个不在眼前的母亲的同时，在我眼前那一些德国老师们，就越发显得亲切可爱了。

在德国老师中同我关系最密切的当然是我的 Doktor—Vater (博士父亲)瓦尔德施米特教授。我同他初次会面的情景，我在上面已经讲了一点儿。他给我的第一个印象是，他非常年轻。他的年龄确实不算太大，同我见面时，大概还不到四十岁吧。他穿一身厚厚的西装，面孔是孩子似的面孔。我个人认为，他待人还是彬彬有礼的。德国教授多半都有点儿教授架子，这是他们的社会地位和经济地位所决定的，是不以人的意志为转移的。后来听说，在我以后的他的学生们都认为他很严厉。据说有一位女士把自己的博士论文递给他，他翻看了一会儿，一下子把论文摔到地下，愤怒地说道："Das ist aber alles Mist!（这全是垃圾，全是胡说八道！）"这位小姐从此耿耿于怀，最终离开了格丁根。

我跟他学了十年，应该说，他从来没有对我发过脾气。他教学很有耐心，梵文语法抠得很细。不这样是不行的，一个字多一个字母或少一个字母，意义方面往往差别很大。我以后自己教学生，也学他的榜样，死抠语法。他的教学法是典型的德国式的。记得是德国 19 世纪的伟大东方语言学家埃瓦尔德(Ewald)说过一句话："教语言比如教游泳，把学生带到游泳池旁，把他往水里一推，不是学会游泳，就是淹死，后者的可能是微乎其微的。"瓦尔德施米特采用的就是这种教学法。第一二两堂，念一念字母。从第三堂起，就读练习，语法要自己去钻。我最初非常不习惯，准备一堂课，往往要用一天的时间。但是，一个学期四十多堂课，就读完了德国梵文学家施滕茨勒的教科书，学习了全部异常复杂的梵文文法，还念了大量的从梵文原典中选出来的练习。这个方法是十分成功的。

瓦尔德施米特教授的家庭，最初应该说是十分美满的。夫妇二人，一个上中学的十几岁的儿子。有一段时间，我帮助他翻译汉文佛典，常常到他家去，同他全家一同吃晚饭，然后工作到深夜。餐桌上没有什么人多讲话，安安静静。有一次他笑着对儿子说道："家里来了一个中国客人，你明天大概要在学校里吹嘘一番吧？"看来他家里的气氛是严肃有余，活泼不足。他夫人也是一个不大爱说话的人。

后来，大战一爆发，他自己被征从军，是一个什么军官。不久，他儿子也应征入伍。过了不太久，从 1941 年冬天起，东部战线胶着不进，相持不下，但战斗是异常激烈的。他们的儿子在北欧一个国家阵亡了。我现在已经忘记了夫妇俩听到这个噩耗时反应如何。按理说，一个独生子幼年战死，他们的伤心可以想见。但是瓦尔德施米特教授是一个十分刚强的人，他在我面前从未表现出伤心的样子，他们夫妇也从未同我谈到此事。然而活泼不足的家庭气氛，从此更增添了寂寞冷清的成分，这是完全可以想象的了。

在瓦尔德施米特被征从军后的第一个冬天,他预订的大剧院的冬季演出票,没有退掉。他自己不能观看演出,于是就派我陪伴他夫人观看,每周一次。我吃过晚饭,就去接师母,陪她到剧院。演出有歌剧,有音乐会,有钢琴独奏,有小提琴独奏等等,演员都是外地或国外来的,都是赫赫有名的人物。剧场里灯火辉煌,灿如白昼;男士们服装笔挺,女士们珠光宝气,一片升平祥和气象。我不记得在演出时遇到空袭,因此不知道敌机飞临上空时场内的情况。但是散场后一走出大门,外面是完完全全的另一个世界,顶天立地的黑暗,由于灯火管制,不见一缕光线。我要在这任何东西都看不到的黑暗中,送师母摸索着走很长的路到山下她的家中。一个人在深夜回家时,万籁俱寂,走在宁静的长街上,只听到自己脚步的声音,跫然而喜。但此时正是乡愁最浓时。

我想到的第二位老师是西克教授。

他的家世,我并不清楚。到他家里,只见到老伴一人,是一个又瘦又小的慈祥的老人。子女或什么亲眷,从来没有见过。看来是一个非常孤寂清冷的家庭,尽管老夫妇情好极笃,相依为命。我见到他时,他早已经越过了古稀之年。他是我平生所遇到的中外各国的老师中对我最爱护、感情最深、期望最大的老师。一直到今天,只要一想到他,我的心立即剧烈地跳动,老泪立刻就流满全脸。他对我传授知识的情况,上面已经讲了一点儿,下面还要讲到。在这里我只讲我们师徒二人相互间感情深厚的一些情况。为了存真起见,我仍然把我当时的一些日记,一字不改地抄在下面:

1940年10月13日

昨天买了一张 Prof.Sieg 的相片,放在桌子上,对着自己。这位老先生我真不知道应该怎样感激他。他简直有父亲或者祖父一般的慈祥。我一看到他的相片,心里就生出无穷的勇气,觉得自己对梵文应该拼命研究下去,不然简直对不住他。

1941 年 2 月 1 日

五点半出来,到 Prof.Sieg 家里去。他要替我交涉增薪,院长已答应。这真是意外的事。我真不知道应该怎样感谢这位老人家,他对我好得真是无微不至,我永远不会忘记!

原来他发现我生活太清苦，亲自找文学院长，要求增加我的薪水。其实我的薪水是足够用的,只因我枵腹买书,所以就显得清苦了。

1941 年,我一度想设法离开德国回国。我在 10 月 29 日的日记里写道:

十一点半,Prof.Sieg 去上课。下了课后,我同他谈到我要离开德国,他立刻兴奋起来,脸也红了,说话也有点震颤了。他说,他预备将来替我找一个固定的位置,好让我继续在德国住下去,万没想到我居然想走。他劝我无论如何不要走,他要替我设法同 Rektor(大学校长)说,让我得到津贴,好出去休养一下。他简直要流泪的样子。我本来心里还有点迟疑,现在又动摇起来了。一离开德国,谁知道哪一年再能回来,能不能回来?这位像自己父亲一般替自己操心的老人八九是不能再见了。我本来容易动感情。现在更控制不住自己,很想哭上一场。

像这样的情况,日记里还有一些,我不再抄录了。仅仅这三则,我觉得,已经完全能显示出我们之间的关系了。还有一些情况,我在下面谈吐火罗文的学习时再谈,这里暂且打住。

我想到的第三位老师是斯拉夫语言学教授布劳恩。他父亲生前在莱比锡大学担任斯拉夫语言学教授,他可以说是家学渊源,能流利地说许多斯拉夫语。我见他时,他年纪还轻,还不是讲座教授。由于年龄关系,他也被征从军。但根本没有上过前线,只是担任翻译,是最高级的翻译。苏联一些高级将领被德军俘虏,希特勒等法西斯头子要亲自审讯,想从中挖取超级秘密。担任翻译的就是布劳恩教授,其任务之重要可想而知。他每逢休假回家的时候,总高兴同我闲聊他当翻译时的一些花絮,很多是德军和苏军内部最高领导层的真实情况。他几次对我说,苏军的大炮特别厉害,德国难望其项背。这是德国方面从来没有透露过的极端机密,给我留下了深刻的印象。

他的家庭十分和美。他有一位年轻的夫人,两个男孩子,大的叫安德烈亚斯,约有五六岁,小的叫斯蒂芬,只有两三岁。斯蒂芬对我特别友好,我一到他家,他就从远处飞跑过来,扑到我的怀里。他母亲教导我说:"此时你应该抱住孩子,身子转上两三圈,小孩子最喜欢这玩意儿!"教授夫人很和气,好像有点儿愣头愣脑,说话直爽,但有时候没有谱儿。

布劳恩教授的家离我住的地方很近,走两三分钟就能走到。因此,我常到他家里去玩。他有一幅中国古代的刺绣,上面绣着五个大字:时有溪山兴。他要我翻译出来。从此他对汉文产生了兴趣,自己买了一本汉德字典,念唐诗。他把每一个字都查出来,居然也能讲出一些意思。我给他改正,并讲一些语法常识。对汉语的语法结构,他觉得既极怪而又极有理,同他所熟悉的印欧语系语言迥乎不同。他认为,汉语没有形态变化,也可能是优点,它能给读者以极大的联想自由,不像印欧语言那样被形态变化死死地捆住。

他是一个多才多艺的人,擅长油画。有一天,他忽然建议要给我画像。我自然应允了,于是有比较长的一段时间,我天天到他家里去,端端正正地坐在那里,当模特儿。画完了以后,他问我的意见。我对画不是内行,但是觉得画得很像我,因此就很满意了。在科学研究方面,他也表现了他的才艺。他的文章和专著都不算太多,他也不搞德国学派的拿手好戏——语言考据之学。用中国的术语来说,他擅长义理。他有一本讲 19 世纪沙俄文学的书,就是专从义理方面着眼,把列·托尔斯泰和陀思妥耶夫斯基列为两座高峰,而展开论述,极有独特的见解,思想深刻,观察细致,是一部不可多得的著作。可惜似乎没有引起多少注意。我都觉得有寂寞冷落之感。

总之,布劳恩教授在格丁根大学是颇为不得志的。正教授没有份儿,格丁根科学院院士更不沾边儿。有一度,他告诉我,斯特拉斯堡大学有一个正教授缺了人,他想去,而且把我也带了去。后来不知为什么,没有实现。一直到四十多年以后我重新访问西德时,我去看他,他才告诉我,他在格丁根大学终于得到了一个正教授的讲座,他认为可以满意了。然而他已经老了,无复年轻时的潇洒英俊。我一进门他第一句话说是:“你晚来了一点,她已经在月前去世了!”我知道他指的是谁,我感到非常悲痛。安德烈亚斯和斯蒂芬都长大了,不在身边。老人看来也是冷清寂寞的。在西方社会中,失掉了实用价值的老人,大多如此。我欲语无言了。去年听德国来人说,他已经去世。我谨以心香一瓣,祝愿他永远安息!

我想到的第四位德国老师是冯·格林(Dr.von Grimm)博士。据说他是来自俄国的德国人,俄文等于是他的母语。在大学里,他是俄文讲师。大概是因为他从来没有发表过什么学术论文,所以连副教授的头衔都没有。在德国,不管你外语多么到家,只要没有学术著作,就不能成为教授。工龄长了,工资可能很高,名位却不能改变。这一点同中国是很不一样的。中国教授贬值,教授膨胀,由来久矣。这也算是中国的"特色"吧。反正冯·格林始终只是讲师。他教我俄文时已经白发苍苍,心里总好像是有一肚子气,终日郁郁寡欢。他只有一个老伴,他们就住在高斯-韦伯楼的三楼上。屋子极为简陋。老太太好像终年有病,不大下楼,但心眼极好,听说我患了神经衰弱症,夜里盗汗,特意送给我一个鸡蛋,补养身体。要知道,当时一个鸡蛋抵得上一个元宝,在饿急了的时候,鸡蛋能吃,而元宝则不能。这一番情意,我异常感激。冯·格林博士还亲自找到大学医院的内科主任沃尔夫(Wolf)教授,请他给我检查。我到了医院,沃尔夫教授仔仔细细地检查过以后,告诉我,这只是神经衰弱,与肺病毫不相干。这一下子排除了我的一块心病,如获重生。这更增加了我对这两位孤苦伶仃的老人的感激。离开德国以后,没有能再见到他们,想他们早已离开人世了,却永远活在我的心中。

我回想起来的老师当然不限于以上四位,比如阿拉伯文教授冯·素顿(von Soden),英文教授勒德(Roeder)和怀尔德(Wilde),哲学教授海泽(Heyse),艺术史教授菲茨图姆(Vitzthum)侯爵,德文教授麦伊(May),伊朗语教授欣茨(Hinz)等等,我都听过课或有过来往,他们待我亲切和蔼,我都永远不会忘记。我在这里就不一一叙述了。

二十二　学习吐火罗文

我在上面曾讲到偶然性，我也经常想到偶然性。一个人一生中不能没有偶然性，偶然性能给人招灾，也能给人造福。

我学习吐火罗文，就与偶然性有关。

说句老实话，我到格丁根以前，没有听说过什么吐火罗文。到了格丁根以后，读通了吐火罗文的大师西克就在眼前，我也还没有想到学习吐火罗文。原因其实是很简单的。我要学三个系，已经选了那么多课程，学了那么多语言，已经是超负荷了。我是有自知之明的(有时候我觉得过了头)，我学外语的才能不能说一点儿都没有，但是绝非语言天才。我不敢在超负荷上再超负荷，而且我还想到，我是中国人，到了外国，我就代表中国。我学习砸了锅，丢个人的脸是小事，丢国家的脸却是大事，绝不能掉以轻心。因此，我随时警告自己：自己的摊子已经铺得够大了，绝不能再扩大了。这就是我当时的想法。

但是，正如我在上面已经讲到的，第二次世界大战一爆发，瓦尔德施米特被征从军，西克出来代理他。老人家一定要把自己的拿手好戏统统传给我。他早已越过古稀之年。难道他不知道教书的辛苦吗？难道他不知道在家里颐养天年会更舒服吗？但又为什么这样自找苦吃呢？我猜想，除了个人感情因素之外，他是以学术为天下之公器，想把自己的绝学传授给我这个异域的青年，让印度学和吐火罗文学在中国生根开花。难道这里面还有某一些极"左"的先生们所说的什么侵略的险恶用心吗？中国佛教史上有不少传法、传授衣钵的佳话，什么半夜里秘密传授，什么有其他弟子嫉妒，等等，我当时都没有碰到，大概是因为时移事迁今非昔比了吧。倒是最近我碰到了一件类似这样的事情。说来话长，不讲也罢。

总之，西克教授提出了要教我吐火罗文，丝毫没有征询意见的意味，他也不留给我任何考虑的余地。他提出了意见，立刻安排时间，马上就要上课。我真是深深地被感动了，除了感激之外，还能有什么话说呢？我下定决心，扩大自己的摊子，"舍命陪君子"了。

能够到格丁根来跟这一位世界权威学习吐火罗文，是世界上许多学者的共同愿望。多少人因为得不到这样的机会而自怨自艾。我现在是近水楼台，是为许多人所艳羡的。这一点我是非常清楚的。我要是不学，实在是难以理解的。正在西克给我开课的时候，比利时的一位治赫梯文的专家沃尔特·古勿勒 (Walter Couvreur)来到格丁根，想从西克教授治吐火罗文。时机正好，于是一个吐火罗文特别班就开办起来了。大学的课程表上并没有这样一门课，而且只有两个学生，还都是外国人，真是一个特别班。可是西克并不马虎。以他那耄耋之年，每周有几次从城东的家中穿过全城，走到高斯–韦伯楼来上课，精神矍铄，腰板挺直，不拿手杖，不戴眼镜，他本身简直就是一个奇迹。走这样远的路，却从来没有人陪他。他无儿无女，家里没有人陪，学校里当然更不管这些事。尊老的概念，在西方国家，几乎根本没有。西方社会是实用主义的社会。一个人对社会有用，他就有价值；一旦没用，价值立消。没有人认为其中有什么不妥之处。因此西克教授对自己的处境也就安之若素，处之泰然了。

吐火罗文残卷只有中国新疆才有。原来世界上没有人懂这种语言，是西克和西克灵在比较语言学家W.舒尔策(W.Schulze)帮助下，读通了的。他们三人合著的吐火罗语语法，蜚声全球士林，是这门新学问的经典著作。但是，这一部长达五百一十八页的皇皇巨著，却绝非一般的入门之书，而是异常难读的。它就像是一片原始森林，艰险复杂，歧路极多，没有人引导，自己想钻进去，是极为困难的。读通这一种语言的大师，当然就是最理想的引路人。西克教吐火罗文，用的也是德国的传统方法，这一点我在上面已经谈到过。他根本不讲解语法，而是从直接读原文开始。我们一起头就读他同他的伙伴西克灵共同转写成拉丁字母、连同原卷影印本一起出版的吐火罗文残卷——西克经常称之为“精制品”(Prachtstück)的《福力太子因缘经》。我们自己在下面翻读文法，查索引，译生词；到了课堂上，我同古勿勒轮流译成德文，西克加以纠正。这工作是异常艰苦的。原文残卷残缺不全，没有一页是完整的，连一行完整的都没有，虽然是“精制品”，也只是相对而言，这里缺几个字，那里缺几个音节。不补足就抠不出意思，而补足也只能是以意为之，不一定有很大的把握。结果是西克先生讲得多，我们讲得少。读贝叶残卷，补足所缺的单词儿或者音节，一整套做法，我就是在吐火罗文课堂上学到的。我学习的兴趣日益浓烈，每周两次上课,我不但不以为苦,有时候甚至有望穿秋水之感了。

不知道为什么原因,我回忆当时的情景,总是同积雪载途的漫长的冬天联系起来。有一天,下课以后,黄昏已经提前降临到人间,因为天阴,又由于灯火管制,大街上已经完全陷入一团黑暗中。我扶着老人走下楼梯,走出大门。十里长街积雪已深,阒无一人。周围静得令人发憷,脚下响起了我们踏雪的声音,眼中闪耀着积雪的银光,好像宇宙间就只剩下我们师徒二人。我怕老师摔倒,紧紧地扶住了他,就这样一直把他送到家。我生平可以回忆值得回忆的事情,多如牛毛。但是这一件小事却牢牢地印在我的记忆里。每一回忆就感到一阵凄清中的温暖,成为我回忆的"保留节目"。然而至今已时移境迁,当时认为是细微小事,今生今世却绝无可能重演了。

同这一件小事相连的,还有一件小事。格丁根大学的教授们有一个颇为古老的传统:星期六下午,约上二三同好,到山上林中去散步,边走边谈,谈的也多半是学术问题;有时候也有争论,甚至争得面红耳赤。此时大自然的旖旎风光,在这些教授心目中早已不复存在了,他们关心的还是自己的学问。不管怎样,这些教授在林中漫游倦了,也许找一个咖啡馆,坐下喝点什么,吃点什么,然后兴尽回城。有一个星期六的下午,我在山下散步,逢巧遇到西克先生和其他几位教授正要上山。我连忙向他们致敬。西克先生立刻把我叫到眼前,向其他几位介绍说:"他刚通过博士论文答辩,是最优等。"言下颇有点儿得意之色。我真是既感且愧。我自己那一点儿学习成绩,实在是微不足道,然而老人竟这样赞誉,真使我不安了。中国唐诗中杨敬之诗:"平生不解藏人善,到处逢人说项斯。""说项"传为美谈,不意于万里之外的异域见之。除了砥砺之外，我还有什么好说呢？

有一次，我发下宏愿大誓，要给老人增加点营养，给老人一点儿欢悦。要想做到这一点，只有从自己的少得可怜的食品分配中硬挤。我大概有一两个月没有吃奶油，忘记了是从哪里弄到的面粉和贵似金蛋的鸡蛋，以及一斤白糖，到一个最有名的糕点店里，请他们烤一个蛋糕。这无疑是一件极其贵重的礼物，我像捧着一个宝盒一样把蛋糕捧到老教授家里。这显然有点儿出他意料，他的双手有点儿颤抖，叫来了老伴，共同接了过去，连"谢谢"二字都说不出来了。这当然会在我腹中饥饿之火上又加上了一把火。然而我心里是愉快的，成为我一生最愉快的回忆之一。

等到美国兵攻入格丁根以后，炮声一停，我就到西克先生家去看他。他的住房附近落了一颗炮弹，是美军从城西向城东放的。他的夫人告诉我，炮弹爆炸时，他正伏案读有关吐火罗文的书籍，窗子上的玻璃全被炸碎，玻璃片落满了一桌子，他奇迹般地竟然没有受任何一点儿伤。我听了以后，真不禁后怕起来了。然而对这一位把研读吐火罗文置于性命之上的老人，我的崇敬之情在内心里像大海波涛一样汹涌澎湃起来。西克先生的个人成就，德国学者的辉煌成就，难道是没有原因的吗？从这一件小事中我们可以学习多少东西呢？同其他一些有关西克先生的小事一样，这一件也使我毕生难忘。

我拉拉杂杂地回忆了一些我学习吐火罗文的情况。我把这归之于偶然性。这是对的，但还有点儿不够全面。偶然性往往与必然性相结合。在这里有没有必然性呢？不管怎样，我总是学了这一种语言，而且把学到的知识带回到中国。尽管我始终没有把吐火罗文当作主业，它只是我的副业，中间还由于种种原因我几乎有三十年没有搞，只是由于另外一个偶然性我才又重理旧业。但是，这一种语言的研究在中国毕竟算生了根，开花结果是必然的结果。一想到这一点，我对我这一位像祖父般的老师的怀念之情和感激之情，便油然而生。

现在西克教授早已离开人世，我自己也年届耄耋，能工作的日子有限了。但是，一想我的老师西克先生，我的干劲就无限腾涌。中国的吐火罗学，再扩大一点说，中国的印度学，现在可以说是已经奠了基。我们有一批朝气蓬勃的中青年梵文学者，是金克木先生和我的学生和学生的学生，当然也可以说是西克教授和瓦尔德施米特教授学生的学生的学生。他们将肩负起繁荣这一门学问的重任，我深信不疑。一想到这一点，我虽老迈昏庸，又不禁有一股清新的朝气涌上心头。

二十三　我的女房东

我在上面已经多次谈到我的女房东欧朴尔太太。

我在这里还要再集中来谈。

我不能不谈她。

我们共同生活了整整十年，共过安乐，也共过患难。在这漫长的时间内，她为我操了不知多少心，她确实像自己的母亲一样。回忆起她来，就像回忆一个甜美的梦。

她是一个平平常常的德国妇女。我初到的时候，她大概已有五十岁了，比我大二十五六岁。她没有多少惹人注意的特点，相貌平平常常，衣着平平常常，谈吐平平常常，爱好平平常常，总之是一个非常平常的人。

然而，同她相处的时间越久，便越觉得她在平常中有不平常的地方：她老实，她诚恳，她善良，她和蔼，她不会吹嘘，她不会撒谎。她也有一些小小的偏见与固执，但这些也都是平平常常的，没有什么越轨的地方。这只能增加她的人情味，而绝不能相反。同她相处，不必费心机、设提防，一切都自自然然，使人如处和暖的春风中。

她的生活是十分单调的，平凡的。她的天地实际上就只有她的家庭。中国有一句话说：妇女围着锅台转。德国没有什么锅台，只有煤气灶或电气灶。我的女房东也就是围着这样的灶转。每天一起床，先做早点，给她丈夫一份，给我一份。然后就是无尽无休地擦地板，擦楼道，擦大门外面马路旁边的人行道。地板和楼道天天打蜡，打磨得油光锃亮。楼门外的人行道，不光是扫，而且是用肥皂水洗。人坐在地上，绝不会沾上半点尘土。德国人爱清洁，闻名全球。德文里面有一个词儿 Putzteufel，指打扫房间的洁癖，或有这样洁癖的女人。Teufel 的意思是“魔鬼”，Putz 的意思是“打扫”。别的语言中好像没有完全相当的字。我看，我的女房东，同许多德国妇女一样，就是一个不折不扣“清扫魔鬼”。

我在生活方面所有的需要，她一手包下来了。德国人生活习惯同中国人不同。早晨起床后，吃早点，然后去上班；十一点左右，吃自己带去的一片黄油夹香肠或奶酪的面包；下午一点左右吃午饭。这是一天的主餐，吃的都是热汤热菜，主食是土豆。下午四点左右，喝一次茶，吃点饼干之类的东西。晚上七时左右吃晚饭，泡一壶茶或者咖啡，吃凉面包、香肠、火腿、干奶酪等等。我是一个年轻的穷学生，一无时间，二无钱来摆这个谱儿。我还是中国老习惯，一日三餐。早点在家里吃，一壶茶，两片面包。午饭在外面馆子里或学生食堂里吃，都是热东西。晚上回家，女房东把她们中午吃的热餐给我留下一份。因此，我的晚餐也都是热汤热菜，同德国人不一样，这基本上是中国办法。这都是女房东在了解了中国人的吃饭习惯之后精心安排的。我每天在研究所里工作了一整天之后，回到家来，能够吃上一顿热乎乎的晚饭，心里当然是美滋滋的。对女房东这番情意,我是由衷地感激的。

晚饭以后,我就在家里工作。到了晚上十点左右,女房东进屋来,把我的被子铺好,把被罩拿下来,放到沙发上。这工作其实是非常简单的,我自己尽可以做。但是,女房东却非做不可,当年她儿子住这一间屋子时,她就是天天这样做的。铺好床以后,她就站在那里,同我闲聊。她把一天的经历,原原本本,详详细细,都向我"汇报"。她见了什么人,买了什么东西,碰到了什么事情,到过什么地方,一一细说,有时还绘声绘形,说得眉飞色舞。我无话可答,只能洗耳恭听。她的一些婆婆妈妈的事情,我并不感兴趣。但是,我初到德国时,听说德语的能力都不强。每天晚上上半小时的"听力课",对我大有帮助。我的女房东实际上成了我的不收费的义务教员。这一点我从来没有对她说,她也永远不会懂的。"汇报"完了以后,照例说一句:"夜安! 祝你愉快地安眠! "我也说同样的话,然后她退出,回到自己的房间里。我把皮鞋放在门外,明天早晨,她把鞋擦亮。我这一天的活动就算结束了,上床睡觉。

其余许多杂活儿,比如说洗衣服、洗床单、准备洗澡水,等等,无不由女房东去干。德国被子是鸭绒的,鸭绒没有被固定起来,在被套里面享有绝对的自由活动的权利。我初到德国时,很不习惯,睡下以后,在梦中翻两次身,鸭绒就都活动到被套的一边去,这里绒毛堆积如山,而另一边则只剩下两层薄布,当然就不能御寒,我往往被冻醒。我向女房东一讲,她笑得眼睛里直流泪。她于是细心教我使用鸭绒被的方法。我就像一个小孩子一样,在她的照顾下愉快地生活。

她的家庭看来是非常和睦的,丈夫忠厚老实,一个独生子不在家,老夫妇俩对儿子爱如掌上明珠。我记得,有一段时间,老头儿月月购买格丁根的面包和香肠，打起包裹，送到邮局，寄给在达姆施塔特(Darmstadt)高工念书的儿子。老头儿腿有点毛病，走路一瘸一拐，很不灵便；虽然拿着手杖，仍然非常吃力。可他不辞辛劳，月月如此。后来老夫妇俩出去度假，顺便去看儿子。到儿子的住处大学生宿舍里去，一瞥间，他们看到老头儿千辛万苦寄来的面包和香肠，却发了霉，干瘪瘪地躺在桌子下面。老头儿怎样想，不得而知。老太太回家后，在晚上向我“汇报”时，絮絮叨叨地讲到这件事，说她大为吃惊。但是，奇怪的是，老头儿还是照样拖着两条沉重的腿，把面包和香肠寄走。我不禁想到，“可怜天下父母心”，古今中外之所同。然而儿女对待父母的态度，东西方却不大相同了。章太太的男房东可以为证。我并不提倡愚忠愚孝。但是，即使把父母与子女之间的关系，化为一般人与人之间的关系，像房东儿子的做法不也是有点儿过分了吗？

女房东心里也是有不平的。

儿子结了婚，住在外城，生了一个小孙女。有一次，全家回家来探望父母。儿媳长得非常漂亮，衣着也十分摩登。但是，女房东对她好像并不热情，对小孙女也并不宠爱。儿媳是年轻人，对好多事情有点儿马大哈，从中也可以看出德国两代人之间的“代沟”。有一天，儿媳使用手纸过多，把马桶给堵塞了。老太太非常不满意，拉着我到卫生间指给我看。脸上露出了许多怪物相，有愤怒，有轻蔑，有不满，有憎怨。此事她当然不能对儿子讲，连丈夫大概也没有敢讲，茫茫宇宙间她只有对我一个人诉说不平了。

女房东也是有偏见的。

关于戴帽子的偏见，我在上面已经谈过了，这里不再重复。她的偏见不只限于这一点，而且最突出的也不是这一件事。最突出的是宗教偏见。她自己信奉的是耶稣教,对天主教怀有莫名其妙的刻骨的仇恨。世界各地区各民族都毫无例外地有宗教偏见。这种偏见比任何其他偏见都更偏见。欧洲耶稣基督教新旧两派之间的偏见,也是异常突出的。我的女房东没有很高的文化,她的偏见也因而更固执。但她偏偏碰到一个天主教的好人。女房东每个月要雇人洗一次衣服、床单等等,承担这项工作的是一个天主教的老处女,年纪比女房东还要大,总有六十多岁了。她没有财产,没有职业,就靠帮人洗衣服为生。人非常老实,一天说不了几句话。却是一个十分虔诚的信徒,每月的收入,除了维持极其简朴的生活以外,全都交给教堂。她大概希望百年之后能够在虚无缥缈的天堂里占一个角落吧。女房东经常对我说:"特雷莎(Therese)忠诚得像黄金一样。"特雷莎是她的名字。但是,忠诚归忠诚,一提到宗教,女房东就愤愤不平,晚上向我"汇报"时,对她也时有微词,具体的例子却从来没有听说过。

我的女房东就是这样一个有不平、有偏见、有自己的与宇宙大局世界大局和国家大局无关的小忧愁小烦恼、有这样那样的特点的平平常常的人,但却是一个心地善良、厚道、不会玩弄任何花招的平常人。

她的一生也是颇为坎坷的,走的并非都是阳关大道。据她自己说,第一次世界大战前,德国人家里普遍都有金子,她家里也一样。大战一结束,德国发了疯似的通货膨胀,把她的一点点黄金都膨胀光了,成了无金阶级。到了第二次世界大战,她只是靠工资过日子。她对政治不感兴趣,她从来不赞扬希特勒,当然更不懂去反对他。由于种族偏见,犹太人她是反对的,但也说不上是"积极分子",只是随大流而已。她在乡下没有关系户,食品同我一样短缺。

在大战中间，她丈夫饿得从一个大胖子变成一个瘦子，终于离开了人世。老两口一生和睦相处，我从来没有听到他们俩拌过嘴，吵过架。老头儿一死，只剩下她孤零一人。儿子极少回来，屋子里空荡荡的。她心里是什么滋味，我不知道。从表面上来看，她只能同我这一个异邦的青年相依为命了。

战争到了接近尾声的时候，日子越来越难过。不但食品短缺，连燃料也无法弄到。格丁根市政府俯顺民情，决定让居民到山上去砍伐树木。在这里也可以看到德国人办事之细致、之有条不紊、之遵守法纪。政府工作人员在茫茫的林海中划出了一个可以砍伐的地区，把区内的树逐一检查，可以砍伐者画上红圈。砍伐没有红圈的树，要受到处罚。女房东家里没有劳动力，我当然当仁不让，陪她上山，砍了一天树，运下山来，运到一个木匠家里，用机器截成短段，然后运回家来，贮存在地下室里，供取暖之用。由于那一个木匠态度非常坏，我看不下去，同他吵了一架。他过后到我家来，表示歉意。我觉得，这不过是小事一桩，一笑置之而已。

我的女房东是一个平常人，当然不能免俗。当年德国社会中非常重视学衔，说话必须称呼对方的头衔。对方是教授，必须呼之为“教授先生”；对方是博士，必须呼之为“博士先生”。不这样，就显得有点儿不礼貌。女房东当然不会是例外。我通过了博士口试以后，当天晚上“汇报”时，她突然笑着问我：“我从今以后是不是要叫你‘博士先生’？”我真是大吃一惊，是我万万没有想到的。我连忙说：“完全没有必要！”她也不再坚持，仍然照旧叫我“季先生”，我称她为“欧朴尔太太”，相安无事。

一想到我的母亲般的女房东，我就回忆联翩。在漫长的十年中，我们晨夕相处，从来没有任何矛盾。值得回忆的事情实在太多太多了；即使回忆困难时期的情景，这回忆也仍然是甜蜜的。这些回忆一时是写不完的。因此我也就不再写下去了。

离开德国以后，在瑞士停留期间，我曾给女房东写过几次信。回国以后，在北平，我费了千辛万苦，弄到了一罐美国咖啡，大喜若狂。我知道，她同许多德国人一样，嗜咖啡若命。我连忙跑到邮局，把邮包寄走，期望它能越过千山万水，送到老太太手中，让她在孤苦伶仃的生活中获得一点儿喜悦。我不记得收到了她的回信。到了50年代，“海外关系”成了十分危险的东西。我再也不敢写信给她，从此便云天渺茫，互不相闻。正如杜甫所说的：“明日隔山岳，世事两茫茫”了。

1983年，在离开格丁根将近四十年之后，我又回到了我的第二故乡。我特意挤出时间，到我的故居去看了看。房子整洁如故，四十年漫长岁月的痕迹一点儿也看不出来。我走上三楼，我的住房门外的铜牌上已经换了名字。我也无从打听女房东的下落，她恐怕早已离开了人世，同她丈夫一起，静卧在公墓的一个角落里。我回首前尘，百感交集。人生本来就是这样，我有什么办法呢？我只有虔心祷祝她那在天之灵——如果有的话——永远安息。

二十四　反希特勒的人们

出国前夕，清华的一位老师告诫我说，德国是法西斯专政的国家，一定要谨言慎行。对政治不要随便发表意见。

这些语重心长的话，我忆念不忘。

到了德国以后，排犹高潮已经接近尾声。老百姓绝大多数拥护希特勒，至少表面上是这样。我看不出压迫老百姓的情况。舆论当然是统一的，“万众一心”。这不一定就是钳制的结果，老百姓有的是清清楚楚地拥护这一套，有的是糊里糊涂地拥护这一套，总之是拥护的。我上面曾经说到，我认识一个德国女孩子。她甚至想同希特勒生一个孩子。这是一个极端的例子。这话恐怕是出自内心的。但是不见得人人都是如此。至于德国人心里究竟是怎么想的，我这局外人就无从说起了。

希特勒的内政外交，我们可以存而不论；但是他那一套诬蔑中国人的理论，我们却不应该置之不理。他说，世界上只有他们所谓的“北方人”是文明的创造者，而中国人等则是文明的破坏者。这种胡说八道的谬论，引起了中国留学生的极大的愤怒。但是，我们是寄人篱下,只是敢怒而不敢言了。

在我认识的德国人中间，确实也有激烈的反对希特勒的人。不过人数极少极少,而且为了自己的安全起见,都隐忍不露。我同德国人在一起,不管是多么要好的朋友,我都严守“莫谈国事”的座右铭。日子一久,他们也都看出了这一点。有的就主动跟我谈希特勒,先是谈,后是骂,最后是破口大骂。给我印象最深的是一个退休的法官,岁数比我大一倍还要多。我原来并不认识他,是一个中国学生先认识的。这位中国学生来历诡秘,看来像是蓝衣社之类,我们都不大乐意同他往来。但他却认识了这样一个反希特勒的法官。他的主子是崇拜希特勒的,从这一点来看,他实在是一个“不肖”之徒。不管怎样,我们也就认识了这一位退休法官。希特勒的所作所为,他无不激烈反对。我没到他家里去过,他好像是一个孤苦伶仃的老汉。只有同我们在一起时,才敢讲几句心里话,发泄一下满腹的牢骚。我看,这就成了这一位表情严肃的老人的最大乐趣了。

另外一个反希特勒的德国朋友,是一位大学医科的学生。我原来也并不认识他,是龙丕炎先认识的。他年纪还轻,不过二十来岁,同我自己差不多。同那位法官正相反,他热情洋溢,精力充沛,黑头发,黑眉毛,透露出机警聪明。他的家世我也不清楚,我也不清楚他反对希特勒的背景。“反对希魔同路人,相逢何必曾相识。”有了这一条,我们就走到一起来了。

在德国人民中,在大学的圈子里,反对希特勒的人,一定还有,但是绝不会太多。一般说起来,德国人在政治上并不敏感,而且有点儿迟钝。能认识这两个人,也就很不错了,我也很满意了。我们几个常在一起的中国学生,不常同他们往来。有时候,在星期天，我们相约到山上林中去散步。我们是醉翁之意不在酒，他们大概也一样。记得有几次在春天，风和日丽，林泛新绿，鸟语花香，寂静无人。我们坐在长椅上，在骀荡的春风中，大骂希特勒，也确实是人生一乐。林深人稀，不怕有人偷听，每个人都敢于放言高论，胸中郁垒，一朝涤尽。此时，虽然身边眼前美景如画，我们都视而不见了。

现在，法官恐怕早已逝世。从年龄上来看，医科学生还应活着。但是，格城一别，从未通过音讯，他的情况我完全茫然。可是我有时还会想到这一位异邦的朋友。人世变幻，盛会难再，不禁惘然了。

二十五　伯恩克(Boehncke)一家

讲到反对希特勒的人,我不禁想到伯恩克一家。

所谓一家,只有母女二人。我先认识伯恩克小姐。原来我们可以算是同学,她年龄比我大几岁,是学习斯拉夫语言学的。我上面已经说过,斯拉夫语研究所也在高斯–韦伯楼里面,同梵文研究所共占一层楼。一走进二楼大房间的门,中间是伊朗语研究所,向左转是梵文研究所,向右转是斯拉夫语研究所。我天天到研究所来,伯恩克小姐虽然不是天天来,但也常来。我们共同跟冯·格林博士学俄文,因此就认识了。她有时请我到她家里去吃茶。我也介绍了张维和陆士嘉同她认识。她家里只有一个老母亲。父亲已经去世,据说生前是一个什么学的教授,在德国属于高薪阶层。因此经济情况是相当好的,自己住一层楼,家里摆设既富丽堂皇,又古色古香。风闻伯恩克小姐的父亲是四分之一或六分之一犹太人,已经越过了被屠杀被迫害的临界线,所以才能安然住下去。但是,既然有这样一层瓜葛,她们对希特勒抱有强烈的反感。这也就成了我们能谈得来的基础。

伯恩克小姐是高才生，会的语言很多。专就斯拉夫语而言，她就会俄文、捷克文、南斯拉夫文等等。这是她的主系，并不令人吃惊。至于她的两个副系是什么，我忘记了，也许当时就不知道。总之是说不出来了。她比我高几年，学习又非常优秀；因为是女孩子，没有被征从军。对她来说，才能和时间都是绰绰有余的。但是到了我通过博士口试时，她依然是一个大学生。以她的才华和勤奋，似乎不应该这样子。然而竟是这样子，个中隐秘我不清楚。

这位小姐长得不是太美，脾气大概有点儿孤高。因此，同她来往的人非常少。她早过了及笄之年，从来不见她有过男朋友，她自己也似乎不以为意。母女二人，形影相依，感情极其深厚诚挚。有一次，我在山上林中，看到她母女二人散步，使我顿悟了一层道理。“散步”这两个字似乎只适用于中国人，对德国人则完全不适用。只见她们母女二人并肩站定，母右女左，挽起胳膊，然后同出左脚，好像是在演兵场上，有无形的人喊着口令，步伐整齐，不容紊乱，目光直视，刷刷刷地走上前去，速度是竞走的速度，只听得脚下鞋声击地，转瞬就消逝在密林深处了。这同中国人的悠闲自在，慢慢腾腾，简直是风马牛不相及。其中乐趣我百思不解。只能怪我自己缘分太浅了。

这个问题先存而不论。我们认识了以后，除了在研究所见面外，伯恩克小姐也间或约我同张维夫妇到她家去吃茶吃饭。她母亲个儿不高，满面慈祥，谈吐风雅，雍容大方。看来她是有很高的文化素养的。欧洲古典文化，无论是音乐、绘画，还是文学、艺术，老太太样样精通，谈起来头头是道，娓娓动听，令人怡情增兴，乐此不疲。下厨房做饭，老太太也是行家里手。小姐只能在旁边端端盘子，打打下手。当时正是食品极端缺少的时期，有人请客都自带粮票。即使是这样,“巧妇难为无米之炊”,请一次客,自己也得节省几天,让本来已经饥饿的肚子再加码忍受更难忍的饥饿。这一位老太太就是在这样的情况下,亲手烹制出一桌颇为像样子的饭菜的。她简直像是玩魔术,变戏法。我们简直都成了神话中人,坐在桌旁,一恍惚,热气腾腾的美味佳肴已经整整齐齐地摆在桌子上。大家可以想象,我们这几个沦入饥饿地狱里的饿鬼,是如何地狼吞虎咽了。这一餐饭就成了我毕生难忘的一餐。

但是,我认为,最让我兴奋狂喜的还不是精美的饭菜,而是开怀畅谈,共同痛骂希特勒等法西斯头子。她们母女二人对法西斯的一切倒行逆施,无不痛恨。正如我在上面讲到的那样,有这种想法的德国人,只能忍气吞声,把自己的想法深埋在心里,绝不敢随意暴露。但是,一旦同我们在一起,她们就能够畅所欲言,一吐为快了。当时的日子,确实是非常难过的。张维、陆士嘉和我,我们几个中国人,除了忍受德国人普遍必须忍受的一切灾难之外,还有更多的灾难,我们还有家国之思。我们远处异域,生命朝不保夕。英美的飞机说不定什么时候一高兴下蛋,落在我们头上,则必将去见上帝或者阎王爷。肚子里饥肠辘辘,生命又没有安全感。我们虽然还不至于“此中日夕只以眼泪洗面”,但是精神绝不会愉快,是可想而知的。在这样的情况下,只有到了伯恩克家里,我才能暂时忘忧,仿佛找到了一个沙漠绿洲,一个安全岛,一个桃花源,一个避秦乡。因此,我们往往不顾外面响起的空袭警报,尽兴畅谈,忘记了时间的流逝,一直谈到深夜,才蓦地想起:应该回家了。一走出大门,外面漆黑一团,寂静无声,抬眼四望,不见半缕灯光,宇宙间仿佛只剩下我一个人,我一个人仿佛变成了我佛如来,承担人世间所有的灾难。

我离开德国以后，在瑞士时，曾给她母女二人写过一封信。回国以后，没有再联系。前些日子，见到张维，他告诉我说，他同她们经常有联系。后来伯恩克小姐嫁了一个瑞典人，母女搬到北欧去住。母亲九十多岁于前年去世，女儿仍在瑞典。今生还能见到她吗？希望可以说是微乎其微了。悲夫！

二十六　迈耶(Meyer)一家

迈耶一家同我住在一条街上,相距不远。我现在已经记不清楚,我是怎样认识他们的。可能是由于田德望住在那里,我去看田,从而就认识了。田走后,又有中国留学生住在那里,三来两往,就成了熟人。

他们家有老夫妇俩和两个如花似玉的女儿。老头儿同我的男房东欧朴尔先生非常相像,两个人原来都是大胖子,后来饿瘦了。脾气简直是一模一样,老实巴交,不会说话,也很少说话。在人多的时候,呆坐在旁边,一言不发,脸上却总是挂着憨厚的微笑。这样的人,一看就知道,他绝不会撒谎、骗人。他也是一个小职员,天天忙着上班、干活。后来退休了,整天待在家里,不大出来活动。家庭中执掌大权的是他的太太。她同我的女房东年龄差不多,但是言谈举动,两人却不大一样。迈耶太太似乎更活泼,更能说会道,更善于应对进退,更擅长交际。据我所知,她待中国学生也是非常友好的。住在她家里的中国学生同她关系都处得非常好。她也是一个典型的德国妇女,家庭中一切杂活她都包了下来。她给中国

季羡林留学德国时的恋人伊姆加德。

学生做的事情,同我的女房东一模一样。我每次到她家去,总看到她忙忙碌碌,里里外外,连轴转。但她总是喜笑颜开,我从来没有看到她愁眉苦脸过。她们家是一个非常愉快美满的家庭。

我同她们家来往比较多,还有另外一个原因。在我写作博士论文的那几年中,我用德文写成稿子,在送给教授看之前,必须用打字机打成清稿;而我自己既没有打字机,也不会打字。因为屡次反复修改,打字量是非常大的。适逢迈耶家的大小姐伊姆加德(Irmgard)能打字,又自己有打字机,而且她还愿意帮我打。于是,有很长的一段时间,我几乎天天晚上到她家去。因为原稿改得太乱,而且论文内容稀奇古怪,对伊姆加德来说,简直像天书一般。因此,她打字时,我必须坐在旁边,以备咨询。这样往往工作到深夜,我才摸黑回家。

我考试完结以后,打论文的任务完全结束了。但是,在我仍然留在德国的四五年间,我自己又写了几篇论文,所以一直到我于1945年离开德国时,还经常到伊姆加德家里去打字。她家里有什么喜庆日子,招待客人吃点心,吃茶,我必被邀请参加。特别是在她生日的那一天,我一定去祝贺。她母亲安排座位时,总让我坐在她旁边。此时,留在格丁根的中国学生越来越少。以前星期日总在席勒草坪会面的几个好友都已走了。我一个人形单影只,寂寞之感,时来袭人。我也乐得到迈耶家去享受一点儿友情之乐,在战争喧闹声中,寻得一点儿清静。这在当时是非常难能可贵的。至今记忆犹新,恍如昨日。

在这样的情况下,我离开迈耶一家,离开伊姆加德,心里是什么滋味,完全可以想象。1945年9月24日,我在日记里写道:

吃过晚饭，七点半到 Meyer 家去，同 Irmgard 打字。她劝我不要离开德国。她今天晚上特别活泼可爱。我真有点舍不得离开她。但又有什么办法？像我这样一个人不配爱她这样一个美丽的女孩子。

同年 10 月 2 日，在我离开格丁根的前四天，我在日记里写道：

回到家来，吃过午饭，校阅稿子。三点到 Meyer 家，把稿子打完。Irmgard 只是依依不舍，令我不知怎样好。

日记是当时的真实记录，不是我今天的回想：是代表我当时的感情，不是今天的感情。我就是怀着这样的感情离开迈耶一家，离开伊姆加德的。到了瑞士，我同她通过几次信，回国以后，就断了音讯。说我不想她，那不是真话。1983 年，我回到格丁根时，曾打听过她，当然是杳如黄鹤。如果她还留在人间的话，恐怕也将近古稀之年了。而今我已垂垂老矣。世界上还能想到她的人恐怕不会太多。等到我不能想到她的时候，世界上能想到她的人，恐怕就没有了。

二十七　纳粹的末日

——美国兵入城

我在上面多次讲到 1945 年美国兵占领格丁根以后的事情，好像与时间顺序有违；但是为了把一件事情叙述完整，不得不尔。按顺序来说，现在是叙述美国兵进城的情况了。

时间到了 1945 年春末，战局急转直下。此时，德国方面已经谈不到什么抵抗，只有招架之功，没有还手之力，甚至连还手之力也没有了。一天二十四小时，都是警报期。老百姓盛传，英美飞机不带炸弹了。他们愿意什么时候飞来，就什么时候飞来，从飞机上用机枪扫射。有什么地方一辆牛车被扫中，牛被打得流出了肠子。如此等等，不一而足。但是，从表面上看起来，老百姓并没有惊慌失措，他们还是相当沉着的，只是显然有点儿麻木。

德国民族是异常勤奋智慧的民族，办事治学一丝不苟的彻底性，名扬世界。他们在短短的一两百年内所创造的文化业绩，彪炳寰中。但是，在政治上，他们的水平却不高。我初到德国的时候，他们受法西斯头子的蛊惑，有点忘乎所以的样子，把自己的前途看成是一条阳关大道，只有玫瑰，没有荆棘。后来来了战争，对他们的想法，似乎没有任何影响。在长期的战争中，他们的情绪有时候昂扬奋发，有时候又低沉抑郁。到了英美和苏联的大军从东西两方面压境的时候，他们似乎感觉到，情况有点儿不妙了。但是，总起来看，他们的情绪还是平静的。前几年听了所谓“特别报道”而手舞足蹈的情景，现在完完全全看不到了。

在无言中，他们似乎在等待着什么。

他们等待的事情果然到了。这是一个天翻地覆的改变。为了保存当时的真实情况，为了反映我当时真实的思想感情，我干脆抄几天当时的日记，一字不改。这比我现在根据回忆去写，要真实得多，可靠得多了。我个人三天的经历，只能算是极小的一个点；但是一滴水中可以见大海，一颗沙砾中可以见宇宙，一个点中可以见全面，一切都由读者去意会了。

1945 年 4 月 6 日

昨晚到了那 Keller (指种鲜菌的山洞——羡林注) 里，坐下。他们(指到这里来避难的德国人)都睡起来。我无论如何也睡不着，里面又冷，坐着又无依靠。好久以后，来了 Entwarnung(解除空袭警报)。但他们都不走，所以我也只好陪着，腿冻得像冰，思绪万端，啼笑皆非。外面警笛又作怪，有几次只短短地响一声。于是人们就胡猜起来。有的说是 Alarm (警报)，有的说不是。仔细倾耳一听，外面真有飞机。这样一直等到四点多，我们三个人才回到家来。一头躺倒，醒来已经快九点了。刚在吃早点，听到外面飞机声，而且是大的轰炸机。但立刻也就来了 Voralarm(前警报)，紧跟着是 Alarm。我们又慌成一团，提了东西就飞跑出去。飞机声震得满山颤动。在那

Keller 外面站了会儿，又听到机声，人们都抢着往里挤。刚进门，格丁根城就是一片炸弹声。心里想：今天终于轮到了。Keller 里仿佛打雷似的，连木头椅子都震动。有的人跪在地上，有的竟哭了起来。幸而只响了两阵就静了下来。十一点，我惦记着厨房里煮上的热水，就一个人出来回家来。不久也就来了 Vorentwarnung(前解除警报)。吃过早点，生好炉子。以纲(张维)来，立刻就走了。吃过午饭，躺下，没能睡着。又有一次 Voralarm。五点，刚要听消息，又听到飞机声，立刻就来了 Alarm。赶快出去到那 Deckungsgraben(掩体防空壕)外面站了会儿。警报解除，又回来。吃过晚饭，十点来了 Voralarm。自己不想出去；但天空里隔一会儿一架飞机飞过，隔一会儿又一架，一直延续了三个钟头。自己的神经仿佛要爆炸似的。这简直是万剐凌迟的罪。快到两点警报才解除。

1945 年 4 月 7 日

早晨起来，吃过早点，进城去，想买一个面包。走了几家面包店，都没有。后来终于在拥挤之余在一家买到了。出来到伤兵医院去看 Storck，谈了会儿就回家来。天空里盘旋着英美的侦察机。吃过午饭，又来了 Alarm，就出去向那 Pilzkeller (培植蘑菇的山洞)跑。幸而并不严重，不久也就来了 Vorentwarnung。我在太阳地儿里坐了会儿，只是不敢回家来。一直等到五点多，觉得不会再有什么事情了，才慢慢回家来。刚坐下不久，就听到飞机声，赶快向楼下跑。外面已经响起了炸弹，然后才听到警笛。走到街上，抬头看到天空里成排的飞机。丢过一次炸弹，我就趁空向前跑一段。到了一个 Keller，去避了一次,又往上跑,终于跑到那 Pilzkeller。仍然是一批批炸弹向城里丢。我们所怕的 Grossangriff(大攻击)终于来了。好久以后,外面静下来。我们出来,看到西城车站一带大火,浓烟直升入天空。装弹药的车被击中,汽油车也被击中。大火里子弹声响成一片,真可以说是伟观。八点前回到家来。吃过晚饭,在黑暗里坐了半天,心里极度不安,像热锅上的蚂蚁,终于还是带了东西,上山到那 Pilzkeller 去。

1945 年 4 月 8 日

Keller 里非常冷,围了毯子,坐在那里,只是睡不着。我心里很奇怪,为什么有这样许多人在里面,而且接二连三地往里挤。后来听说,党部已经布告,妇孺都要离开格丁根。我心里一惊,当然更不会再睡着了。好歹盼到天明,仓促回家吃了点东西,往 Keller 里搬了一批书,又回去。远处炮声响得厉害。Keller 里已经乱成一团。有的说,德国军队要守格城;有的说,格城预备投降。蓦地城里响起了五分钟长的警笛,表示敌人已经快进城来。我心里又一惊,自己的命运同格城的命运,就要在短期内决定了。炮声也觉得挨近了。Keller 前面仓皇跑着德国打散的军队。隔了好久,外面忽然静下来。有的人出去看,已经看到美国坦克车。里面更乱了,谁都不敢出来,怕美国兵开枪。结果我同一位德国太太出来,找到一个美国兵,告诉他这情形。回去通知大家,才陆续出来。我心里很高兴,自己不能制止自己了,跑到一个坦克车前面,同美国兵聊起来。我忘记了这还是战争状态,炮口对着我。回到家已经三点了。忽然想到士心夫妇,以为他们给炸弹炸坏了,因为他们那一带炸得很厉害，又始终没有得到他们的消息。所以饭也吃不下去。不久以纲带了太太同小孩子来。他们的房子被美国兵占据了。同他们谈了谈，心里乱成一团，又快乐，又兴奋，说不出应该怎样好。吃过晚饭，同以纲谈到夜深才睡。

格丁根就这样被解放了。

上面就是我一个人在关键的三天内写的日记，是一幅简单而朴素的素描。

格丁根城只是德国的一个点，而这个种植鲜蘑菇的山洞又只是格丁根城的一个点，我在这个点中更是一个小小的点。这个小点中的众生相，放大了来看，就能代表整个德国的情况。难道不是这样吗？

无论如何，这是一个极大的转折点。从此以后，格丁根——我相信，德国其他地方也一样——在历史上揭开了新的一页。法西斯彻底完蛋了。他们横行霸道，倒行逆施，气焰万丈，不可一世，而今安在哉！德国普通老百姓对此反应不像我想得那样剧烈。他们很少谈论这个问题。他们好像是当头挨了一棒，似乎清楚，又似乎糊涂；似乎有所反思，又似乎没有；似乎有点儿在乎，又似乎根本不在乎。给我的总印象是茫然，木然，懵然，默然。一个极端有天才的民族，就这样在一夜之间糊里糊涂地、莫名其妙地沦为战败国，成了任人宰割的民族。不管德国人自己怎样想，我作为一个在德国住了十年对德国人民怀有深厚感情的外国人，真有点儿欲哭无泪了。

对我个人来说，人类历史上迄今最残酷的战争，就这样结束了，似乎有点儿不够意思。我在上面谈到第二次世界大战爆发时，曾经这样说过:“可是万万没有想到,这一出人类历史上罕见的大戏,开端竟是这样平平淡淡。”今天大战结束了,结束得竟也是这样平平淡淡。难道历史上许多后代认为是惊天地泣鬼神的大战之类的事件,当时开始与结束都是这样地平平淡淡吗?

但是,对格丁根的德国人来说,不管他们的反应如何麻木,却绝非平平淡淡,对一部分人还有切肤之痛。在人类历史上,有许多战胜国进入战败国“屠城”的记载,中国就有不少。但是,美国进城以后,没有“屠城”,而且从表面上看起来,还似乎非常文明。我从来没有看到“山姆大叔”在大街上污辱德国人的事情。战胜国与战败国之间的关系,似乎颇为融洽。我也没有看到德国人敌视美国兵,搞什么破坏活动。我看到的倒是一些德国女孩子围着美国大兵转的情景,似乎有一些祥和之气了。

实际上并非完全如此。美国大兵也是有一本账的,他们不知从哪里弄到了一个“乓名单”,格城的各类纳粹头子都是榜上有名。美国兵就按图索骥,有一天就索到了我住房对门的施米特先生家里。他有一个女儿是纳粹女青年组织的一个Gau(大区)的头子。先生不在家,他的胖太太慌了神,吓得浑身发抖,来敲门求援。我只好走过去,美国兵大概很出意外,问我是干什么的。我说是中国人,是“盟国”,来帮他当翻译的。美国兵没有再说话,我就当起翻译来。他没有问多少话,态度中正平和,一点儿没有凶狠的样子。反正胖太太的女儿已经躲了起来,当母亲的只说不知道。讯问也就结束了,从此美国大兵没有再来。

此外,美国兵还占用了一些民房。他们漂洋过海,不远万里而来。进了城,没有适当的营房,就占用德国居民的房子。凡是单独成楼、花园优美的房子,很多都被选中。我的老师瓦尔德施米特教授在城外山下新盖的一幢小楼，也没能逃过美国大兵的“优选”，他们夫妇俩被赶到不知什么地方去暂住，美国一群大兵则昂然住了进去。虽然只不过住了几天，就换防搬走，然而富丽堂皇、古色古香的陈设已经受到了一些破坏。有几把古典式的椅子，平常他们夫妇俩爱如珍宝，轻搬轻放，此时有的竟折断了腿。美国兵搬走后，我到他家里去看。教授先生指给我看，一脸苦笑，没有讲什么话，心中滋味，只能意会。教授夫人则不那么冷静，她告诉我，美国大兵夜里酗酒跳舞，通宵达旦，把楼板跺得震天价响，玲珑苗条的椅子腿焉得不断！老夫妇都没有口出恶言，说明他们很有涵养。然而亡国奴的滋味他们却深深地尝到了，恐怕大出他们的臆断吧。

被占的房子当然不止这一家。在比较紧张的那些日子里，我走在大街上，看街道两旁的比较漂亮的房子，临街的房间，只要开着窗子，就往往看到室内的窗台上，密密麻麻地整整齐齐地，排满了大皮靴的鞋底，不是平卧着，而是直立着。当然不是晒靴子，那样靴底不会是直立着。仔细一推究，靴底的后面会有靴子；靴子的后面会有脚丫子；脚丫子后面会有大小腿；大小腿后面会有躯体；到了最后，在躯体后面还会有脑袋，脑袋大概就枕在什么地方。然而此时，“删繁就简三秋树”，把从靴子到脑袋统统删掉了(只有表象如此，当然不会实际删掉)，接触我的视线的就只有皮靴底。乍看之下，就先是一愣，忽然顿悟，看了这样洋洋大观的情景，我只有大笑了。

这是美国大兵在那里躺着休息，把脚放到了窗台上。美国兵个个年轻，有的长身玉立，十分英俊。但是总给人以吊儿郎当的印象。他们向军官敬礼，也不像德国兵那样认真严肃，总让人感到嬉皮笑脸，嘻嘻哈哈。据说，他们敬礼也并不十分严格，尉官只给校官以上的敬礼,同级不敬;兵对兵也不敬礼,不管是哪一等。这些都同德国不同。此外,美国兵的大少爷作风和浪费习气,也十分令人吃惊。他们吃饭,罐头食品居多。一罐鸡鱼鸭肉,往往吃了不到一半,就任意往旁边一丢,成了垃圾。给汽车加油,一桶油往往灌不到一半,便不耐烦起来,大皮靴一踢,滚到旁边,桶里的油还汩汩地向外流着,闪出了一丝丝白色的光。更令人吃惊的是他们剪断通讯电缆的豪举。美军进城以后,为了通讯方便,需要架设电缆。又为了省事起见,自己不竖立电线杆,而是就把电缆挂在或搭在大街两旁的树枝上。最初只有屈指可数的几条,后来大概是由于机关增多,需要量随之大增,电缆的数目也日益增多,有的树枝上竟搭上了十几条几十条,压在一起,黑黑的一大堆。过了不久,美军有的撤走,不再需要电缆通讯。按照我的想法,他们似乎应该把厚厚的一大摞电缆,从树枝上一一取下,卷起,运走,到别的地方再用。然而,确实让我大吃一惊,美国大兵不愿意费这个事,又不肯留给德国人使用。他们干脆把电缆在每一棵树上就地剪断。结果是街旁绿树又添奇景:每一棵树的枝头都累累垂垂悬挂着剪断的电缆。电缆,以及我上面谈到的罐头食品和汽油,都是从遥远的美国用飞机或轮船运来的。然而美国这个暴发户大国和它的大少爷士兵们,好像对这一点连想都没有想,他们似乎从来不讲什么节约,大手大脚,挥霍浪费。这同我们中国的传统教育大相径庭,我有什么话好说呢?

在上面我拉拉杂杂地写了美国兵进城和纳粹分子垮台的一些情况。这只是我个人,而且是一个外国个人眼中看到、心中想到的。我对德国这样一个伟大的民族素所崇奉,同时又痛恨纳粹分子的倒行逆施。我一方面万万没有想到,在我在德国住了十年之后，能够亲眼看到纳粹的崩溃。这真是三生有幸，去无遗憾了。在另一方面，对德国普通老百姓所受的屈辱又感到伤心。当年德法交恶，德国一时占了上风。法国大文豪阿·都德写了有名的小说《最后一课》，成为世界文学中宣扬爱国主义的名篇。到了今天，物换星移，德国处于下风。沧海桑田，世事变幻之迅速、之不定，令人吃惊。但是，德国竟没有哪一位文豪写出第二篇《最后一课》，是时间来不及呢？还是另有原因呢？又不禁令人感到遗憾了。

二十八　盟国

专就我个人以及其他中国留学生而论，我们是应该大大地庆祝一番的。我们从一些没有国籍的“流浪汉”一变而为胜利者盟国的一分子，地位真有天壤之别了。中国古人常以“阶下囚”和“座上客”来比喻这种情况。德国人从来没有把我当作阶下囚来对待。但是座上客现在我却真正变成了。

美国人进城以后不久，我就同张维找到了美国驻军的一个头头，大概是一个校官。我们亮出了我们的身份，立即受到了很好的招待。他同我们素昧平生，一无档案，二无线索，但是他异常和气，只简单地问了几句话，马上拿过来一张纸，刷，刷，刷，大笔一挥，说明我们是 DP(Displaced Person 即由于战争、政治迫害等被迫离开本国的人)。这当然不是事实，我们一进门就告诉他，我们是留学生，这一点他是清楚的。但是在他的笔下，我们却一变而成为 DP。他的用意何在，我们不清楚，我们也没有进行争辩。他叫我们拿着这一张条去找一个法国战俘的头。我们最初根本不知道这葫芦里卖的是什么药，我们遵命去了。原来是一个法国战俘聚居的地方。说老实话,我过去在格丁根还从来没有注意到有法国战俘。我曾在大街上看到很多走来走去的苏联和波兰俘虏。这些人因为无衣可换,都仍然穿着各自的已经又脏又破的制服,所以一看便知。现在忽然出现了这么多的法国兵,实出我意外。要去探讨研究,我没有那个兴趣和时间,看来也无此必要。反正那个法国俘虏兵的头头连说加比划,用法语告诉我们,以后每天可以到那里去领牛肉。这一举动又出我意外。但是心里是高兴的。当年孔子在齐闻韶,三月不知肉味。我现在在德国只闻机声,大概有三年不知肉味了。如今竟然从天上掉下来了新鲜牛肉,可以大快朵颐,焉得不喜!

但是,就是每天去领牛肉这样一个极其简单的活动,有时候也出点小的"花絮"。有一天我去领肉,领完要走,那一个头头样子的法国兵忽然对我说:

Demain deux jours(明日,两天)

我好久没有听说法语了,一时如丈二和尚,摸不着头脑,瞪大了眼睛,不了解他的意思。那个法国兵又重复说这三个字,口讲指画,显得有点着急。不知道从哪里来的灵感,我一下子明白过来了:明天来领两天的牛肉。我于是也用法语重复他的话,说了三个字:

Demain deux jours

法国兵大笑不止,我拿着牛肉离开时,他还对我说了声 Aux revoir (再见),皆大欢喜。

对当时的德国老百姓来说,鲜牛肉简直如宝贝一般。我的女房东也不例外。我一生没有独自吃喝不管别人的习惯。何况是对我那母亲一般的女房东。眼前夫丧子离,只有她孤身一人。我每天领来了牛肉,都由她来烹调。烹调完了,我们就共同享受。就这样过了一段颇为美好的日子。我同张维还拿着那张条子,到格丁根市政府一个什么机构,领了一张照顾中国人饮食习惯特批大米的条子。从此以后,有吃又有喝,真正成为座上客了。

二十九　优胜记略

日子过得还不就这样平淡。借用鲁迅《阿Q正传》中的一个提法，我们也还有“优胜记略”。“我们”指的仍然是张维和我。

有一天，不知从哪里传来了消息说，车站附近有一个美军进城时幸逃轰炸的德军罐头食品存贮仓库，里面堆满了牛肉和白糖罐头。现在被打开了，法国俘虏兵在里面忙活着，不知道要干什么。为了满足好奇心，我同张维就赶到那里，想看个究竟。从远处就看到仓库大门外挤满了德国人，男女老幼都有。大门敞开着，有法国兵把守，没有哪个德国人敢向前走一步，只是站在那里围观，好像赶集一样。

我们俩走了走，瞅了瞅，前门实在是无隙可乘，便绕到了后门来。这里冷冷清清，一个人都没有。围墙非常低，还有缺口。我们一点儿也没犹豫，立即翻身过墙，走到院子里。里面库房林立，大都是平房，看样子像是临时修筑的简易房子，不准备长期使用的。院子里到处都撒满了大米、白糖。据说，在美国兵进城时，苏联和波兰的俘虏兵在这里曾抢掠过一次，米和糖就是他们撒的。

现在是美国当局派法国兵来整顿秩序,制止苏波大兵的抢劫。我们在院子里遇到了一个法国人,他领我们上楼去,楼梯上也是白花花一片,不知是盐是糖。他领我们到一间存放牛肉罐头的屋子里,里面罐头堆得像山一般。我们大喜过望。进去以后我正准备往带来的皮包里面装的时候,忽然来了一个穿着破烂军服的法国兵。他问我是干什么的,我连忙拿出随身携带的护照,递给他看。他翻看了一下护照,翻到有法文的那一页,忽然发现没有我的签字,好像捞到了稻草,瞪大了眼睛质问我。我翻到有英文的那一页,我的签名赫然具在,指给他看。他大概只懂法文,可是看到了我的签名,也就无话可说,把护照退还给我,示意我愿意拿什么,就拿什么;愿意拿多少,就拿多少,望望然而去之。我如释重负,把皮包塞满,怀里又抱满,跳出栅栏,走回家去。天热,路远,皮包又重,怀里抱着那些罐头,又不听调度,左滚右动。到家以后,已经汗流浃背了。

只是到了此时,我在喘息之余,才有余裕来检阅自己的战利品。我发现,抱回来的十几二十个罐头中,牛肉罐头居多数,也有一些白糖罐头。牛肉当然极佳,白糖亦殊不劣,在饥饿地狱里待久了的人,对他们来说,这一些无疑都是仙药醍醐,而且都是于无意中得之,其快乐概可想见了。我把这些东西分了分,女房东当然有一份,这不在话下。我的老师们和熟人都送去一份。在当时条件下,这简直比雪中送炭还要得人心,真是皆大欢喜了。

但是,我自己事后回想起来,却有一股抑制不住的后怕。在当时兵荒马乱、格丁根根本没有政权的情况下,一切法律俱缺,一切道德准绳全无,我们贸然闯进令人羡煞的牛肉林中,法国兵手里是有枪的,我们懵然、木然,而他们却是清醒的。说不定哪一个兵一时心血来潮，一扳枪机，开上一枪，则后果如何不是一清二楚吗？我又焉得不后怕呢？

我的“优胜记略”就是如此。但愿这是我一生中唯一的一次，也是最后的一次。

三十　留在德国的中国人

战争结束了，“座上客”当上了，苦难到头了，回国有望了，好像阴暗的天空里突然露出来了几缕阳光。

我们在格丁根的中国留学生，商议了一下，决定到瑞士去，然后从那里回国。当时这是唯一的一条通向祖国的道路。

格丁根是一座小城，中国留学生人数从来没有多过。有一段时间，好像只有我一个人，置身日耳曼人中间，连自己的黄皮肤都忘记了。战争爆发以后，那些大城被轰炸得很厉害，陆续有几个中国学生来到这里，实际上是来避难的。各人学的科目不同，兴趣爱好不同，合得来的就来往，不然就各扫门前雪，间或一聚而已。在这些人中，我同张维、陆士嘉夫妇，以及刘先志、滕菀君夫妇，最合得来，来往最多。商议一同到瑞士去的也就是我们几个人。

留下的几位中国学生，我同他们都不是很熟。有姓黄的学物理的两兄弟，是江西老表。还有姓程的也是学自然科学的两兄弟，好像是四川人。此外还有一个我在上面提到过的那一个姓张的神秘人物。此人从来也不是什么念书的人，我们都没有到他家里去过，不知道每天他的日子是怎样打发的。这几个人为什么还留下不走，我们从来也没有打听过。反正各有各的主意，各有各的想法，局外人是无须过问的。我们总之是要走了。我把我汉文讲师的位置让给了姓黄的哥哥。从此以后，同留在格丁根的中国人再没有任何联系，“明日隔山岳，世事两茫茫”了。

我在这里又想到了格丁根城以外的那一些中国人，不是留学生，而是一些小商贩，统称之为“青田商人”。顾名思义，就可以知道，他们是浙江青田人。浙江青田人怎样来到德国、来到欧洲的呢？我没有研究过他们的历史，只听说他们背后有一段苦难的历程。他们是刘伯温的老乡，可惜这一位上知天文下知地理神机妙算的半仙之人，没有想到青田这地方的风水竟是如此不佳。在旧社会的水深火热中土地所出养不活这里的人，人们被迫外出逃荒，背上一袋青田石雕刻的什么东西，沿途叫卖，有的竟横穿中国大地，经过中亚，走到西亚，然后转入欧洲。行程数万里，历经无数国家。当年这样来的华人，是要靠“重译”的。我们的青田老乡走这一条路，不知要吃多少苦头，经多少磨难。我实在说不出，甚至也想象不出。有的走海路，为了节省船费，让商人把自己锁在货箱里，再买通点关节，在大海中航行时，夜里偷偷打开，送点水和干粮，解解大小便，然后再锁起来。到了欧洲的马赛或什么地方登岸时，打开箱子，有的已经变成一具尸体。这是多么可怕可悲的情景！这一些幸存者到了目的地，就沿街叫卖，卖一些小东西，如领带之类，诡称是中国丝绸制成的。他们靠我们祖先能织绸的威名，糊口度日，虽然领带上明明写着欧洲厂家的名字。他们一无护照，二无人保护；转徙欧洲各国，弄到什么护照，就叫护照上写的名字。所以他们往往是今天姓张，明天姓王；居无定处，行无定名。这护照是世袭的，一个人走了或者死了，另一个人就继承。在欧洲穿越国境时，也不走海关，随便找一条小路穿过，据说也有被边防兵开枪打死的。这样辛辛苦苦，积攒下一点儿钱，想方设法，带回青田老家。这些人誓死不忘故国，在欧洲同吉卜赛人并驾齐驱。

我原来并不认识青田商人，只是常常听人谈到而已。可是有一天，我忽然接到附近一座较大的城市卡塞尔地方法院的一个通知，命令我于某月某日某时，到法院里出庭当翻译。不去，则课以罚款一百马克；去，则奖以翻译费五十马克。我啼笑皆非。然而我知道，德国人是很认真守法的，只好遵命前往。到了才知道，被告就是青田商人。在法庭上，也须“重译”才行。被告不但不会说德国话，连中国普通话也不会说。于是又从他们中选出了一位能说普通话的，形成了一个翻译班子。审问才得以顺利进行。其实也没有什么了不起的事。这一位被告沿街叫卖，违反了德国规定。在货色和价钱方面又做了些手脚，一些德国爱管闲事的太太向法院告了状。有几个原告出了庭，指明了时间和地点，并且一致认为是那个人干的。那个人矢口否认，振振有词，说在德国人眼里，中国人长得都一样，有什么证据说一定是他呢？几个法官大眼瞪小眼，无词以对，扯了几句淡，就宣布退庭。一位警察告诉我说：“你们这些老乡真让我们伤脑筋，我们真拿他们没有办法。我们是睁一只眼闭一只眼，没有人来告，我们就听之任之了，反正没有什么了不起的事。”我同他开玩笑，劝他两只眼都闭上。他听了大笑，同我握手而别。

我口袋里揣上了五十马克，被一群青田商人簇拥着到了他们的住处。这是一间大房子，七八个人住在里面，基本都是地铺，谈不到什么设备，卫生条件更说不上，生活是非常简陋的。中国留学生一般都瞧不起他们,大使馆他们更视为一个衙门,除非万不得已,绝不沾边。今天竟然有我这样一个留学生,而且还是大学里的讲师,忽然光临,他们简直像捧到一个金凤凰,热情招待我吃饭,我推辞了几次,想走,但是为他们的热情感动,只好留下。他们拿出了面包和酒,还有不知从哪里弄来的猪蹄子,用中国办法煨得稀烂,香气四溢。我已经几个月不知肉味了,开怀饱餐了一顿。他们绝口不谈法庭上的事。我偶一问到,他们说,这都是家常便饭,小事一桩。同他们德国人还能说实话吗?我听了,心里不知是什么滋味。这一批青田商人背井离乡,在异域奔波,不知道有多少危险,有多少困难,辛辛苦苦弄点儿钱寄回家去。不少人客死异乡,即使幸存下来,也是十年八年甚至几十年回不了家。他们基本上都不识字,我没有办法同他们交流感情。看了他们木然又欣然的情景,我直想流泪。

这样见过一次面,真如萍水相逢,他们却把我当成了朋友。我回到格丁根以后,常常接到他们寄来的东西。有一年,大概是在圣诞节前,他们从汉堡给我寄来了五十条高级领带。这玩意儿容易处理:分送师友。又有一年,仍然是在圣诞节前,他们给我寄来了一大桶豆腐。在德国,只有汉堡有华人做豆腐。对欧洲人来说,豆腐是极为新奇的东西:嗜之者以为天下之绝;陌生者以为稀奇古怪。这一大桶豆腐落在我手里,真让我犯了难。一个人吃不了,而且我基本上不会烹调;送给别人,还需先做长篇大论的宣传鼓动工作,否则他们硬是不敢吃。处理的细节,我现在已经忘记了。总之,我对我这些淳朴温良又有点儿天真幼稚的青田朋友是非常感激的。

我上面已经说过,这些人的姓名是糊里糊涂的。我认识的几个人，我都不知道他们的真实姓名。姓名的更改完全以手中的那一份颇有问题的护照为转移。如今我要离开德国了，要离开他们了，不知道有多少老师好友需要我去回忆，我的记忆里塞得满满的，简直无法再容下什么人。然而我偏偏要想到这一些流落异域受苦受难的炎黄子孙，我的一群不知姓名的朋友。第二次世界大战我不知道他们是怎样度过的。他们现在还到处漂泊吗？今生今世，我恐怕再也无法听到他们的消息了。我遥望西天，内心在剧烈地颤抖。

三十一　别格丁根

是我要走的时候了。

是我离开德国的时候了。

是我离开格丁根的时候了。

我在这座小城里已经住了整整十年了。

中国古代俗语说：千里凉棚，没有不散的筵席。人的一生就是这个样子。当年佛祖规定，浮屠不三宿桑下。害怕和尚在一棵桑树下连住三宿，就会产生留恋之情。这对和尚的修行不利。我在格丁根住了不是三宿，而是三宿的一千二百倍。留恋之情，焉能免掉？好在我是一个俗人，从来也没有想当和尚，不想修仙学道，不想涅槃，西天无分，东土有根。留恋就让它留恋吧！但是留恋毕竟是有限期的。我是一个有国有家有父母有妻子的人，是我要走的时候了。

回忆十年前我初来时，如果有人告诉我：你必须在这里住上五年，我一定会跳起来的：五年还了得呀！五年是一千八百多天呀！然而现在，不但过了五年，而且是五年的两倍。我一点儿也没有感觉到有什么了不得。正如我在本书开头时说的那样，宛如一场缥缈的春梦，十年就飞去了。现在，如果有人告诉我：你必须在这里再住上十年。我不但不会跳起来，而且会愉快地接受下来的。

然而我必须走了。

是我要走的时候了。

当时要想从德国回国，实际上只有一条路，就是通过瑞士，那里有国民党政府的公使馆。张维和我于是就到处打听到瑞士去的办法。经多方探询，听说格丁根有一家瑞士人。我们连忙专程拜访，是一位家庭妇女模样的中年妇人，人很和气。但是，她告诉我们，入境签证她管不了；要办，只能到汉诺威(Hannover)去。张维和我于是又搭乘公共汽车，长驱百余公里，赶到了这一地区的首府汉诺威。

汉诺威是附近最大最古的历史名城。我久仰大名，只是从没有来过。今天来到这里，我真正大吃一惊：这还算是一座城市吗？尽管从远处看，仍然是高楼林立；但是，走近一看，却只见废墟。剩下没有倒的一些断壁颓垣，看上去就像是古罗马留下来的斗兽场。马路还是有的，不过也布满了大大小小的弹坑。汽车有的已经恢复了行驶，不过数目也不是太多。引起我们注意的是马路两旁人行道上的情况。德国高楼建筑的格局，各大城市几乎都是一模一样：不管楼高多少层，最下面总有一个地下室，是名副其实地建筑在地下的。这里不能住人。住在楼上的人每家分得一二间，在里面贮存德国人每天必吃的土豆，以及苹果、瓶装的草莓酱、煤球、劈柴之类的东西。从来没有想到还会有别的用途的。战争一爆发，最初德国老百姓轻信法西斯头子的吹嘘，认为英美飞机都是纸糊的，绝不能飞越德国国境线这个雷池一步。大城市里根本没有修建真正的防空壕洞。后来,大出人们的意料,敌人纸糊的飞机变成钢铁的了,法西斯头子们的吹嘘变成了肥皂泡了。英美的炸弹就在自己头上爆炸,不得已就逃入地下室躲避空袭。这当然无济于事。英美的重磅炸弹有时候能穿透楼层,在地下室中向上爆炸。其结果可想而知。有时候分量稍轻的炸弹,在上面炸穿了一层两层或多一点儿层的楼房,就地爆炸。地下室幸免于难,然而结果却更可怕。上面的被炸的楼房倒塌下来,把地下室严密盖住。活在里面的人,呼天天不应,叫地地不灵,这是什么滋味,我没有亲身经历,不愿瞎说。然而谁想到这一点,会不不寒而栗呢?最初大概还会有自己的亲人费上九牛二虎的力量,费上不知多少天的努力,把地下室中受难者亲属的尸体挖掘出来,弄到墓地里去埋掉。可是时间一久,轰炸一频繁,原来在外面的亲属说不定自己也被埋在什么地方的地下室,等待别人去挖尸体了。他们哪有可能来挖别人的尸体呢?但是,到了上坟的日子,幸存下来的少数人又不甘不给亲人扫墓,而亲人的墓地就是地下室。于是马路两旁高楼断壁之下的地下室外垃圾堆旁,就摆满了原来应该摆在墓地上的花圈。我们来到汉诺威看到的就是这些花圈,这种景象在格丁根是看不到的。最初我是大惑不解。了解了原因以后,我又感到十分吃惊,感到可怕,感到悲哀。据说地窖里的老鼠,由于饱餐人肉,营养过分丰富,长到一尺多长。德国这样一个优秀伟大的民族,竟落到这个下场。我心里酸甜苦辣,万感交集,真想到什么地方去痛哭一场。

汉诺威的情况就是这个样子。这当然是狂轰滥炸时"铺地毯"的结果。但是,即使是地毯,也难免有点儿空隙。在这样的空隙中还幸存下少数大楼,里面还有房间勉强可以办公。于是在城里无房可住的人,晚上回到城外乡镇中的临时住处,白天就进城来办公。瑞士驻汉诺威的代办处也设在这样一座楼房里。我们穿过无数的断壁残垣,找到办事处。因为我没有收到瑞士方面的正式邀请和批准,办事处说无法给我签发入境证。我算是空跑一趟。然而我却不但不后悔,而且还有点儿高兴:我于无意中得到一个机会,亲眼看一看所谓轰炸究竟真实情况如何。不然的话,我白白在德国住了十年,也自命经历过轰炸。格丁根那一点儿轰炸,同汉诺威比起来,真如小巫见大巫。如没能看到真正的轰炸,将会抱恨终生了。

汉诺威是这样,其他比汉诺威更大的城市,比如柏林之类,被炸的情况略可推知。我后来听说,在柏林,一座大楼上面几层被炸倒以后,塌了下来,把地下室严严实实地埋了起来。地下室中有人在黑暗中赤手扒碎砖石,走运扒通了墙壁,爬到邻居的尚没有被炸的地下室中,钻了出来,重见天日。然而十个指头的上半截都已磨掉,血肉模糊了。没有这样走运的,则是扒而无成,只有呼叫。外面的人明明听到叫声,然而堆积如山的砖瓦碎石,一时无法清除。只能忍心听下去,最初叫声还高,后来则逐渐微弱,几天之后,一片寂静,结果可知。亲人们心里是什么滋味,他们是受到什么折磨,人们能想下去吗?有过这样一场经历,不入疯人院,则入医院。这样惨绝人寰的悲剧是号称“万物之灵”的人类自己亲手酿成的。难道不是这样的吗?

听到这些情况以后,我自然而然地就想到了原来的柏林,十年前和三年前我到过的柏林。十年前不必说了,就是在三年前,柏林是个什么样子呀!当时战争虽然已经爆发,柏林也已有过空袭,但是还没有被“铺地毯”,市面上仍然是繁华的,人们熙攘往来,还颇有一点儿劲头。然而转瞬之间,就几乎变成了一片废墟。这变化真是太大了。现在让我来描述这一个今昔对比的变化，我本非江郎，谈不到才尽，不过现在更加窘迫而已。在苦思冥想之余，我想出了一个偷巧的办法。我想借用中国古代辞赋大家的文章，从中选出两段，一表盛，一表衰，来做今昔对比。时隔将近两千年，地距超过数万里，情况当然是完全不一样的。然而气氛则是完全一致的，我现在迫切需要的正是描述这种气氛。借古人的生花妙笔，抒我今日盛衰之感怀。能想出这样移花接木的绝妙好法，我自己非常得意，不知是哪一路神仙在冥中点化，使我获得“顿悟”，我真想五体投地虔诚膜拜了。是否有文抄公的嫌疑呢？不，绝不。我是付出了劳动的，是我把旧酒装在新瓶中的，我是偷之无愧的。

下面先抄一段左太冲《蜀都赋》：

> 亚以少城，接乎其西。市廛所会，万商之渊。列隧百重，罗肆巨千。贿货山积，纤丽星繁。都人士女，袨服靓妆。贾贸墆鬻，舛错纵横。异物崛诡，奇于八方。

上面列举了一些奇货。从这短短的几句引文里，也可以看出蜀都的繁华。这种繁华的气氛，同柏林留给我的印象是完全符合的。

我再从鲍明远的《芜城赋》里引一段：

> 观基扃之固护，将万祀而一君。出入三代，五百余载，竟瓜剖而豆分。泽葵依井，荒葛罥途。坛罗虺蜮，阶斗麏鼯。……通池既已夷，峻隅又已颓。直视千里外，惟见起黄埃。凝思寂听，心伤已摧。

这里写的是一座芜城，实际上鲍照是有所寄托的。被炸得一塌糊涂的柏林，从表面上来看，与此大不相同。然而人们从中得到的感受又何其相似！法西斯头子们何尝不想“万祀而一君”。然而结果如何呢？所谓“第三帝国”被“瓜剖而豆分”了。现在人们在柏林看到的是断壁颓垣，“直视千里外，惟见起黄埃”了。据德国朋友告诉我，不用说重建，就是清除现在的垃圾也要用上五十年的时间。德国人“凝思寂听，心伤已摧”，不是很自然的吗？我自己在德国住了这么多年，看到眼前这种情况，我心里是什么滋味，也就概可想见了。

然而是我要走的时候了。

是我离开德国的时候了。

是我离开格丁根的时候了。

我的真正的故乡向我这游子招手了。

一想到要走，我的离情别绪立刻就涌上心头。我常对人说，格丁根仿佛是我的第二故乡。我在这里住了十年，时间之长，仅次于济南和北京。这里的每一座建筑，每一条街，甚至一草一木，十年来和我同甘共苦，共同度过了将近四千个日日夜夜。我本来就喜欢它们的，现在一旦要离别，更觉得它们可亲可爱了。格丁根是个小城，全城每一个角落似乎都留下了我的足迹，我仿佛踩过每一粒石头子，不知道有多少商店我曾出出进进过。看到街上的每一个人都似曾相识。古城墙上高大的橡树、席勒草坪中芊绵的绿草、俾斯麦塔高耸入云的尖顶、大森林中惊逃的小鹿、初春从雪中探头出来的雪钟、晚秋群山顶上斑斓的红叶，等等，这许许多多纷然杂陈的东西，无不牵动我的情思。至于那一所古老的大学和我那一些尊敬的老师，更让我觉得难舍难分。最后但不是最小，还有我的女房东，现在也只得分手了。十年相处，多少风晨月夕，多少难以忘怀的往事，“当时只道是寻常”，现在却是可想而不可即，非常非常不寻常了。

然而我必须走了。

我那真正的故乡向我招手了。

我忽然想起了唐代诗人刘皂的《旅次朔方》那一首诗：

客宿并州数十霜，
归心日夜忆咸阳。
无端又度桑乾水，
却望并州是故乡。

别了，我的第二故乡格丁根！

别了，德国！

什么时候我再能见到你们呢？

三十二 赴瑞士

我于 1945 年 10 月 6 日离开格丁根，乘吉普车奔赴瑞士。

哪里来的车呢？我在这里要追溯一下这一段故事。我在上面几次提到德国的交通已经完全被破坏，想到瑞士去，必须自己找车。我同张维于是又想到“盟军”。此时美国驻军还有一部分留在格丁根，但是市政管理已经移交给英国。我们就去找所谓军政府，见到英军上尉沃特金斯(Watkins)，他非常客气，答应帮忙。我们定好 10 月 6 日起程。到了这一天，来了一辆车，司机是一个法国人，一位美军少校陪我们去。据他自己说，他是想借这个机会去游一游瑞士。美国官兵只有在服役一定期间以后，才有权利到瑞士去逛，机会是并不很容易得到的。这位少校不想放弃这个机会，于是就同我们同行了。

离开格丁根的共有六个中国人：张维一家三人，刘先志一家二人，加上我一人。

我们经过了一些紧张激动的场面，在车上安顿好，车子立即开动，驶上了举世闻名的国家高速公路。我回头看了格丁根一眼，一句现成的唐诗立即从我嘴里流出："客树回看成故乡。"格丁根的烟树入目清新。但是汽车越开越快，终于变成了一团模糊的阴影，完全消逝不见了。

我此时心里面已经完全没有余裕来酝酿离情别绪，公路两旁的青山绿水吸引住了我的全部注意力。德国全国树木茂密，此时正是金秋天气。虽经过六年的战火，但山林树木并没有受到损失，依然蓊郁茂盛。我以前在格丁根每年都看到的斑斓繁复的秋林景色，如今依然呈现在我眼前，只不过随着汽车的行进而时时变换，让人看了怡情悦目。然而一旦进入一个比较大一点儿的城市，则又是一片断壁颓垣，让人看了伤心惨目。这种一会儿高兴一会儿又伤心的心情，如大海波涛，腾涌不定。我又信口吟出了两句诗：

无情最是原上树，
依旧红霞染霜天。

从中可见我的心情之一斑。

因为我们离开格丁根时已经快到中午了。我们的车子开到法兰克福时，天已经晚下来了，我们只能在这里住宿。也许陪我们的那位美军少校一开始就打算在这里过夜的，因为这里是全德美军总部所在地，食宿条件都非常有利。我们住在一家专门为美国军官预备的旅馆里，名字叫四季旅馆。旅馆里管事的美国人非常和气，给我们安排了一顿多少年来没有吃过的丰盛的晚餐，大快朵颐。要知道，此时我们都是无钱阶级，美国钞票我们没有，德国钞票好像已经作废，我们是身无分文，而竟受到如此的优待，真不能不由衷地感激。美国人好动成性，活泼有余，沉稳不足。这旅馆里也并不安静。然而我们的心情是愉快的，过了一个非常舒适的夜晚。

第二天一大早，我们就上车出发。我现在把1945年10月7日的日记抄在下面：

> 八点多开车，顺着Reichsautobahn(国家公路)向南开。路上没经过多少城市，连乡村都很少。因为这条汽车路大半取直线。在Mannheim(曼海姆)城里走迷了路，绕了半天弯子，才又开出城去。这座大城也只剩了断瓦残垣。从Heidelberg(海德堡)旁边绕过，只看到远处一片青山。走进法国占领区，第一个令人注意的地方就是汽车渐渐少了。法国兵里面的真正法国人很少，大半是黑人，也有黄人。黄昏时候，到了德瑞边境。通过法国检查处，以为一帆风顺。到了瑞士边境，因为入境证成问题，交涉了半天，又回到德国Lönach(勒纳赫)，在一个专为法国军官预备的旅馆里住下。

这就是我在德国境内最后一天的情况。满以为"一帆风顺"，实际上却是一帆不顺，在边境上搁了浅，进退两难，我们心里之焦急，可以想见。

第二天早晨，我们又回到瑞士边境，同中国驻瑞士使馆以及我的初中同学张天麟通了电话。反正我们已经来到这里，义无反顾，想反顾也是不可能的。我们虽无釜可破，无舟可沉，也只能以破釜沉舟的精神，背水一战，再没有第二条出路了。我们总算走运，瑞士方面来了通知，放我们入境。我们这一群中国人当然兴高采烈。但是陪我们来的美国少校和给我们开车的法国司机，却无法进入瑞士。我们真觉得十分抱歉,觉得非常对不起他们。但又无能为力,只有把我们随身携带的一些中国小玩意儿送给他们,作为纪念,希望今后能长相思、不相忘。我们自知这也不过是欺人之谈。人生相逢,有时真像是浮萍与流水,稍纵即逝。我们同这一位美国朋友和法国朋友,相聚不过两天,分手时颇有依依难舍之感,他们的面影会常留在我们的记忆中。

我们终于告别了德国,进入了瑞士。

三十三　在弗里堡(Fribourg)

对于瑞士,我真可以说是久仰久仰了。我从很小的时候起,就看到了许多瑞士风景的照片或者图画。我大为吃惊,那里的山色湖光,颜色绮丽,青紫相间,斑斓如画,宛如阆苑仙境。我总怀疑,这些都是出自艺术家的创造,出自他们的幻想,世间根本不可能有这样匪夷所思绮丽如幻的自然风光。

今天我真的亲身来到了瑞士。初入境时,我只能坐在火车上,凭窗观赏。我又一次大为吃惊,吃惊的是,我亲眼看到的瑞士自然风光,其美妙、其神奇、其变幻莫测、其引人遐思,远远超过了我以前看到的照片或者图画。远山如黛,山巅积雪如银,倒影湖中,又氤氲成一团紫气,再衬托上湖畔的浓碧,形成了一种神奇的仙境。我学了半辈子语言,说了半辈子话,读了半辈子中西名著。然而,到了今天,我学的语言,我说的话,我读的名著,哪一个也帮不了我。我要用嘴描绘眼前的美景,我说不出;我要用笔写出眼前的美景,我写不出。最后,万不得已,我只能乞灵于《世说新语》中的人物,徒唤"奈何"了。我现在完全领悟到,这绝非出自艺术家的创造，出自他们的幻想。不但如此，我只能说，他们的创造远远不够，他们的幻想也远远不足。中国古诗说："意态由来画不成，当时枉杀毛延寿。"瑞士山水的意态又岂是人世间凡人艺术家所能表现出的呢！我现在完全不怪那些艺术家了。

离开格丁根时，我挨饿挨怕了，"一旦被蛇咬，三年怕井绳"，我的心情正是这样。我把我保存的几块黑面包，郑重地带在身上，以备路上不时之需。然而在路上虽然待了两天，面包竟没有用上。上了瑞士的火车，我觉得黑面包的历史使命已经完成，瑞士变成了它的"无用武之地"了，它没法用武了。我想遵照我们的"国法"(中国的办法也)，从车窗里丢出去，让瑞士的蚂蚁——不知道它们肯不肯吃这种东西？——去会餐吧。于是我一方面凭窗欣赏窗外的青山绿水，一方面又低头看铁路两旁的地上，想找一个有点垃圾不太洁净的地方，为我的面包寻一个归宿之地。但是，我找呀，看呀，看呀，找呀，从边境直到瑞士首都伯尔尼，竟没有找到哪怕是一片有点垃圾有点纸片的地方。我非常"失望"，也非常吃惊，手里攥着那块德国黑面包，下了火车。

在车站上，有我的老朋友张天麟、牛西园和他们的小儿子张文，以及使馆里的什么人，来迎接我们。我们到了张家，休息了一会儿，就到中国驻瑞士公使馆去报到。见到了政务参赞王家鸿博士，他是留德老前辈，所以谈话就比较融洽、投机。他把10月份的救济费发给我们，谈了谈国内的情况。他大概同格丁根那位姓张的一样，身上有点儿蓝气。这与我们无关，我们不去管它。国民党政府指令瑞士使馆，竭尽全力，救济沦落在欧洲的中国留学生，其用意当然如司马昭之心，人皆知之。这个我们也不去管它，我们是感激的。使馆为了省钱，把我们介绍到离伯尔尼不远的弗里堡的一所天主教设立的公寓里去住。对此我们也都没有异议，反正能有地方住，我们就很满足了。

当天晚上，我们就乘车来到弗里堡。

我们住的公寓叫圣·朱斯坦公寓，已经有几个中国学生住在这里，都是老住户。其中一位是天主教神父，另外三位有的信天主教，有的也不信。他们几位都到车站去迎接我们。从此我就在这里做了几个月的寓公。

弗里堡是一座非常小的城市。人口只有几万人，却有一所颇为知名的天主教大学，还有一个藏书颇富的图书馆，也可以算是文化城了。瑞士是一个山国，弗里堡更是山国中的一个山城。城里面地势还算是比较平坦，但是一出城，有的地方就有悬崖峭壁，有的高达几十米或者更高。在相距几十米上百米的两个悬崖之间，往往修上一条铁索桥，汽车和行人都能从上面通过。行人走动时，桥都摇摇晃晃；汽车走过，则全桥震动，大有地动山摇之势。从桥上往下看，好像是从飞机上往下看一样，令人头昏目眩。

这地方的居民绝大多数是讲法语的。但是我在农村里看到一些古老的建筑，雕刻在柱子或窗子上的却是德文。我猜想，这地方原是德语区，后来不知由于什么原因，说德语的人迁走了，说法语的人迁了进来。瑞士本来就是一个多民族国家，官方语言就有德文、法文、意大利文三种。因为瑞士人多半都能掌握几种语言。又因为瑞士是世界花园，是旅游胜地，英文在这里也流行。在首都伯尔尼大街上卖鲜花的老太婆也都能讲几种语言。这都不算是什么新鲜事儿。

在我住的公寓里，也能看出这种多语言、多民族的现象。公寓的老板是讲法语的沙里爱神父。而管理公寓的则是一位讲德语的奥地利神父。此人个子极高,很懂得幽默。一见面他就说:"年幼长身体的时候,偶一不小心,忘记了停止长,所以就长得这么高!"在天主教里面,男神父有很大的自由,除了不许结婚以外,其他人世间的饮食娱乐,他都能享受,特别是酒,欧洲许多天主教寺院都能酿造极好的酒。相对之下,对于修女则颇多限制,行动有不少的不自由。

既然是天主教开办的公寓,里面有一些生活习惯颇带宗教色彩。最突出的是每顿饭前必祷告。我非教徒,但必须吃饭。所以每次就餐前,吃饭的人都站在餐桌前,口中念念有词。我不知道,他们念的是什么。但也只能奉陪肃立。好在时间极短,等教徒们感谢完了上帝,我这个非教徒也可以叨光狼吞虎咽了。

公寓老板沙利爱神父大概很有点活动能力。我到后不久,他就被梵蒂冈教廷任命为瑞士三省大主教。为了求实存真起见,我现在把当时写的日记摘抄几段:

1945年11月21日

吃过早点就出去。因为今天是新主教Charriere(沙利爱)就职的日子,在主教府前面站了半天,看到穿红的主教们一个个上汽车走了。到百货店去买了一只小皮箱就回来。同冯、黄谈了谈。十一点一同出去到城里去看游行。一直到十二点才听到远处音乐响,不久就看到兵士和警察,后面跟着学生,一队队过了不知有多久。再后面是神父、政府大员、各省主教。最后是教皇代表、沙主教,穿了奇奇怪怪的衣服,像北平的喇嘛穿了彩色的衣服在跳舞捉鬼。快到一点,典礼才完成。

一个多月以后，在1945年12月25日，我又参观了沙大主教第一次主持大弥撒。我从那一天的日记中摘抄一段：

> 今天沙主教第一次主持大弥撒，我们到了St.Nicolas大教堂，里面的人已经不少了。停了不久，仪式也就开始了。一群神父把沙主教接进去，奏乐，唱歌，磕头，种种花样。后来沙主教下了祭坛，到一个大笼子似的小屋子里向信众讲道。讲完，又上祭坛。大弥撒才真正开始，仍然是鞠躬，唱歌，磕头，种种花样，一直到十一点半才完。

以上是我这样一个教外人士对瑞士天主教的一点儿具体的印象和回忆。在这以前或以后，我都同天主教没有任何接触。同住在圣·朱斯坦公寓的一位田神父，同我长谈过几次关于宗教信仰和上帝的问题，看样子是想“发展”我入教。可惜我是一个没有任何宗教细胞，也可以说没有任何宗教需要的俗人，辜负了他的一片美意。建国后，我在北京见到他，他已经脱下僧装换俗装，成家立业了。我们没有再长谈，没有问他究竟是怎么一回事，也不便问他。我只慨叹人生变化之剧烈了。

在弗里堡我还有很多值得回忆的事，其中最突出的是认识了几个德国和奥国学者，当然都是说德语的。首先要提到的是弗里茨·克恩(Fritz Kern)教授。他原来是德国一所大学——记得是波恩大学——的历史教授，思想进步，反对纳粹，在祖国待不下去了，被迫逃来瑞士。但是在这里无法找到一个大学教席，瑞士又是米珠薪桂的地方，他的夫人在无可奈何的情况下，到弗里堡附近一个乡村神父家里去当保姆。这位神父脾气极怪，又极坏，村人给他起了一个绰号，叫 Tempête（暴风雨），具体形象地说明了他的特点，脾气一发，简直如暴风骤雨。在这样一个主人家里当保姆，会是什么滋味，一想就会明白。然而为了糊口养家，在德国一般都不工作的教授夫人，到了瑞士，在人屋檐下，焉得不低头，也只有忍辱吞声了。教授年纪已经过了五十，但是精力充沛，为人豪爽，充分表现出日耳曼人的特点。我们萍水相逢，可以说是一见如故。有一段时间，我们俩几乎天天见面，共同翻译《论语》和《中庸》。他有一个极其庞大的写作计划，要写一部长达几十卷的《世界历史》，把中西各国的历史、文化等等从比较历史学和比较文化学的观点上彻底地探讨一番。研究中国的经典也是为这个庞大计划服务的。他的学风常常让我想到德国历史上那一些 Universalgenie（多学科巨匠）。我有时候跟他开玩笑，说他幻想过多，他一笑置之。他有时候说我太 Kritisch（批判严格），我当然也不以为忤。由此可见我们之间关系之融洽。他夫妇俩都非常关心我的生活。我在德国十年，没有钱买一件好大衣。到瑞士时正值冬天，我身上穿的仍然是十一年前在中国买的大衣，既单薄，又破烂。他们讥笑称之为 Mäntelchen（小大衣）。教授夫人看到我的衣服破了，给我缝补过几次，还给我织过一件毛衣。这一切在我这个背井离乡漂泊异域十年多的游子心中产生什么情感，大家一想就可以知道，用不着我再讲了。在 1945 年 11 月 20 日的日记里，有下面一段话：

> Prof.Kern（克恩教授）劝我无论如何要留下。我同他认识才不久，但我们之间却发生了几乎超过师生以上的感情，对他不免留恋。他也舍不得我走。我只是多情善感，当然有痛苦。不知为什么上天把我造成这样一个人？

可见我同他们感情之深。他们夫妇成了我毕生难忘的人。我回国后还通过几次信,后来就"世事两茫茫"了。至今我每次想到他们,心里就激动、怀念,又是快乐,又是痛苦,简直是酸甜苦辣,说不清是什么滋味了。

其次我想到的是几位奥国学者 W.施米特(Schmidt)、科伯斯(Koppers)等,都是天主教神父。他们都是人类学家,是所谓维也纳学派的领导人。第二次世界大战爆发,奥国很早被德国纳粹吞并,为了躲避凶焰,他们逃来瑞士,在弗里堡附近一个叫作弗鲁瓦德维尔(Froideville)的小村里建立了根据地,有一个藏书相当丰富的图书馆。这一学派的许多重要人物也都来这里聚会,同时还接待外国学者,到这里来从事研究工作。我于 1945 年 10 月 23 日首次见到克恩教授,是在圣·朱斯坦公寓的主任诺伊维尔特(Neuwirth)的一次宴会上。第二次见面就是两天后在弗鲁瓦德维尔的这个研究所里。两次都见到了科伯斯教授,第二次见到施米特教授和一位日本学者名叫沼泽。施米特曾在中国北京辅仁大学教过书,他好像是人类学维也纳学派的首领,著作等身,对世界人类语言的分类有自己的一套体系,在世界学人中广有名声。我同这些人来往,感觉最深刻的是他们虽是神父,但并没有"上帝气",研究其他宗教,也颇能持客观态度。我以为,他们算得上学者。

由于克恩教授的介绍,我还认识了一位瑞士银行家兼学者的萨拉赞(Sarasin)。他是一位亿万富翁,但是颇爱学问,对印度学尤其感兴趣,因此建立了一个有相当规模的印度学图书馆,欢迎学者使用他的图书。大概就是由于这个原因,克恩教授介绍我去拜访他。他住在巴塞尔,距弗里堡颇远。我辗转搭车,到了巴塞尔,克恩教授在那里等我。我们一同拜访了萨拉赞，看了看他收藏的图书。在世界花园中，有这样一块印度学的园地，颇为难得。他请我们喝茶，吃点心。然后告辞出来，到一个在中国住过多年的牧师名叫热尔策(Gelzer)的家里去，他请我们吃晚饭。离开他家时已经比较晚了，赶到车站，一打听，知道此时没有到弗里堡的直达通车。我没有法子，随便登上了一辆车。反正瑞士是一个极小的国家，上哪一趟车都能到达目的地。但是，我初来乍到，对瑞士并不熟悉。上了车以后，我不辨南北东西，晕头转向。车窗外一片黑暗，什么都看不见。但是，我知道，那些旖旎到神奇程度的山林湖泊，仍然是存在的，也许比白天还更要美丽，只是人们看不到而已。车厢内则是灯火通明，笑语不绝。我自己仿佛变成了漫游奇境的爱丽丝，不像是处在人的世界中。碰巧我邻座有一位讲德语的中年男子，我连他的姓名、国籍都没有来得及询问，便热烈地交谈起来。三言两语，仿佛就成了朋友。不知怎么一来，我就讲到了弗里堡的沙利爱神父已升任三省大主教。这一下子仿佛踏了我那新朋友的脚鸡眼，他立刻兴奋起来，自称是新教徒，对天主教破口大骂，简直是声震车顶。我什么教都不信，对天主教和新教更是一个局外人。我无从发表意见。他见我并不反对，于是更为兴奋。火车在瑞士全国转了大半夜之后，终于在弗里堡站停了车。我不知道我那位新朋友是到哪里去。他一定要跟我下车，走到一个旅馆里，硬是要请我喝酒。我不能喝酒，但是盛情难却，陪他喝了几杯，已经颇有醉意，脑袋里糊里糊涂地不知怎样回到了房间，纳头便睡。醒了一睁眼，“红日已高三丈透”，我那位朋友仿佛是见首不见尾的神龙，消逝到不知什么地方去了。我回到了圣·朱斯坦公寓，回想夜间的经历似有似无，似真似假，难道我是做了一个梦吗？

三十四　同使馆的斗争

南京政府在瑞士设有公使馆。当时最高级的驻外代表机构好像就是公使馆。因为瑞士地处欧洲中心地带，又没有被卷入世界大战，所以这里的公使馆俨然就成了欧洲的外交代表。南京政府争取留学生回国，也就以瑞士作为集中地点。他们派来此地的外交人员级别也似乎特别高。驻瑞士使馆的武官曾一度是蒋介石手下的所谓“十三太保”之一，后来成为台湾海军总司令的显要人物。

我们在瑞士打交道的就是这个公使馆。

我们于10月9日到了瑞士，当晚就坐火车赶到弗里堡。第二天又回到伯尔尼，晚上参加了使馆举行的所谓庆祝“双十节”的宴会，到的留学生相当多，济济一堂，来自欧洲的许多国家，大有“八方风雨会中州”之势。我在饥饿地狱里已经待了不少年头，乍吃这样精美的中国饭菜，准备狼吞虎咽，大大地干它一场。然而德国医生告诉过我，人们饿久了，一旦得到充足的食物，自己会失掉饱的感觉。德国第一次世界大战以后就有不少人这样撑死的。我记住了这些话，随时警惕，不敢畅所欲吃。然而已经解馋不少了。

从这以后，我住在弗里堡，不常到使馆里去。但是逐渐从老留学生嘴里知道了使馆内部的一些情况。内部人员之间有矛盾。在国民党内部派系复杂的情况下，这是完全不可避免的。但是，使馆又与留学生有矛盾。详情不得而知，只听说有一次一些留学生到使馆里去闹，可能主要也是由于经济问题。大概闹得异常厉害，连电话线都剪断了。使馆里一位秘书之类的官员，从楼上拿着手枪往下跑，连瑞士警察也被召唤来了。由于国际惯例，中国使馆是属于中国的，瑞士人不能随便进去。因此请来的警察只能待在馆外作壁上观，好像中国旧小说里常讲到的情况。这场搏斗胜败如何，我没有兴趣去仔细打听。但是却对我们产生了影响：我们于必要时何不也来仿效一下呢？

这样的时机果然来了。起因也是经济问题。使馆里有一位参赞原是留德学生，对我们刚从德国来的几位学生特别表示好感。他大概同公使有点儿矛盾，唯恐天下不乱，总想看公使的笑话。有一天他偷偷告诉我们，南京政府又汇来了几十万美元，专用做救济留欧学生之用，怂恿我们赶快去要钱。我们年少气盛，而且美元也绝不会扎手，于是就到使馆去了。最初我们还是非常有礼貌的，讲话措辞也很注意。但是，一旦谈到了我们去的主要目的：要钱。那位公使脸上就露出了许多怪物相，一味支吾，含糊其辞。我在1945年11月17日的日记上写了我对他的印象："这位公使是琉璃蛋，不成问题，恐怕已经长出腿来了。虎文说他说话不用大脑。我说他难得糊涂。"这应该说不是好印象。他一支吾，我们就来了火气。我们直截了当地告诉他，国内已经汇来了美元，这一点我们完全知道，瞒也瞒不住。此时，他脸上勃然变色，似乎有点儿出汗的样子，他下意识地拉开抽屉，斜着眼睛向里面瞧。我猜想，抽屉里不是藏的美钞，就是藏的账本。不管他瞧的是什么，都挽救不了他的困境。最后，他答应给我们美元。但有一个要求，希望我们不要告诉别的留学生，不要张扬。我们点头称是，拿了美钞，一走出使馆，我们逢人便说。这是一种什么心理呢？当时没有仔细分析。说是唯恐天下不乱吧，有点儿过分。恐怕只是想搞一点儿小小的恶作剧，不让那位公使太舒服了，如此而已。

在瑞士期间，我听了很多使馆的故事或者传说。有人告诉我，在一个瑞士人举办的什么会上，中国公使被邀参加并且讲话。按外交惯例，他应该用中文发言，让译员翻译成德语或者法语，二者都是瑞士国语。但是，我们的公使大人，大概想露一手，亲自用德文讲话。如果讲得好，讲得得体，也未可厚非。可是他没有准备好的讲稿，德语又蹩脚。这样必然会出洋相的。特别是他在讲话中总是说"das，das，das"。瑞士人莫名其妙，大为惊愕。中国人士最初也是丈二和尚摸不着头脑，后来恍然顿悟：我们公使大人是在把中国讲话时一时想不起要讲什么话只好连声说："这个，这个，这个……"翻译成了德文。这样的顿悟，西方人士是无论如何也不会有的。中国人有福了。

我还听人说，在使馆的一次招待会上，有一位使馆里的什么官员，同我们一样，鼻梁儿不高，却偏喜欢学西方高鼻梁儿人士，戴卡鼻单面眼镜，大概认为这样才有风度。无奈上帝给中国人创造了低鼻梁儿，卡鼻眼镜很难卡得住。于是这一位外交官只好皱起眉头，才能勉强把眼镜保留在鼻梁儿上。稍一疏忽，脸上一想露笑容，眼镜立即从鼻梁儿上滑落。就这样，整个晚上，这一位自命有风度的外交官，皱着眉头，进退应对于穿笔挺的燕尾服的男士们和浑身珠光宝气的女士们之间。真是难为了他！无独有偶，在同一个招待会上，我们的武官，大概是什么少将之类，把自己得到的一枚勋章别在军服的胸前，以显示威风。但是，这一枚小小的勋章偏不听话，偏要捣蛋，总把背面翻转向前。这当然会减少威风的分量，是我们的武官绝不能允许的。于是，整个晚上，他就老注意这枚勋章，它一露出背面，他总要把它翻转过来。我个人没有这个眼福，我没有亲眼看到这一幕精彩的表演。你试闭眼想上一想：在一个庄严隆重的外交招待会上，作为主人的官员和武官，一个紧皱眉头，一个不停地翻转勋章，这是一种什么样的景象，你能不哑然失笑吗？

其余的传言还很多，我不再讲述了。

我们与之打交道的就是这样一个使馆。我真是大开了眼界，增长了见识。最重要的是，我们从中获得一个非常宝贵的经验：对付南京派出来的外交官，硬比软更有效果。我们交涉从瑞士到法国去的用费和交通工具时，我们就应用了这个经验，而且取得了成功。

三十五　从瑞士到法国马赛

我们要求使馆：我们人乘坐火车，而我们的行李则用载重汽车从瑞士运到法国马赛。我们的条件一一实现。但是，我们的行李并不太多，装上载重几十吨重的大汽车，连一层都没有摆满，从远处看，几乎看不到上面有行李。空荡荡的，滑稽可笑。

然而我们却管不了那样多。行李一装上车，我们就逍遥自在，乘火车到日内瓦玩了几天，然后又上火车，驶向法国。时间是1946年2月2日，在过境的时候，海关检查颇严，因为当时从瑞士偷运手表到法国去，是极为赚钱的勾当。我们随身携带的几只箱子，如果一一打开，慢慢腾腾地检查，则“俟河之清，人寿几何”？连火车恐怕都要耽误了。我们中间的一个人，在紧张忙乱中，糊里糊涂地从口袋里摸出了一个瑞士法郎硬币，只是一个法郎，不值几个钱。我正大吃一惊地等待检查员发火的时候，然而却出现了奇迹，那个检查员把那个瑞士法郎放入自己的口袋，在我们所有的箱子上用粉笔画了一些“鬼画符”，我们就通过了。

我是第一次到法国来，当然是耳目为之一新。到了终点站马赛，我更注意到，这里街上的情景同瑞士完全不同。法国这个国家种族歧视比英美要轻得多。我在德国十年，没看见过一个德国妇女同一个黑人挽着臂在街上走路的。在法西斯统治下，那是绝对不可能的。到了瑞士，也没有见过。现在来到马赛，到处可以看到一对对的黑白夫妇，手挽手地在大街上溜达。我的精神一恍惚，满街都是梨花与黑炭的影像，黑白极其分明，我真是大开眼界了。法国人则是“司空见惯浑无事”，怡然自得。

我在这里生平第一次见海。我常嘲笑自己：一个生在山东半岛上、留洋十年而没有见过海的人，我恐怕是独一份儿了。现在我终于洗刷掉这个嘲笑，心里异常兴奋。而大海那种波涛汹涌、浑茫无际的形象，确使我振奋不已。“乾坤日夜浮”是杜甫描写洞庭湖的诗句。这位大诗人大概也没有见过海，否则他会把这样雄浑的诗句保留给大海的。

我们拿着美军在德国格丁根开给我们的证明文件，到此地管理因战争而抛乡离井的人们的办事处去交涉。他们立刻给我们安排了住处，是一个大仓库，虽简陋但洁净，饭食也还可以。最让我们高兴的是，管理人员全是德国战俘，在说话方面再也不会发生 Demain deux jours 那样的笑话了。

但是，我们不能满足。我们要去找此地的南京派来的总领事馆。我们同这一批人打交道，已经有了瑞士的经验：硬比软强。我们如法炮制，果然神效非凡。我们离开了大仓库，搬进了一个旅馆。我们要求乘船回国，而且一定要头等舱。总领事条条答应，皆大欢喜。我们在马赛从 1946 年 2 月 2 日住到 2 月 8 日。事情办妥了，心情轻松了。我们天天到海边上去玩，在大街上买橘子，吃小馆，逍遥自在，快活似神仙。

三十六　船上生活

我们终于在2月8日晚上上了船。船名叫Nea Hellas，排水量一万七千吨，在当时算是很大的船。据说，这艘巨轮是英国所有，被法国租来运送法军到越南去镇压当地的老百姓的。所以，船上的管理和驾驶人员全是英国人，而乘客则几乎全是法国兵，穿便衣的乘客微乎其微，八名中国人在其中竟占了很大的比例。我们分住在两个房间里。里面的设备不能说是豪华，但是整洁、舒适，我们都很满意。船上的饭是非常丰富而美好的，我在日记里多次讲到这一点。总之，上船以后，一切都比较顺利。

但是也曾碰到过不顺利的事情。有一天，我们在最高层的甲板上观望海景。一位英国船员忽然走向我们，告诉我们说，只有头等舱的旅客才能走上最高层。我们大吃一惊，仿佛当头挨了一棒："驻马赛的中国总领事亲口答应我们买头等舱的船票的！"因为当时战争才结束不久，一切都未就绪，这一条船又是运兵的船，从船票上看不出等次。我们自认为是头等舱乘客，实际上并不是。马赛斗争我们自认为是胜利者，焉知那一位总领事是老狐狸，他轻而易举地就把我们这些“胜利者”蒙骗了。我们又气又笑，笑自己的幼稚，吃一堑，长一智，我们又增加了一番阅历。但是，为了中国人的面子，最高层我们绝不能不上。我们自己要掏钱改为头等舱，目的就为了争这一口气。我们到船长办公室去交涉。不知道是哪里来的灵感，那位船长一笑，不要我们补钱，特批准我们能上最高层甲板，皆大欢喜。从此顺顺利利地在船上过了将近一个月。

但是，在顺利中也不会没有小小的麻烦。英国人是一个诚实严肃的民族，有过多的保守性，讲究礼节。到船上餐厅里去吃饭，特别是晚饭，必须穿上燕尾服。我们是一群穷学生，衣足蔽体而已，哪里来的什么这尾那尾的服装。但是规定又必须遵守。我们没有办法，又跑了去找船长。他允许我们，只需穿着整洁，打好领带，穿好皮鞋，就可以进餐厅了。我们感激他这一番盛情，“舍命陪君子”，尽上最大的努力打扮自己。最初，因为天气还不太热，穿上笔挺的西装，把天花板上的通气孔尽量转向自己，笔直地坐在餐桌前，喝汤不出声，刀叉不碰响，正正经经，规规矩矩，吃完一顿饭，已经是汗流浃背，筋疲力尽了，回到房间，连忙洗澡。这样忍耐了一些时候。船一进入红海，天气热得无法形容。穿着衬衫，不走不动，还是大汗直流，再想“舍命”也似乎无命可舍了。我们简直视餐厅为畏途，不敢进去吃饭。我们于是同餐厅交涉，改在房中用餐。这个小小的磨难才算克服。

船上当然不全是磨难，令人愉快的事情还是很多很多的。首先是冷眼旁观船上的法国兵。船上究竟有多少法国兵，我并不清楚，大概总有几千人，而且男女都有，当然女兵在数目上远远少于男兵。法国人是一个愉快喜欢交际的民族。有人说，他们把心托在自己手上，随时随地交给对方。同他们打交道不像德国人和英国人那样难。一见面，说不上三句话，似乎就成了老朋友。船上年轻的男女法国兵都是这样。他们和她们都热情活泼，逗人喜爱。他们之间，搂搂抱抱，打打闹闹，没有人觉得奇怪。只有在晚上，我们有时候会感到有点儿不方便。我们在甲板上散步，想让海风吹上一吹，饱览大海的夜景，这无疑也是一种难得的福气。可是在比较黑暗的角落里，有时候不小心会踩上躺在甲板上的人，不是一个，而是两个，当然是一男一女。此时，我们实在觉得非常抱歉，非常尴尬。而被踩者却大方得很，他们毫不在意，照躺不误。我们只好加速迈步，逃回自己的房间。房间内灯火通明，外面在甲板上黑暗中的遭遇，好像一下子消逝，只剩下零零碎碎的回忆的断片了。

我认识了一位法国青年军官，不知道他的军阶。瘦癯的身材，清瘦的面孔，一副和气的模样。他能说英语，我们就有了共同的语言。我们经常在甲板上碰头，交谈，一起散步，谈到各式各样的问题，彼此没有戒心，可以说是无话不谈。他常常用轻蔑的口吻讽刺法国军队，说官比兵多，大官比小官多。对晚上我们碰到的情况，他并不隐讳，但也并不赞成。就这样，我们在二十多天内，仿佛成了非常要好的朋友，他真仿佛把托在手掌上的心交给我了，我感到非常愉快。

至于法国兵同英国船员之间的关系，我看是非常融洽的。他们怎样接触，我没有看到，不敢瞎说。我亲眼看到的事情也有一些，其中给我印象最深的是法国兵与英国管理人员之间的拳击比赛。这种比赛几乎都放在晚上，在晚饭后，在轮船最前端的甲板上，摆下了战场，离船舷只有一两米远。船舷下面几十米的深处，浪花翻腾，汹涌澎湃之声洋洋乎盈耳。海水深碧，浩渺难测，里面鱼龙水怪正在潜伏，它们听到了船上的人声，看到了反映在海面上的灯影，大惊失色，愈潜愈深了。船上则灯火通明，人声鼎沸。英法两国的棒小伙子正在挥拳对击，龙腾虎跃，各不示弱。此时轮船仍然破浪前进，片刻不停。我们离开大陆百里千里，在一望无际的大海上，似乎是一个独立的小世界。我仿佛置身于一个童话或神话中，恍惚间又仿佛是在梦中，此情此景，无论如何也不像是在人间了。

我们的船还在红海里行驶。为什么叫"红海"呢？过去也曾有过这样的疑问，但是没有得到答案。这一次的航行却于无意中把答案送给了我。2 月 19 日的日记中有这样一段话：

> 今天天气真热，汗流不止。吃过午饭，想休息一会儿，但热得躺不下。到最高层甲板上去看，远处一片红浪，像一条血线。海水本来是黑绿的，只有这一条特别红，浪冲也冲不破。大概这就是"红海"名字的来源。我们今天也看到飞鱼。

我想，能亲眼看到这一条红线，是并不容易的。千里航程中只有几米宽不知有多长的一条红线，看到它是要有一点儿运气的。如果我不适逢此时走上最高层甲板，是不会看到的。我自认为是一个极有运气的人，简直有点儿飘飘然了。

另外一件事证明我们全船的人都是有运气的。当时第二次世界大战刚刚结束，海上的水雷还没有来得及清除多少，从地中海经过红海到印度洋，到处都是这样。我们这一艘船又是最早从欧洲开往亚洲的极少数的船之一。在我们这一条船之前，已经有几条船触雷沉没了。这情况我们最初虽然并不完全知道，但也有所感觉。为什么一开船我们就被集合到甲板上，戴上救生圈，排班演习呢？为什么我的日记中记载着天天要到甲板上去“站班”呢？其中必有原因。过马六甲海峡以后，一天早晨，船长告诉大家，夜里他一夜没有合眼，这里是水雷危险区，他生怕出什么问题。现在好了，最危险的地区已经抛在后面了。从此以后，他可以安心睡觉了。我们听了，都有点儿后怕。但是，后怕是幸福的；危险过了以后，才能有后怕。这是尽人皆知的常识。

我们感到很幸福。

在洋溢着幸福感时，我们到了目的地：西贡。

三十七　西贡二月

我们于1946年3月7日抵达西贡，在船上过了将近一个月。

西贡并不直接濒海，轮船转入一条大河，要走很长一段路，才来到。大河虽然仍然极宽阔，虽然仍然让人想到庄子的话："秋水时至，百川灌河，泾流之大，两涘渚崖之间，不辨牛马"；但它毕竟已经不是大海了。我们过了那样多天的海上生活，不见大陆，船仿佛漂浮在天上。现在又在大河两岸看到了芦苇，蒹葭苍苍，一片青翠，我们仿佛又回到了人间，感觉到非常温暖，心里热热乎乎的。

但是，登上大陆，也并非事事温暖。下了船，在摩肩接踵人声喧闹的码头上，热闹过了一阵之后，我还没有忘记在船上结识的那一位法国青年军官朋友，我还想同他告别一声。我好不容易在万头攒动的法国官兵中发现了他，怀着一颗热烈的心，简直是跑上前去的，想同他握手。然而他却别转了头，眼睛看向别的地方，根本没有看我。我大吃一惊，仿佛当头挨了一棒，又像给人泼了一头凉水。我最初是愕然，继而又坦然，认为这是当然：现在到了他们的殖民地，他意识到了这一点，必须摆出殖民主义者的架势，才算够谱儿。在轮船上一度托在手掌上的心，现在又收回，装到腔子里去了。我并不生气，只觉得非常有趣而已。

西贡地处热带。我从来还没有在热带待过，熟悉热带风光这是第一次。我们来到的时候在当地算是春末夏初了，骄阳似火，椰树如林，到处蓊郁繁茂，浓翠扑人眉宇。仿佛有一股从地中心爆发出来的生命力，使这里的植物和动物都饱含着无量生机。说到动物，最使我这个北方人吃惊的是蝎虎子(壁虎)之多，墙上爬的到处都是这玩意儿。这种情景我以后只在西双版纳看到过。还有一种大蜥蜴，在不知名的树上爬上爬下，也是我从来没有见过的。我用小树枝打它，它立即变了颜色，从又灰又黄变得碧绿闪光，难道这就是所谓变色龙吗？

此时正是一年雨季开始的时候。据本地人说，每到雨季，每天必定下雨，多半是在下午。雨什么时候开始下，决定于雨季来临时第一天下雨的时间。如果这一天是下午两点开始下雨，则以后每天都是此时开始。暴雨降临前，丽日当空，阳光普照大地，一点儿下雨的迹象都没有。但是，说时迟，那时快，一转瞬间，彤云密布，天昏地暗，雷电交加，大雨倾盆似的泻下来了。其声势之浩大，简直可以惊天地，泣鬼神。大马路上到处溅起了珍珠似的水花，椰子树也都被水冲洗。然而，时隔不久，大雨会蓦地停下，黑云退席，蓝天出台，又是一片阳光灿烂的大地了。

热带的天气必有与之相适应的热带的衣着，这在妇女衣装上更为明显。越南妇女的穿着非常有特点，有点儿类似中国的旗袍，但都是用白绸子缝制的。唯一的不同之处是开衩极大，几乎一直到腋下。裤子都是用黑绸子缝制的。上白下黑，或者里黑外白；又由于开衩大，所以容易飘动。年轻倩女，迎着热带的微风，款款走来,白色的旗袍和黑色的绸裤,飘动招展,仿佛是黑白大理石雕成的女神像,不是兀立不动,而是满世界游动,真是奇妙的情景!她们身上散布出青春的活力,使整个街道都显得生气勃勃。这是一种东方美,西欧国家是找不到的,越南以外的东方国家也是找不到的。

在这样的热带,稻米一年可以收获三四次。因此大米极为便宜。据说这里没有乞丐,米便宜到每个人都能不费吹灰之力就能吃饱的程度。谋生既然这样容易,在大街上看到的人们都颇为闲散,一点儿急迫的样子都没有。除了下雨以外,人们的活动都在户外。椰子树下,还有其他一些不知名的树下,人们懒洋洋地坐在那里,吸烟,吃茶,聊天,悠然自得。西方什么人有几句话说:"世界上什么东西都害怕时间,时间唯独害怕东方人。"我一看到这些人,就想到这几句话,心中不禁暗暗叫绝。

在本地居民中,华人占了不少的比例。特别是在离西贡市中心不太远的堤岸,居民几乎全是华人。在这里的大街上和市场上,来往行走的人是中国人,商店的主人是中国人,挂在外面的招牌写的是中国字,买东西的主顾当然也是中国人。中国人在这里开办了许多小型的工厂,其中碾米厂占大多数。还有一些别的工厂,比如砖瓦厂之类。吃的东西自然是中国风味。有极大的酒楼,也有摆在集市上的小摊,一律广东菜肴。广东腊肉、腊肠等等,挂满了架子。名贵的烤乳猪更是到处都有。从前有人说:食在广州。我看,改为"食在西贡",也符合实际情况。

这里有几所华人中学,至于小学则数目更多。有华人报纸,华人办的书店,当然也有华人作家、华人文化人。还有华人医院,医生和病人全是中国人。大概因为我们也属于文化人之列,所以来到不久,就同这里的文化人有了接触。他们非常尊敬我们这一批镀过金的留学生,请我们讲演,请我们给报纸写文章,当然也无数次地请我们吃饭,热情令人感动。

他们尊敬我们,可能还有另外一个原因。南京政府派来了一位总领事,下面还有一些领事和副领事,建立了一个规模庞大的总领事馆,管理越南华侨事宜。这实际上成了一个大衙门,继承了过去衙门的几乎所有的弊病。过去中国老百姓有两句话:"八字衙门向南开,有理无钱莫进来。"这实在是非常精彩的总结。西贡总领事馆的详细情况,我不清楚。但是,住的日子一久,也就颇有所闻。有些华侨吃了亏,投诉无门,"天高皇帝远",南京相距万里,他们也只能忍气吞声。我们这一批留学生一到,大概总领事馆的华侨都认为,我们说不定有什么势力强大的后台,我们"有根",否则怎能留洋镀金呢?于是颇有一些人把我们看成是"青天大老爷",托我们到领馆里去说这说那。我们本无根、无权,也不想干涉此地的内政。有时候见到领馆的官员,有意无意之间,说上一点儿,居然也见了效。西贡华侨信任我们,把友谊送给我们,个别的有求于我们,愿意同我们来往,结果是我们旅店门庭若市,宴会无虚日了。

总领事馆招待我们颇为周到。但并不是一开始就是这样,中间也经过了一场斗争。我们总结了在瑞士同使馆斗争的经验,并且加以利用,证明是行之有效的。在瑞士是如此,在马赛是如此,我们相信,在西贡也将是如此。所以,我们一住进旅馆,就给了领事馆一点儿颜色看。第一次吃饭,看到餐桌上摆的是竹筷。我们说:"这不行,必须换象牙筷子!"这有点儿近于无理取闹。但是,第二次吃饭时,就一律是象牙筷子,在餐桌上闪闪射出白光了。我在这里引两段当时记的日记原文,证明我不是事后吹牛,瞎说一通。

1946年3月13日日记中有这样的记载：

> 十点同他们到领事馆去见尹凤藻(总领事)。一直等到十一点，他才回去。一见面，态度非常不客气。我心里大火，向他顶了几句，他反而和气了。这种官僚真没有办法！

挨了一个月，在4月13日，日记中又有这样一段话：

> 早晨六点起来，吃过早点，同虎文、士心、萧到领事馆去，交涉订大中华的舱位。老尹又想狡赖。看我们来势不善，终于答应了。

这两段日记可以具体地说明当时的真实情况。从中我们能够得到很多启发，学习很多东西。

从空间距离上来看，祖国离开我们已经比在万里外的欧洲近得多了。我们也确实感到了祖国的气息。这里的华侨十分关心祖国的抗战。同世界其他各地的华侨一样，他们热爱祖国，与祖国的命运息息相关。此时抗战虽然已经胜利，但是在长达八年的浴血抗战中出现的许多新鲜事物，仍然在此地保留着。比如《义勇军进行曲》我就是第一次在西贡听到的。它振奋了我这个远方归来的游子的心，让我感到鼓舞，感到光荣，感到兴奋，感到骄傲，觉得从此可以挺起腰板来做人了。有一次，我在一个中学里讲演，偶尔提到了蒋介石的名字，全场忽的一声，全体起立。我吓了一大跳，手足无所措。后来才知道，当时都是如此。也许是从国内传过来的。但是，后来我回到国内，并没有碰到这种情况。这对我至今还是一个谜。此外，从当地华侨嘴里说的普通话中，我还听到了一些新词儿，比如“伤脑筋”、“搞”等等，都是我离开祖国时还没有出现过的。语言是随时变动的，这些词儿都是变动的产物。

这一些大大小小的新鲜事物，都明确无误地告诉我说，我离祖国不远了，祖国就在我的身边了。我心里感到异常的前所未有的温暖。

三十八　从西贡到香港

我们于 1946 年 4 月 19 日离开西贡，登上了一艘开往香港的船。

这一条船相当小，不过一千多吨，还不到 Nea Hellas 的十分之一。设备也比较简陋。我们住的是头等舱，但里面并不豪华。至于二等舱、三等舱，以至于统舱，那就更不必说了。

我们的运气也不好。开船的第二天，就遇上了大风，是不是台风？我忘记了，反正风力大到了可怕的程度。我们这一条小船被吹得像海上的浮萍，随浪上下，一会儿仿佛吹上了三十三天，一会儿又仿佛吹下了十八层地狱。但见巨浪滔天，狂风如吼；波涛里面真如有鱼龙水怪翻腾滚动，瞬息万变。仿佛孙大圣正用那一根定海神针搅动龙宫，以致全海抖动。我本来就有晕船的毛病，现在更是呕吐不止，不但不能吃东西，而且胃里原有的那一点儿储备，也完完全全吐了出来，最后吐出来的只是绿颜色的水。我在舱里待不住了，因为随时都要吐。我干脆走到甲板上，把脑袋放在船舷上，全身躺在那里，吐起来方便。此时我神志还比较清楚，但见船上的桅杆上下摆动，有九十度的幅度。海水当然打上了甲板，但我顾不得那样多了，只是昏昏沉沉地半闭着眼，躺着不动。这场风暴延续了两天。船长说，有一夜，轮船开足了马力，破浪前进，但是一整夜，寸步未动。马力催进一步，暴风打退一步。二者相抵，等于原地踏步了。

风暴过后，我已经两天多滴水未进了。船上特别准备了鸡肉粥。当我喝完一碗粥的时候，觉得其味香美，异乎寻常，燕窝鱼翅难比其美，仙药醍醐庶几近之。这是我生平吃的最香最美的一碗粥，至今记忆犹新。此时，晴空万里，丽日中天，海平如镜，水波不兴。飞鱼在水面上飞驰，像飞鸟一样。远望一片混茫，不见岛屿，离陆地就更远更远了。我真是顾而乐之，简直想手舞足蹈了。

我们的船于4月25日到了香港。南京政府在这里有一个外交特派员，相当于驻其他国家的公使或者大使。负责接待我们的就是这个特派员公署。他们派人到码头上去接我们，把我们送到一家客栈里。这家客栈设备极其简陋，根本没有像样的房间，同内地的鸡毛小店差不多。分给我们两间极小的房子，门外是一个长筒子房间，可以叫作一个“厅”吧，大约有二三十平方米，没有床，只有地铺，住着二三十个客人，有的像是小商贩，有的则是失业者。有人身上长疮，似乎是梅毒一类的东西。这些人根本不懂什么礼貌，也没有任何公德心，大声喧哗，随口吐痰，抽劣质香烟，把屋子弄得乌烟瘴气。香港地少人多，寸土寸金。能够找到这样一个住处，也就不容易了。因为我们要等到上海去的船，只能在这样的地方暂住了。

我久仰香港大名，从来没有来过。这次初到，颇有一点儿新奇之感。然而给我的印象却并不美妙。我在欧洲住了十多年，瑞士、法国、德国等国的大世面，我都见过，亲身经历过。40年代中叶的香港同今天的香港，有相同的地方，就是地少人多，但是不相同的地方却一目了然：那时的香港颇有点儿土气，没有一点儿文化的气息，找一个书店都异常困难。走在那几条大街上，街上的行人摩肩接踵，熙熙攘攘。头顶上那些鸽子窝似的房子中闹声极大，打麻将洗牌之声，有如悬河泻水，雷鸣般地倾泻下来，又像是暴风骤雨，扫过辽阔的大原。让我感觉到，自己确确实实是在人间，不容有任何幻想。在当时的香港这个人间里，自然景观，除了海景和夜景以外，几乎没有什么可看的。因为是山城，同重庆一样，一到夜里，万灯齐明，高高低低，上上下下，或大或小，或圆或方，有如天上的星星，并辉争光，使人们觉得，这样一个人间还是蛮可爱的。

在这样一个人间里，斗争也是不可避免的。同在瑞士、马赛和西贡一样，这里斗争的对象也是外交代表。我们去见外交特派员郭德华，商谈到上海去的问题。同在西贡一样，船期难定。这就需要特派员大力支持。我们走进他那宽敞明亮的大办公室。他坐在巨大的办公桌后面，威仪俨然，戴着玳瑁框的眼镜，留着小胡子，面团团如富家翁，在那里摆起架子，召见我们。我们一看，心里全明白了。俗话说："不打不相识。"看样子须要给他一点儿颜色看。他不站起来，我们也没有在指定的椅子上就座，而是一屁股坐到他的办公桌上。立竿见影，他立刻站起身来，脸上也有了笑容。这样一来，乘船的问题就迎刃而解了。

我们心里一块石头落了地，在香港玩了几天，拜访了一些朋友，等候开船的日期。

三十九　回到祖国的怀抱

在香港同南京政府的外交人员进行了“最后的斗争”以后，船票终于拿到手了。我们于 1946 年 5 月 13 日上了开往上海的船，走上了回到祖国怀抱的最后的历程，心里很激动。

船非常小，大概还不到一千吨，设备简陋到令人吃惊的程度。乘船回国的留学生中又增添了几个新面孔，因此我们更不寂寞了。此外还有大约几百个中国旅客挤在这一条小船上，根本谈不到什么铺位。在其他船上，统舱算是最低一级的。在这条船上，统舱之下还有甲板一级。到处都是包裹，有的整齐，有的凌乱，有的包裹里还飘出了咸鱼的臭味。到处都是人，每个人只能有容身之地。霸道者抢占地盘，有人出钱，就能得到。因此讨价还价之声，争吵喧哗之声，洋洋乎盈耳。好多人都抽烟，统舱里烟雾迷腾。这种烟雾，再混乱上人声，形成了一团乌烟瘴气的大合唱。小船破浪前进所激起的海涛声，同这大合唱，简直像小巫见大巫，有时候连听都听不见了。

我们住在头等舱和二等舱里的几个留学生，是船上的“特权阶级”。不管外面多么脏，多么乱，只要把门一关，舱内还能保持干净和安静。但是，有时我们也需要呼吸点新鲜空气，此时，我们必须走到甲板上去，只须走几步路就行。可这几步路就成了一个艰难的历程。在沙丁鱼的人丛里，小心翼翼地走出一条路，是并不容易的。到了外面甲板上，我忽然在横躺竖卧的人丛中发现了那一位同我们一起上船的比利时和法国留学女生。只见她此时紧闭双眼，躺在那里，不吃不喝，不转不动。有人跨过她的身躯走路，她似乎不知不觉；有人不小心踩到她身上，她似乎不知不觉；有人提水水滴到她脸上，她仍然似乎不知不觉。连眉毛都不眨一眨。她是睡着了呢？抑或是醒着呢？我不得而知。她就这样一连躺了几天，一直躺到上海。我真是吃惊不小。我知道，她是学数学的，是一个非常虔诚的天主教徒。从她的表情来看，我总疑心，她当过修女。不管怎样，她心中一定有自己的上帝，否则她在船上的这一番功夫无论如何也是难以理解的。

我是一个俗人，心中没有上帝。我不想躺在那里，一动不动。我要活动，我要吃要喝，我还要想。在这时候，祖国就在我前面，我想了很多很多。将近十一年的异域流离的生活就要结束了。这十一年的经历现在一幕一幕地又重新展现在我的眼前，千头万绪的思绪一时涌上心头。我多么希望向祖国母亲倾诉一番呀！但是，我能说些什么呢？十一年前，少不更事，怀着一腔热情，毅然去国，一是为了救国，二是为了镀金。原定只有两年，咬一咬牙就能够挺过来的。但是，我生不逢时，战火连绵，两年一下子变成了十一年。其间所遭遇的苦难与艰辛，挫折与委屈，现在连回想都不愿意回想。试想一想，天天空着肚子，死神时时威胁着自己；英美的飞机无时不在头顶上盘旋，死神的降临只在分秒之间。遭万劫而幸免，实九死而一生。在长达几年的时间内,家中一点儿信息都没有。亲老、妻少、子幼。在故乡的黄土堆里躺着我的母亲。她如有灵,怎能不为爱子担心! 所有这一切心灵感情上的磨难,我多么盼望能有一天向我的祖国母亲倾诉一番。现在祖国就在眼前,倾诉的时间来到了。然而我能倾诉些什么呢?

我不能像那位虔诚的天主教徒一样,躺在那里死死不动。我靠在船舷上,注目大海中翻滚的波涛,我心里面翻滚得比大海还要厉害。我在欧洲时曾几次幻想,当我见到祖国母亲时,我一定跪下来吻她,抚摩她,让热泪流个痛快。但是,我遇到了困难,我心中有了矛盾,我眼前有了阴影。在西贡时,我就断断续续从爱国的华侨口中听了一些关于南京政府的情况。到了香港以后,听的就更具体、更细致了。在抗战胜利以后,政府中的一些大员、中员和小员,靠裙带,靠后台,靠关系,靠交情,靠拉拢,靠贿赂,乘上飞机,满天飞着,到全国各地去"劫收"。他们"劫收"房子,"劫收"地产,"劫收"美元,"劫收"黄金,"劫收"物资,"劫收"仓库,连小老婆姨太太也一并"劫收",闹得乌烟瘴气,民怨沸腾,其肮脏程度,远非《官场现形记》所能比拟。所谓"祖国",本来含有两部分:一是山川大地;一是人。山川大地永远是美的,是我完完全全应该爱的。但是这样的人,我能爱吗? 我能对这样一批人倾诉什么呢? 俗语说:"孩儿不嫌娘丑,狗不嫌家贫。"我的娘一点儿也不丑。可是这一群"劫收"人员,你能说他们不丑吗? 你能不嫌他们吗?

我心里的矛盾就是这样翻腾滚动。不知不觉,船就到了上海,时间是1946年5月19日。我在日记中写道:

上海,这真是中国地方了。自己去国十一年,以前自己还想象再见祖国时的心情。现在真正地见了,但觉得异常陌生,一点儿温热的感觉都没有。难道是自己变了么?还是祖国变了呢?

我怀着矛盾的心情踏上了祖国的土地，心里面喜怒哀乐,像是倒了酱缸一样,不知道是什么滋味。

十年一觉欧洲梦,
赢得万斛别离情。

祖国母亲呀!不管怎样,我这个海外游子又回来了。

余音袅袅

在德国整整十年，在瑞士、法国和西贡超过半年，这将近十一年的回忆就写完了。

写这样的回忆录，并不是轻松愉快的事情。我总共写过两遍，第一遍从 1988 年 3 月 1 日写到 4 月 11 日，只是一个草稿；第二遍从 1991 年 1 月 13 日写到 5 月 11 日，是完全写成的清稿。这第二稿几乎和第一稿完全不一样，不是抄，而是重写。我为什么要写这篇东西？为什么在相距三年之后又写成清稿？这一言难尽，不去说它也罢。

我只说一说写作的过程。这个写作的过程实际上就是回忆的过程，有日记为根据，回忆并不是瞎回忆。不管怎样，我必须把这十一年的生活再生活一遍，把我遇到的人都重新召唤到我的眼前，尽管有的早已长眠地下了；然而在我眼前，他们都仍然是活的。同这些人相联系的我的生活中，酸甜苦辣，五味俱全。我前后两次，在四十天和四个月内，要把十一年的五味重新品尝一遍。这滋味绝不是美好的。我咬紧了牙，生活过来了。但愿以后无须再把以前已经干枯了的快乐与痛苦重新回味。

这是不是意味着今后不再写回忆录了呢？差不多就是这个意思。我个人觉得，我那过去的生命比较平淡，一点儿英雄业绩也没有。天天舞笔弄墨，想要写的，都已经写完了。这仿佛是一块干橘皮，再也挤不出什么汁水来了。行年八十，能值得记述的东西只有两段，一个是留德十年，一个是十年的空前浩劫。后者我也在同一年，1988 年，写成了一部草稿《牛棚杂忆》，长短同现在的《留德十年》差不多。这部草稿什么时候转成清稿，我还不敢说。也许很快，也许永远只是草稿，也很难说。总之，我这一生除了这两段以外，再没有什么值得思考回忆的酸甜苦辣去重新生活一遍的东西了。

写这一部《留德十年》，在最前面加了一个《楔子》，为了对称起见，我在最后又加了这样一条尾巴，叫作《余音袅袅》。我虽年届耄耋，看起来还不像就要走的样子。我还有很多事情要做，我还有不少酸甜苦辣要尝，我真希望这个余音能袅袅得更长一点儿。

1991 年 5 月 11 日写毕

附录

晚年的季羡林。

重返格丁根

我真是万万没有想到，经过了三十五年的漫长岁月，我又回到这个离开祖国几万里的小城里来了。

我坐在从汉堡到格丁根的火车上，简直不敢相信这是事实。难道是一个梦吗？我频频问着自己。这当然是非常可笑的，这毕竟就是事实。我脑海里印象历乱，面影纷呈。过去三十多年来没有想到的人，想到了；过去三十多年来没有想到的事，想到了。我那一些尊敬的老师，他们的笑容又呈现在我眼前。我那像母亲一般的女房东，她那慈祥的面容也呈现在我眼前。那个宛宛婴婴的女孩子伊姆加德，也在我眼前活动起来。那窄窄的街道、街道两旁的铺子、城东小山的密林、密林深处的小咖啡馆、黄叶丛中的小鹿，甚至冬末春初时分从白雪中钻出来的白色小花雪钟，还有很多别的东西，都一齐争先恐后地呈现到我眼前来。霎时，影像纷乱，我心里也像开了锅似的激烈地动荡起来了。

火车一停，我飞也似的跳了下去，踏上了格丁根的土地。忽然有一首诗涌现出来：

少小离家老大回，
乡音无改鬓毛衰。
儿童相见不相识，
笑问客从何处来。

怎么会涌现这样一首诗呢？我一时有点儿茫然、懵然。但又立刻意识到，这一座只有十来万人的异域小城，在我的心灵深处，早已成为我的第二故乡了。我曾在这里度过整整十年，是风华正茂的十年。我的足迹印遍了全城的每一寸土地。我曾在这里快乐过，苦恼过，追求过，幻灭过，动摇过，坚持过。这一座小城实际上决定了我一生要走的道路。这一切都不可避免地要在我的心灵上打上永不磨灭的烙印。我在下意识中把它看作第二故乡，不是非常自然的吗？

我今天重返第二故乡，心里面思绪万端，酸甜苦辣，一齐涌上心头。感情上有一种莫名其妙的重压，压得我喘不过气来，似欣慰，似惆怅，似追悔，似向往。小城几乎没有变。市政厅前广场上矗立的有名的抱鹅女郎的铜像，同三十五年前一模一样。一群鸽子仍然像从前一样在铜像周围徘徊，悠然自得。说不定什么时候一声呼哨，飞上了后面大礼拜堂的尖顶。我仿佛昨天才离开这里，今天又回来了。我们走下地下室，到地下餐厅去吃饭。里面陈设如旧，座位如旧，灯光如旧，气氛如旧。连那年轻的服务员也仿佛是当年的那一位。我仿佛昨天晚上才在这里吃过饭。广场周围的大小铺子都没有变。那几家著名的餐馆，什么“黑熊”、“少爷餐厅”等等，都还在原地。那两家书店也都还在原地。总之，我看到的一切都同原来一模一样。我真的离开这座小城已经三十五年了吗？

但是，正如中国古人所说的，江山如旧，人物全非。环境没有改变，然而人物却已经大大地改变了。我在火车上回忆到的那一些人，有的如果还活着的话年龄已经过了一百岁。这些人的生死存亡就用不着去问了。那些计算起来还没有这样老的人，我也不敢贸然去问，怕从被问者的嘴里听到我不愿意听的消息。我只绕着弯子问上那么一两句，得到的回答往往不得要领，模糊得很。这不能怪别人，因为我的问题就模糊不清。我现在非常欣赏这种模糊，模糊中包含着希望。可惜就连这种模糊也不能完全遮盖住事实。结果是：

访旧半为鬼。

惊呼热中肠。

我只能在内心里用无声的声音来惊呼了。

在惊呼之余，我仍然坚持怀着沉重的心情去访旧。首先我要去看一看我住过整整十年的房子。我知道，我那母亲般的女房东欧朴尔太太早已离开了人世。但是房子却还存在。那一条整洁的街道依旧整洁如新。从前我经常看到一些老太太用肥皂来洗刷人行道，现在这人行道仍然像是刚才洗刷过似的，躺下去打一个滚，绝不会沾上一点儿尘土。街拐角处那一家食品商店仍然开着，明亮的大玻璃窗子里面陈列着五光十色的食品。主人却不知道已经换了几代了。我走到我住过的房子外面，抬头向上看，看到三楼我那一间房子的窗户，仍然同以前一样摆满了红红绿绿的花草，当然不是出自欧朴尔太太之手。我蓦地一阵恍惚，仿佛我昨晚才离开，今天又回家来了。我推开大门，大步流星地跑上三楼。我没有用钥匙去开门，因为我意识到，现在里面住的是另外一家人了。从前这座房子的女主人恐怕早已安息在什么墓地里了，墓上大概也栽满了玫瑰花吧？我经常梦见这所房子，梦见房子的女主人，如今却是人去楼空了。我在这里度过的十年中，有愉快，有痛苦，经历过轰炸，忍受过饥饿。男房东逝世后，我多次陪着女房东去扫墓。我这个异邦的青年成了她身边的唯一的亲人。无怪我离开时她号啕痛哭。我回国以后，最初若干年，还经常通信。后来时移事变，就断了联系。我曾痴心妄想，还想再见她一面。而今我确实又来到了格丁根，然而她却再也见不到，永远永远地见不到了。

我徘徊在当年天天走过的街头。这里什么地方都有过我的足迹。家家门前的小草坪上依然绿草如茵。今年冬雪来得早了一点儿。10月中，就下了一场雪。白雪、碧草、红花，相映成趣。鲜艳的花朵赫然傲雪怒放，比春天和夏天似乎还要鲜艳。我在一篇短文《海棠花》里描绘的那海棠花依然威严地站在那里。我忽然回忆起当年的冬天，日暮天阴，雪光照眼，我扶着我的吐火罗文和吠陀语老师西克教授，慢慢地走过十里长街。心里面感到凄清，但又感到温暖。回到祖国以后，每当下雪的时候，我便想到这一位像祖父一般的老人。回首前尘，已经有四十多年了。

我也没有忘记当年几乎每一个礼拜天都到的席勒草坪。它就在小山下面，是进山必由之路。当年我常同中国学生或者德国学生，在席勒草坪散步之后，就沿着弯曲的山径走上山去。曾登上俾斯麦塔，俯瞰格丁根全城；曾在小咖啡馆里流连忘返；曾在大森林中茅亭下躲避暴雨；曾在深秋时分惊走觅食的小鹿，听它们脚踏落叶一路窸窸窣窣地逃走。甜蜜的回忆是写也写不完的。今天我又来到这里。碧草如旧，亭榭犹新。但是当年年轻的我已颓然一翁，而旧日游侣早已荡若云烟，有的离开了这个世界，有的远走高飞，到地球的另一半去了。此情此景，人非木石，能不感慨万端吗？

我在上面讲到江山如旧，人物全非。幸而还没有真正地全非。几十年来我昼思梦想最希望还能见到的人，最希望他们还能活着的人，我的"博士父亲"——瓦尔德施米特教授和夫人居然还都健在。教授已经是八十三岁高龄，夫人比他寿更高，是八十六岁。一别三十五年，今天重又会面，真有相见反疑梦之感。老教授夫妇显然非常激动，我心里也如波涛翻滚，一时说不出话来。我们围坐在不太亮的电灯光下，杜甫的名句一下子涌上我的心头：

人生不相见，
动如参与商。
今夕复何夕？
共此灯烛光。

四十五年前我初到格丁根我们初次见面，以及以后长达十年相处的情景，历历展现在眼前。那十年是剧烈动荡的十年，中间插上了一个第二次世界大战，我们没有能过上几天好日子。最初几年，我每次到他们家去吃晚饭时，他那个十几岁的独生儿子都在座。有一次教授同儿子开玩笑："家里有一个中国客人，你明天到学校去又可以张扬吹嘘一番了。"哪里知道，大战一爆发，儿子就被征从军，一年冬天，战死在北欧战场上。这对他们夫妇俩的打击，是无法形容的。不久，教授也被征从军。他心里怎样想，我不好问，他也不好说。看来是默默地忍受痛苦。他预订了剧院的票，到了冬天，剧院开演，他不在家，每周一次陪他夫人看戏的任务，就落到我肩上。深夜，演出结束后，我要走很长的道路，把师母送到他们山下林边的家中，然后再摸黑走回自己的住处。在很长的时间内，他们那一座漂亮的三层楼房里，只住着师母一个人。

他们的处境如此，我的处境更要糟糕。烽火连年，家书亿金。我的祖国在受难，我的全家老老小小在受难，我自己也在受难。中夜枕上，思绪翻腾，往往彻夜不眠。而且头上有飞机轰炸，肚子里没有食品充饥。做梦就梦到祖国的花生米。有一次我下乡去帮助农民摘苹果，报酬是一篮子苹果和五六斤土豆。回家后一顿就把五六斤土豆吃了个精光，还并无饱意。

大概有六七年的时间，情况就是这个样子。我的学习、写论文、参加口试、获得学位，就是在这种情况下进行的。教授每次回家度假，都听我的汇报，看我的论文，提出他的意见。今天我会的这一点点东西，哪一点不包含着教授的心血呢？尽管我今天的成就还是多么微小，如果不是他怀着毫不利己的心情对我这一个素昧平生的异邦的青年加以诱掖教导的话，我能够有什么成就呢？所有这一切我能够忘记得了吗？

现在我们又会面了。会面的地方不是在我所熟悉的那一所房子里，而是在一所豪华的养老院里。别人告诉我，他已经把房子赠给格丁根大学印度学和佛教研究所，把汽车卖掉，搬到这一所养老院里来了。院里富丽堂皇，应有尽有，健身房、游泳池，无不齐备。据说，饭食也很好。但是，说句不好听的话，到这里来的人都是七老八十的人，多半行动不便。对他们来说，健身房和游泳池实际上等于聋子的耳朵。他们不是来健身，而是来等死的。头一天晚上还在一起吃饭、聊天,第二天早晨说不定就有人见了上帝。一个人生活在这样的环境中,心情如何,概可想见。话又说了回来,教授夫妇孤苦伶仃,不到这里来,又到哪里去呢?

就是在这样一个地方,教授又见到了自己几十年没有见面的弟子。他的心情是多么激动,又是多么高兴,我无法加以描绘。我一下汽车就看到在高大明亮的玻璃门里面,教授端端正正地坐在圈椅上。他可能已经等了很久,正望眼欲穿哩。他瞪着慈祥昏花的双目瞧着我,仿佛想用目光把我吞了下去。握手时,他的手有点儿颤抖。他的夫人更是老态龙钟,耳朵聋,头摇摆不停,同三十多年前完全判若两人了。师母还专为我烹制了当年我在她家常吃的食品。两位老人齐声说:"让我们好好地聊一聊老格丁根的老生活吧!"他们现在大概只能用回忆来填充日常生活了。我问老教授还要不要中国关于佛教的书,他反问我:"那些东西对我还有什么用呢?"我又问他正在写什么东西。他说:"我想整理一下以前的旧稿,我想,不久就要打住了!"从一些细小的事情上来看,老两口的意见还是有一些矛盾的。看来这相依为命的一双老人的生活是阴沉的、郁闷的。在他们前面,正如鲁迅在《过客》中所写的那样:"前面?前面,是坟。"

我心里陡然凄凉起来。老教授毕生勤奋,著作等身,名扬四海,受人尊敬,老年就这样度过吗?我今天来到这里,显然给他们带来了极大的快乐。一旦我离开这里,他们又将怎样呢?可是,我能永远在这里待下去吗?我真有点儿依依难舍,尽量想多待些时候。但是,千里凉棚,没有不散的筵席。我站起来,想告辞离开。老教授带着乞求的目光说:"才十点多钟,时间还早嘛!"我只好重又坐下。最后到了深夜,我狠了狠心,向他们说了声:"夜安!"站起来，告辞出门。老教授一直把我送下楼，送到汽车旁边，样子是难舍难分。此时我心潮翻滚，我明确地意识到，这是我们最后一面了。但是，为了安慰他，或者欺骗他，也为了安慰我自己，或者欺骗我自己，我脱口说了一句话："过一两年，我再回来看你！"声音从自己嘴里传到自己耳朵，显得空荡、虚伪，然而却又真诚。这真诚感动了老教授，他脸上现出了笑容："你可是答应了我了，过一两年再回来！"我还有什么话好说呢？我噙着眼泪，钻进了汽车。汽车开走时，回头看到老教授还站在那里。一动也不动，活像是一座塑像。

过了两天，我就离开了格丁根。我乘上了一列开到另一个城市去的火车。坐在车上，同来时一样，我眼前又是面影迷离，错综纷杂。我这两天见到的一切人和物，一一奔凑到我的眼前来；只是比来时在火车上看到的影子清晰多了，具体多了。在这些迷离错乱的面影中，有一个特别清晰、特别具体、特别突出，它就是我在前天夜里看到的那一座塑像。愿这一座塑像永远停留在我的眼前，永远停留在我的心中。

1980年11月在西德开始

1987年10月在北京写完